管理数字化与精益化
创新型人才培养系列教材

采购管理与
精益化

崔凌霄 宋卫 ◉ 主编

人民邮电出版社
北 京

图书在版编目（CIP）数据

采购管理与精益化：慕课版 / 崔凌霄，宋卫主编
. -- 北京：人民邮电出版社，2022.5
管理数字化与精益化创新型人才培养系列教材
ISBN 978-7-115-57522-7

Ⅰ. ①采… Ⅱ. ①崔… ②宋… Ⅲ. ①采购管理－教
材 Ⅳ. ①F253

中国版本图书馆CIP数据核字(2021)第197872号

内 容 提 要

本书系统地介绍了采购管理与精益化的相关理论知识及采购业务的必要技能，具体包括以下项目：
采购新手快速入门、采购精益化的认识、精益采购管理之采购计划、精益采购管理之供应商选择、采
购谈判、采购合同的编制与管理、精益采购管理之采购订单、采购验收作业的控制、精益采购管理之
供应商的日常管理、精益采购管理之采购成本。

本书条理清晰、通俗易懂，适合作为物流管理、工商管理等专业的教材，也可作为企业采购管理
人员或创业者的参考用书。

◆ 主　　编　崔凌霄　宋 卫
　　责任编辑　连震月
　　责任印制　王 郁　彭志环
◆ 人民邮电出版社出版发行　　北京市丰台区成寿寺路 11 号
　　邮编　100164　电子邮件　315@ptpress.com.cn
　　网址　https://www.ptpress.com.cn
　　三河市中晟雅豪印务有限公司印刷
◆ 开本：787×1092　1/16
　　印张：13.75　　　　　　　　　　2022 年 5 月第 1 版
　　字数：288 千字　　　　　　　　2022 年 5 月河北第 1 次印刷

定价：46.00 元

读者服务热线：(010)81055256　印装质量热线：(010)81055316
反盗版热线：(010)81055315
广告经营许可证：京东市监广登字 20170147 号

序　言

　　大数据、人工智能、云计算、移动互联网、5G等新一代信息技术的应用，加快了数字经济前进的步伐。李克强总理在2020年政府工作报告中明确提出，要发展工业互联网，推进智能制造。全面推进"互联网+"，打造数字经济新优势。数字经济概念的提出，演化出数字化产业和产业数字化两大领域。产业数字化，重点是管理数字化、精益化企业的打造，涉及企业管理理念、价值体系、商业模式、组织架构、管理方式的变革。近年来，企业对管理数字化、精益化创新型人才的需求呈快速上升趋势。为加大管理数字化、精益化创新型人才培养的力度，为广大院校工商管理类专业的人才培养提供优质的教学资源，常州信息职业技术学院联合人民邮电出版社、江苏龙城精锻有限公司等单位，共同策划了这套管理数字化与精益化创新型人才培养系列教材。

　　职业教育的定位是服务地方经济发展。常州信息职业技术学院秉承"立足信息产业，培育信息人才，服务信息社会"的办学理念，专注工业互联网，主攻新一代信息技术与制造业的深度融合，打造生产设备数字化、生产车间智能化、生产要素网络化、企业管理智慧化的工业新形态。经过多年的探索，常州信息职业技术学院已积累了服务江苏制造业高质量发展、服务长三角产业数字化协同转型升级、服务国家工业互联网高素质人才培养的丰富经验，并希望将多年积累的经验融入本系列教材之中，为广大教学工作者提供帮助和便利。

　　为了保证该系列教材的质量，特组建了由院校教师、出版社编辑、公司高层管理人员等组成的教材编写委员会（以下简称编委会）。编委会由宋卫担任总主编。管理数字化与精益化创新型人才培养系列教材编委会成员如下：

宋　卫，常州信息职业技术学院数字经济学院　院长

曾　斌，人民邮电出版社教育出版中心　总经理

王　玲，江苏龙城精锻有限公司　副总经理

王　鑫，青岛酒店管理职业技术学院　副校长

桂海进，无锡商业职业技术学院　副校长

权小研，山东商业职业技术学院工商管理系　主任

窦志铭，深圳职业技术学院经济管理学院　副院长

郑晓青，吉林工业职业技术学院经管学院　院长

施轶华，国机重工集团常林有限公司运营部部长、信息中心主任

刘　霞，常州信息职业技术学院数字经济学院　专业带头人

古显义，人民邮电出版社教育出版中心职业教育社科出版分社　副社长（主持工作）

文　瑛，常州信息职业技术学院数字经济学院 专业教研室主任

胡建中，科华控股股份有限公司 运营总监

程　熙，中车戚墅堰机车有限公司信息中心 主任

王　亮，福隆控股集团有限公司 信息总监

周　磊，常州金蝶软件有限公司 总经理

吴　进，常州璟岩信息技术有限公司 总经理

本次策划、出版的管理数字化与精益化创新型人才培养系列教材共有 11 本，分两个板块，其中精益化管理类教材有：

《中小企业精益管理》

《企业物流管理》

《生产运作管理》

《质量管理与六西格玛》

《采购管理与精益化》

《智慧供应链管理》

数字化管理即企业信息化（即两化融合）类教材有：

《ERP 原理与应用》

《协同管理与 OA 应用》

《生产控制与 MES 应用》

《ERP 项目实施与管理》

《企业经营数据分析》

管理数字化与精益化创新型人才培养系列教材编委会

2020 年 8 月

前　　言

采购管理工作作为帮助企业提高生存能力和竞争能力的重要环节，在企业生产中占有重要地位。要实现企业采购成本的降低，就要树立采购人员的精益化思想，实行精益化采购。采购管理的学习一定要融合精益化思想，突出采购管理的相关理论知识以及具体业务操作的必要技能，可以说，采购管理是一门理论性、实用性、操作性并重的学科。基于以上要求，编者编写了本书。

编者根据采购流程对采购各工作岗位的职业能力要求进行了分析，构建了本书的内容体系。本书内容深入浅出、理论简明适用、操作细致明白、文字通俗易懂。为了帮助学习者更好地掌握采购技能，编者结合实践任务，虚拟了一家自行车厂的采购全过程，以该企业的采购流程作为主线，围绕每一个采购环节设置了必需的采购任务，以此系列任务推动学习内容的展开，以达到提高学习者综合业务素质的目的。

与市场上同类教材比较，本书的优势有"一个体现，两个一体"。

1．一个体现

全书采用任务驱动方式，体现以学习者为主体。

本书以任务驱动为主要方式，全书每个教学项目的组织以采购任务作为载体，以"项目描述与分析—项目知识点—项目技能点—任务导读—任务实施—项目思考—举一反三—项目实施总结"为顺序组织开展教学，符合学习者的认知规律，可以快速锻炼学习者的采购技能。

2．两个一体

① 教学与实践为一体。本书以企业采购工作流程为主线安排学习内容，积极引导学习者完成任务、联系实际、拓展学习、积极思考，以保证较好的学习效果。

② 知识技能学习与思政教育为一体。本书在专业学习过程中融入思政内容，在促进学习者专业知识学习的同时，也可以实现提高学习者的道德品质、思想水平、文化素养等目标，为国家和社会高素质人才培养打下基础。

本书是编者根据多年的教学经验和教学改革实践，针对学习者的疑难问题编写。所介绍的内容针对性强，适用面广。采购从业者也可以将其应用在实际的采购管理工作中，让采购工作更规范、更高效。

本书的编写倾注了编者的大量心血，但由于水平有限，书中疏漏之处在所难免，恳请广大学习者批评指正并提出宝贵意见。

编者

2021 年 8 月

目　录

项目十　精益采购管理之采购成本

项目一
采购新手快速入门

 项目描述与分析

采购在现代企业生产中具有十分重要的地位,作为企业供应链上不可或缺的关键一环,维系着企业的正常经营,更直接影响企业的经济效益。但目前许多企业对采购工作不够重视,存在企业采购人员专业层次偏低、采购人才流动频繁、采购制度不够完善、工作流程存在缺陷等问题;同时现代采购业务烦琐复杂,供应链环境日趋多变,供货渠道变化不定。为此,企业必须提高认识,加强人才培养和制度建设,采用适当策略使物料采购更为科学化。

另外,采购作业流程也是采购管理的重要组成部分,是实施采购工作的具体过程,是采购活动具体执行的标准。本项目将介绍目前企业采购工作的作用及其重要地位。

 项目知识点

掌握采购的概念。
掌握不同采购管理组织形式的特点。

 项目技能点

能理解采购的多种形式和内容。
能为企业设置采购的基本程序。
能掌握采购管理组织的构建方式,根据企业具体情况选择适合的形式。

任务 1-1 认识企业采购

任务导读

请思考以下问题。

1. 企业采购与个人采购有哪些区别？

2. 采购对专业性要求高吗？

3. 企业可以通过哪些方式获得需要的物料？

4. 采购做得好，对企业有何意义和帮助？

请讨论以下问题。

1. 新学期开始，你需要去超市进行一次购物，应按什么顺序进行采购？

2. 某企业要采购一批原材料，应按什么顺序进行采购？

本任务将介绍什么是采购，采购在企业经营中的重要作用，以及企业实施采购工作的一般流程。

任务实施

采购是人类社会的常见行为，它既是企业的日常经济活动，也与人们的生活息息相关。在很多人眼中，采购就是花钱买东西，不需要很强的专业性，但事实并非如此。企业采购与个人采购在品种、数量、金额、风险等方面都有很大区别。同时，采购是企业经营的核心环节之一，是获取利润的重要环节，它在企业的产成品开发、质量保证、整体供应链及经营管理中起着极其重要的作用。走出传统的采购认识误区，正确认识采购的地位，是当今每个企业在全球化、信息化市场经济竞争中赖以生存的基本保障，更是现代企业谋求发展壮大的必然要求。

采购活动是一个比较复杂的过程，为了提高采购作业的科学性、合理性和有效性，建立和完善采购管理系统，保证采购活动顺畅进行，企业有必要研究采购业务流程，并对现有流程进行改革和完善。

▶▶▶ 一、采购的含义

1. 采购的基本概念

采购是一种常见的市场交易行为。一般是指企业或个人基于生产、销售、消费等目的，按等价有偿的原则获取商品或劳务的行为。

可以从以下几个方面来全面理解采购的概念。

（1）采购是企业或个人从资源市场获取资源的过程

企业或个人通过采购，能获取生产或生活所需要，但自身缺乏的资源。这些资源，既包括生活资料，也包括生产资料；既包括物质资源（原材料、工具、设备、耗材、劳动保护用品及办公用品等），也包括非物质资源（技术、审计、咨询服务、维修及其他劳务等）。采购最主要的功能就是帮助企业或个人从资源市场上获取他们需要的资源。

（2）采购是商流和物流过程的统一

采购就是将资源从资源市场的供应者手中转移到用户手中的过程。这个过程包括两个方面，一是要实现资源的所有权从供应者到用户的转移；二是要实现资源的物质实体从供应者到用户的转移。前者是商流过程，主要通过商品交易、等价交换来完成；后者是物流过程，主要通过运输、存储、装卸搬运、包装等手段来实现。采购过程实际上是这两个方面的完整结合，只有两个方面都完成了，采购过程才算完成。

（3）采购是一种经济活动

一方面，企业通过采购活动获取了资源，保证了企业正常经营的顺利进行，这是采购的收益；另一方面，企业在采购活动中也会发生各种费用，这是采购的成本。只有当采购的收益超过成本时，才是经济合理的。企业要追求采购经济效益的最大化，就要科学合理地降低采购成本，提高采购效益。因此，科学采购和科学的采购物流管理是企业实现利益最大化的利润保障。

2. 狭义的采购和广义的采购

如前所述，采购的主要目的是帮助企业或个人从资源市场上获取他们需要的资源。根据取得资源的方式与途径不同，采购可以从狭义和广义两方面来理解。

狭义的采购是买东西，就是企业根据需要提出采购计划，经过有关部门的审核，选好供应商，然后经过商务谈判确定价格和交货条件，最终签订合同并按要求收货付款的过程。这种以货币换取物品及劳务等资源的所有权的方式，是比较普遍的采购途径。

广义的采购是指企业除了以购买的方式占有物品，还可以通过其他途径取得物品及劳务等资源的所有权或者使用权，来达到满足需求的目的，如租赁、交换等。

（1）租赁

租赁是一方以支付租金的方式取得物品的使用权，使用完毕或租赁期满后将物品归还物主的一种非永久性的行为。企业在生产经营中经常租赁的物品有厂房、车辆、生产设备、仪器、办公用品等。

（2）交换

交换就是用以物易物的方式取得物品的所有权及使用权，但是并没有直接支付物品的全部价款。换言之，当双方交换价值相等时，不需要以金钱补偿对方；当双方交换价值不等时，仅由一方补贴差额给对方，如生产物料的交换、机器设备的交换等。企业采用这种交换方式，不仅可以取得自己想要的物品及劳务，还可以盘活自己闲置和多余的资源，可谓一举两得。

综合所述，可以了解到采购是以各种不同的途径，包括购买、租赁、交换等方式，取得物品及劳务的使用权或所有权。实施采购工作可以帮助企业灵活合理地利用企业资源，盘活冗余资源，减少企业资金的占用。

▶▶▶ 二、采购的分类

1. 根据采购物品用途分类

（1）工业采购

工业采购通常是指企业为了经营或生产所需物品及劳务，而付出一定价格同外部进行的交易活动。

（2）消费采购

消费采购多为个人消费品的采购。一般来说，消费采购的决策者多为个人，消费采购往往随机发生，有很大的主观性和随意性。

比较工业采购和消费采购，无论采购的对象、动机，还是风险、决策方式等都存在明显差别。工业采购往往是企业通过一次采购以后便同供应商建立长期合作关系，而消费采购的随意性比较大，主要为满足个人需求，采购动机带有个人喜好，采购量也比较小。企业进行工业采购的动机是理性的，一般是多人参与，是一个程序化的过程，采购的物品数量通常比较大，价格也比较稳定。工业采购如果决策失误，会对采购主体造成很大的损失，因此，企业在进行工业采购时一定要慎重、科学、严格。

2. 根据采购的输出结果分类

（1）有形采购

有形采购的输出结果是有形的物品，如一支钢笔、一台计算机、一块电路板等。企业的有形采购主要是采购具有实物形态的物品，如原材料、辅助材料、机械设备、工具、燃料、办公用品等。

（2）无形采购

无形采购的输出结果是不具有实物形态的技术或服务，如一项服务、一个软件、一项技术、保险和工程发包等。无形采购主要包括咨询服务采购和技术采购。

▶▶▶ 三、采购在企业经营中的作用

采购是企业一切经营活动的开端和起点。越来越多的企业意识到采购是降低成本、提高企业效益的重要途径和保障。

1. 采购的直接作用

采购在以下几个方面对企业的经营具有重大的作用。

① 通过成本控制，采购工作能为企业降低成本。

从产成品构成来看，采购成本占企业总成本的比重随着行业的不同而有所差别，在30%~90%，平均水平在60%以上。而工资和福利占20%，管理费用占15%，利润占5%。可以看到，采购成本是企业成本的主体和核心部分。采购成本控制是企业成本控制中最有价值的部分。然而，在一些企业中，管理者仍然只把目光投向管理费用以及工资和福利费用，裁减员工、消减福利往往成为企业控制成本的首选。将大量的精力花费在这些占企业总成本仅为40%的次要部分，不仅收效甚微，而且会带来人心浮动、员工抱怨，可以说是得不偿失。同时，企业也忽视了占总成本60%以上的采购成本。这样一来，企业对成本的控制可以说是事倍功半，结果难以令人满意。

实际上，在大部分买方市场情况下，物料的采购成本往往存在一定的降价幅度，再加上科学的采购方法、精益化管理、统筹计算、整合资源、合理计划，运用成熟的经验和技巧，都可以实现采购成本的降低。而且，采购中每一元钱的节省都会转化为一元钱的利润。在企业其他条件不变的情况下，若企业的利润率为5%，企业若想依靠销售获取同样一元钱的利润，则需要增加销售20元的产成品。从买方市场的情况来看，采购降低一元钱比销售增加20元要容易得多，付出的代价也小得多。人们常说"会卖不如会买"，企业降低采购成本，可以获得更大的利润和更高的净资产回报率。

 小贴士

什么是买方市场？

买方市场就是价格及其他交易条件主要由买方决定的市场。由于市场供过于求，卖方之间展开竞争，为了减少自己的过剩存货，他们不得不接受较低的价格。这样就出现了某种商品的市场价格由买方起支配作用的现象。

② 采购方与供应商一起对质量和物流进行更好的安排，采购工作能为企业实现更高的资本周转率做出贡献。

③ 通过科学的采购流程管理，供应商能够对采购方的改革过程做出重大贡献。

④ 提供信息源的作用。采购部门与市场的接触可以为企业内部各部门提供有用的信息，主要包括价格、物料的可用性、新供应源、新物料及新技术的信息，这些信息对企业中其他部门都非常有用。供应商所采用的新营销技术和配送体系很可能对营销部门大有益处；而关于投资、合并、兼并对象及当前和潜在的客户等方面的信息，对营销、财务、研发和高层管理有一定的意义。

2．采购的间接作用

除了直接降低采购价格，采购也能够以一种间接的方式对企业竞争地位的提高做出贡献。采购的间接作用主要体现在以下几个方面。

（1）物料标准化

采购可以通过采购标准化的物料来减少采购种类，从而降低企业生产成本，还可以降低对某些供应商的依赖性，更好地使用竞标的方法，减少库存物品。

（2）减少库存

库存常被看成对生产计划的保证，这是由于难以预测生产需求而引起的（根源在于销售预测往往难以给出）。另外，也应归咎于物料采购计划的不科学。如果采购部门通过制订科学的精益化采购计划，并要求供应商予以执行，或采取一些现代化的供应商管理方法（如供应商管理库存），可以减少企业库存和企业资金的占用。

（3）提高柔性

迫于国际竞争的压力，越来越多的企业正尝试实施柔性制造系统。这些系统不仅适合提高企业的市场反应速度，还可以促进企业产成品质量的提高、库存的减少和周转率的加快，这对供应商的素质有很高的要求。企业应通过更好的供应商管理，提高柔性，从而提升自身竞争力。

（4）对产成品设计和革新的贡献

随着科技的进步，产成品的开发周期在极大地缩短，产成品开发同步工程应运而生。以汽车为例，20 世纪 50 年代，其开发周期约为 20 年，70 年代缩短到 10 年，80 年代缩短到 5 年，90 年代则进一步缩短到 3 年左右。企业之所以能够做到这一点，是与供应商早期参与开发分不开的。企业通过采购让供应商参与企业产成品开发，不仅可以利用供应商的专业技术优势缩短产成品开发时间、节省开发费用及制造成本，还可以更好地满足产成品的功能性需要，提高产成品在整个市场上的竞争力。通过加深与供应商的合作，采购能够对产成品的持续革新和改进做出积极贡献，帮助企业在其最终用户市场取得更为有利的竞争地位。

综上所述，采购管理在企业管理中占有至关重要的地位，做好采购工作和采购管理，是企业在激烈的市场竞争中发展的基本条件。

▶▶▶ 四、采购的流程

一般而言，企业的规模越大，采购成本越高，管理者对流程的设计越重视。企业在采购的过程中，首先，寻找相应的供应商，调查其物料在质量、价格、信誉等方面是否满足购买要求；其次，在选定了供应商后，企业要以订单的方式向供产商传递详细的购买计划和需求信息，同时与其商订结款方式，以便供应商能够准确地按照企业要求的性能指标进行生产和供货；最后，定期对采购物料的管理工作进行评价，寻求提高效率的采购流程创新模式。

1. 采购流程设计的原则

采购流程通常是指有需求的企业选择和购买所需要的各种物料的全过程。一般企业采购流程设计应注意以下几个原则。

（1）注意控制关键点

企业应建立以采购申请、合同、结算凭证和入库单据为载体的控制系统，使各项在处理的采购作业在各阶段均能被追踪管制。例如，在境外采购时，从询价、报价、申请输入许可证、开信用证、装船、报关到提货等关键环节均应有规范的控制方式。

（2）注意划分权责或任务

各项作业手续及审查责任，应有明确的权责规定及检查办法。例如，审核与付款分离，即审核付款人应同付款人职务分离；记录和采购分离，即物料的采购、储存和使用人员不能担任账务的记录工作；检验与采购分离，即货物的采购员不能同时担任物料的验收工作。

（3）注意采购流程的先后顺序及时效控制

应当注意采购流程的流畅性与一致性，并考虑采购流程所需时限。例如，避免同一主管对同一采购项目做多次签核；避免同一采购项目在不同部门有不同的作业方式；避免同一采购项目会签部门过多，影响实效。

（4）价值与程序繁简相适应

程序繁简应与所处理业务或采购项目的重要性或价值相适应。凡涉及数量比较大、价值比较高或者易发生舞弊的作业，应有比较严密的处理监督；反之，则可略微放宽，以求提高工作效率。

（5）安排采购作业的弹性处理方式

要注意采购作业的弹性范围，及时应对偶发事件。例如，企业在遇到"紧急采购"等情况时，应有权宜的办法或流程来进行特别处理。

（6）流程设计应适应现实环境

应当注意采购流程的及时改进。经过若干时间段后，应对早期设计的处理流程加以审视，不断加以改进，以适应组织变更或作业的实际需要。

（7）配合作业方式的改善

采购流程要与作业方式相匹配。例如，当手工的作业方式改变为计算机的作业方式时，流程就需要做相当程度的调整或重新设计。

2. 采购的基本流程

采购的基本流程会因为采购物料的来源、采购的方式及采购的对象等不同，而在作业细节上有若干差异，但实则大同小异。

采购的基本流程如下。

（1）提出需求

任何采购都产生于企业中某个部门的确切需求。有些需求来自生产部门，有些需求来自销售或广告部门。各种各样办公用品的需求则由办公室的负责人或企业主管提出。负责

项目一　采购新手快速入门

具体业务需求的人员应汇总本部门的具体需求——需要什么、需要多少、何时需要，并以请购单（也叫物料需求单）的形式传至采购部门。这样，采购部门就会收到该部门发出的请购单。通常，不同的部门会使用不同的请购单，表 1-1 所示为生产部门的请购单。

表 1-1　生产部门的请购单

制造单号			请购单号			请购日期		
产成品名称			生产数量			生产日期		
序号	品名	规格	标准用量	库存数量	本批采购数量	请购数量	批准数量	说明

请购人：＿＿＿＿＿＿＿＿　　核准人：＿＿＿＿＿＿＿＿

采购部门还应协助使用部门预测物料需求。采购部经理不仅应要求使用部门在填写请购单时尽可能采用标准化的格式、减少特殊请购，而且应督促其尽早预测需求以免出现紧急请购。为了避免供应终端物料价格的上涨，采购部门也可以主动发出期货订单。另外，采购部门和供应商的长期合作，可以获取更多信息，从而了解价格变化、削减成本，为企业带来更大的竞争优势。

（2）描述需求

描述需求，即对所需物料或服务的需求情况（如数量、品质、包装、售后服务、运输及检验方式等）进行确认。该工作是采购部门和使用部门的共同责任，需要两部门紧密合作、密切交流；否则，轻则由于需求描述不够准确而浪费成本和时间，重则会产生严重的财务后果，导致供应的中断及企业内部关系的恶化。

采购部门是对物料规格要求的最终负责部门，如果采购部门的人员对申请采购的物料不熟悉，就可能引起采购结果的偏差。因此，准确向供应商描述采购需求非常重要。

🔧 小贴士

企业向供应商明确采购需求的方法

① 制定规范、图纸和采购订单的书面程序。

② 发出采购合同或订单前企业与供应商的协议。

③ 在采购合同或订单中包含清晰地描述所订购物料的数据，如物料的等级、规程、质量标准等。

④ 指明所有检查或检验方法和技术要求的相应国家或国际标准。

（3）供应商的选择

供应商是影响企业生产运作系统运行较为直接的外部因素，也是保证企业产成品的质量、价格、交货期和服务的关键因素。因此，企业可以对供应商进行精益化分析，根据物料的需求描述在现有供应商中选择合适的供应商。

如果现有的供应商都无法满足此次采购物料的需求，则需要考察、评价及选择新的供应商。

精益化的供应商评价是采购职能中的重要一环。企业需制定一套适合自己的供应商评价指标体系，对备选供应商的质量、数量、交付、价格、服务目标等方面予以评价，也可以根据自身要求，对其他供应商品质——如历史记录、设备与技术力量、财务状况、组织与管理、声誉、系统、柔性、位置等进行定量评价，从中择优。定量评价方法是以有效数据为依据，比较客观的科学评价方法。定量评价方法与其他评价方法相结合，可以较为合理可靠地选择供应商。

（4）确定价格

与供应商进行价格谈判，确定适宜的价格是采购过程中的一项重要决策。是否具备得到"好价格"的能力有时是衡量优秀采购人员的首要标准。采购人员需要掌握定价方法、了解使用时机并能够利用谈判技巧，以取得满意的支付价格。

（5）发出采购订单

价格谈妥后，可以发出采购订单订货。订单和合同，均属于具有法律效力的书面文件，阐明买卖双方的要求、权利和义务。采购订单必备的要素包括：序列编号、发单日期、接受订单的供应商的名称和地址、所需物料的数量和描述、发货日期、运输要求、价格、支付条款等。

（6）订单跟踪与催货

将采购订单发给供应商之后，企业应对订单进行跟踪和催货。企业在发出采购订单时，为保证供应商按期、按质、按量交货，会确定相应的跟踪接触日期。一些企业甚至会设有一些专职的跟踪和催货人员。

跟踪是对订单所做的例行跟踪，以便确保供应商能够履行其发运物料的承诺。如果出现了问题，企业就要尽早了解，以便采取相应的行动。跟踪通常需要通过网络或电话等方式询问供应商的进度，甚至现场督办。当然，这一措施一般仅用于较为大额的或关键的采购事项。

催货有两种情况。其一是通过跟踪发现交货进度延误。这时需要对供应商施加压力，使其履行发运承诺。如果供应商仍不能履行合约，企业可依合约取消订单并结束合作关系。该情况一般较少出现，因为供应商的能力是经过企业全面分析的，能够被选中的供应商一般是能遵守合约的。其二是提前发运物料。当企业对物料有紧急需求时，应通过催货促使供应商提前发运物料。

（7）货物的接收和检验

货物的正确接收有重要意义。货物接收的目的是确保所订购的物料已经实际到达，是完好无损的，符合订单的数量和质量，这样物料才能储存、检验及使用。企业要将接收手续的相关文件登记归档。凡供应商所交货物与订单不符的，应依据合约规定退货，并立即

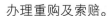

办理重购及索赔。

（8）结清货款、索要发票

供应商交货验收合格后，随即会依合约时间要求企业付清货款并开具发票。采购部门应核查发票的内容，正确无误后财务部门才能付清货款。

增值税发票

增值税发票有增值税普通发票和增值税专用发票两种。

增值税普通发票由基本联次或者基本联次附加其他联次构成，基本联次为两联：发票联和记账联。

增值税专用发票由基本联次或者基本联次附加其他联次构成，基本联次为三联。

第一联是记账联，是销货方发票联，是销货方的记账凭证，即销货方作为销售货物的原始凭证，在票面上的"税额"指"销项税额"，"金额"指销售货物的"不含税金额价格"。

第二联是抵扣联（购货方用来扣税）。

第三联是发票联（购货方用来记账）。

发票三联是具有复写功能的，一次开具。增值税专用发票是由国家税务总局监制设计印制的，只限于增值税一般纳税人领购使用，既作为纳税人反映经济活动中的重要会计凭证，又是兼记销货方纳税义务和购货方进项税额的合法证明；是增值税计算和管理中重要的决定性的合法的专用发票。

为深化税务系统"放管服"改革，进一步优化税收营商环境，国家税务总局自2020年9月1日起分步在全国新设立登记的纳税人中推行电子专票。电子专票因其领用更快捷、交付更便利、保管更经济等优点，得到越来越多纳税人的认可。

（9）结案

无论对验收合格的物料进行付款，还是对验收不合格的物料进行退货，均需办理结案手续，清查各项书面资料有无缺失、绩效好坏等，签报高级管理层或权责部门核阅批示。

（10）档案维护

经过以上操作，对于一次完整的采购活动而言，剩下的就是维护采购部门的档案。凡经结案批示后的采购项目，均应列入档案、登记编号分类，予以保管，以备参阅或事后发现问题时查考。档案应具有一定保管期限。例如，和供应商签订的合同一般要保存7年，应该比作为备忘录的采购申请单的保存期限要长。

要维护的档案有以下几种。

① 采购订单目录。所有订单都应被编号并说明结案与否。

② 采购文件卷宗。所有的采购文件或文件副本都应被顺序编号后保管在卷宗内。

③ 物料文件。记录所有物料的采购情况（日期、供应商、数量、价格和采购订单编号）。

④ 供应商历史文件。列出与交易金额较大的主要供应商进行的所有采购事项。

⑤ 招标历史文件。注明主要物料招标项目所邀请的供应商、投标的供应商、中标的供应商等信息。

（11）记录供应商此次采购流程中的表现

为了保持供应商队伍的积极、优质与高效，使用规范、合理、科学的供应商绩效考核指标体系，周期性地（如一个季度或一年）进行供应商绩效考核很有必要。

客观记录供应商每次采购流程中质量、报价、交货期、售后服务、技术支持、包装等方面的表现，为供应商绩效考核提供数据依据，有利于公正地评价供应商，以奖励优秀的供应商和淘汰不合格的供应商。记录供应商每次的采购表现，精益化地考核供应商，可以有效地降低供货风险。

任务 1-2　认识企业的采购管理组织

任务导读

刚刚落成的通用自行车厂，拥有两条生产线，有一定的设备和技术力量，集设计、开发、生产、服务为一体，注册资金为 200 万元，总资产为 600 万元。生产的主要产成品有男士自行车、女士自行车、山地自行车等。如何为该企业构建采购管理组织？

为了更好地展开采购工作，企业应建立一个高效、合理的采购管理组织。本任务将介绍企业采购管理组织构建的原则、考虑因素、具体方式等相关内容。

任务实施

管理组织就是由组织内部具有独立工作职能的组织单元，以其相互关系所搭建的结构体系。简单来说，管理组织就是组织内各构成要素的关系构架。管理组织的结构主要涉及企业部门构成、基本岗位设置、权责关系以及企业内部协调与控制机制等。一个企业或一个部门，必须有好的管理组织。"三个和尚没水吃"的故事已是家喻户晓，类似"三个臭皮匠，胜过诸葛亮"的故事也时有传闻。可以说，好的管理组织可以形成整体力量的汇聚和放大效应，让平凡的员工做出不平凡的业绩；不好的管理组织容易造成企业权责不清、目标冲突、内耗严重的情况，再优秀的员工也无用武之地。

采购涉及诸多内容，需要经过比较复杂的过程，参与作业活动的机构和人员较多，为了保证采购目标的完成，提高采购活动的效率，需要精益化的管理方式，企业须建立有效的采购管理组织机构，加强采购活动的组织和控制。采购管理组织的建立和运行要受到一系列因素的影响，需要将各种资源有效地整合，特别是要加强人力资源的整合，以保证采购活动按计划实施，防止出现各种偏差。

采购管理组织设计具有三大任务：一是职务划分与设计，企业将采购相关职务或联系比较密切的职务集中在一个单元中，就形成了采购部门；二是岗位职务分析与设计，企业需设置采购部门内部的岗位；三是结构分析与设计，企业要界定采购部门的属性和层次，规定采购部门与其他部门的关系，形成有效的管理框架和组织体系。

⏩⏩⏩ 一、采购管理组织构建的原则

组织构建是指企业对内部组织结构、部门构成、职责权利及其相互关系等组织问题进行的系统规划。采购管理组织构建是组织机构建立和运行的基础，对组织的有效性影响很大。

采购管理组织应依据以下原则进行构建。

1. 精简的原则

精简的原则中，"精"指人员精干，"简"是机构简化，只有人员精干，机构才能简化，要通过采购人员的高素质保障采购管理组织工作的顺利开展。

2. 责、权、利相结合的原则

"责"指责任，起约束的作用；"权"指权力，是履行职责的保证；"利"指利益，起激励作用。责、权、利相结合，才能充分调动采购队伍的积极性，发挥采购人员的聪明才智。如果有权无责，必然会出现瞎指挥、盲目决策，甚至损公肥私的现象；如果有责无权，什么事情都要请示汇报才能决策，也难以真正履行责任，还会贻误时机，影响效率；如果没有相应的利益刺激，也难以保证采购工作的高效、准确。只有将责、权、利有机地结合起来，发挥各自的职能，才能保证采购管理组织工作的有效性。

3. 统一的原则

统一的原则基本上包括三个方面内容。一是目标要统一。采购管理组织的目标是完成采购任务，实现企业经营目标。总目标定下来，采购管理组织再将总目标分解到各个部门、各分支机构的岗位和个人，形成子目标，当子目标与总目标出现矛盾或不协调时，强调局部应服从总体。二是命令要统一。采购管理组织的多种决策、指令、命令要及时下达，一方面要防止出现令出多头，下级无法执行、无所适从的现象；另一方面要杜绝上有政策、下有对策的散乱现象。三是规章制度要统一。各种规章制度是员工行为的准则，采购部门有总体规章制度，各分支机构也应有相应的规章制度，二者之间不能自相矛盾，应形成一个相配套的体系，制度面前人人平等。

4. 高效的原则

要高效开展采购工作，企业必须有一套高效运转的采购管理组织，这种高效的采购管理组织应确定合理的管理范围与层次。横向方面，各部门、各层次、各岗位应加强沟通、各负其责，相互扶持、相互配合；纵向方面，上情下达迅速，同时领导要善于听取下级的

合理化建议，解决下级之间出现的矛盾与不协调。只有形成一个团结严谨、战斗力强的采购队伍，才能促使采购工作高效地开展。

▶▶▶ 二、采购管理组织构建需考虑的影响因素

任何组织系统都应有对内外环境的适应性，采购管理组织也是如此。不能适应环境，企业就没有生命力。企业要随着外部环境的变化与内部条件的改变进行相应的调整，这样才能充满活力。为此，企业必须研究影响采购管理组织构建的各种因素。概括来讲，影响采购管理组织构建的因素有以下几个方面。

1. 企业的性质和规模

采购管理组织的设置同企业的性质、产品、规模等有直接的关系。一般来说，企业采购管理组织的大小与企业规模成正比关系。无论生产企业还是商业企业，企业规模大、业务量大，就必须完成大批量的采购任务，从而也就需要较为庞大的采购队伍；反之，企业规模小、业务量小，采购人员数量也就少。另外，企业的性质和物料特点也是很重要的因素。某些行业的物料专业性非常强，一般需要一些专业人员采购，并往往直接向最高领导汇报；某些行业所需物料标准化程度高，采购工作简单，可能仅设置简单的采购部门就足够了；而大型企业或跨国企业则常设有集团采购部或中央采购中心负责采购。

2. 企业采购目标、方针

企业往往对产成品质量非常重视，而影响产成品质量的主要因素是原材料的质量。改进供应商所提供物料质量的责任主要在于采购管理组织，那么采购管理组织就应该配备相应的品质工程师，或者具备相应的职责，从而指挥相关部门的人员参与物料质量的改进。

3. 企业的管理水平

如果企业导入物料需求计划（Material Requirement Planning，MRP）或准时制生产方式（Just In Time，JIT），那么采购的需求计划、订单开立、收货跟单均可通过计算机按 MRP 或 JIT 的方法操作管理，其采购管理组织的设置显然区别于手工作坊式的企业。

4. 采购供应状况

确定企业采购管理组织应思考市场供应状况，一般需要考虑以下两个方面的因素。

（1）市场供求态势

如果市场上的物料供不应求，采购较为困难，企业的采购管理组织应庞大些，以充足的人力应对困难的局面；反之，如果市场上的物料供过于求，货源充足，企业的采购管理组织可尽量简化。

（2）供应商的分布情况

有些物料产地分散、供应点多面广，采购人员需要多地采购，采购队伍应庞大些；反之，采购地点集中的物料，采购队伍可精简些。

5. 采购人员素质

企业采购人员素质的高低不仅决定了采购工作的质量，也影响着企业采购管理组织的大小。一般来说，采购人员素质高、业务熟练、工作能力强、效率高，采购管理组织可小些，这也符合精简的原则；反之，如果采购人员素质低、业务生疏、工作责任心差、效率低，这样要完成相应的采购工作，只能使用更多的采购人员，采购管理组织也就较为庞大。

6. 企业内部各部门的配合程度

采购工作是由一系列相互配合的业务环节所组成的，包括需求确定、选择供应商、谈判、签订合同、运输、验收、入库、结算付款等。要使采购工作效率高，企业内的其他部门（如研发、物流、仓储、质检、财务部门等）应与采购部门加强配合，使采购人员集中精力搞好采购工作。相反，如果一个企业采购部门与其他部门沟通不畅，如研发部门不能准确描述原材料的品质要求、销售部门不能及时更新销售订单，采购人员就需要将大量精力放在沟通确认、紧急采购订单安排上，其工作效率就会低下，这样要完成相应的采购任务，企业所需的采购人员也会较多。

7. 信息传递形式与速度

市场需求信息是企业采购的依据，企业应有一整套灵敏的信息传输系统，及时把握市场行情的变化，信息传输速度越快，采购决策越及时，效率越高，采购工作的准确性越高，无效劳动越少，采购队伍可精简；反之，如果企业没有灵敏的信息传输系统，企业采购部门必然效率低下，采购队伍就会庞大。

8. 其他因素

其他影响采购管理组织设计的因素有很多，如国家相关政策、交通运输条件、通信现代化水平、自然条件等都从不同的方面影响着一个企业的采购管理组织的设立。

当然，管理组织的结构是千差万别的，没有一种结构是普遍适用、放之四海皆准的。"依条件而定""因地制宜""量体裁衣"，企业对具体条件、战略、发展阶段、人员素质等因素进行分析，选用最适合本企业情况的采购管理组织结构是最重要的原则。

▶▶▶ 三、采购管理组织的构建

注意事项

企业采购管理组织构建的不同层次

首先，由于采购工作有一系列的流程，企业会有很多的与采购相关的职责和功能，如采购计划、来料检验、供应商管理等。企业会考虑将这些工作分配给哪些部门来做，是分给多个部门，还是仅由采购部独立完成，这是采购组织结构形式的问题。

其次，采购部门在企业组织结构中的位置，这是采购部门在企业中的隶属关系问题。

再次，在采购部门下，分设哪些具体工作小组，这是采购部门的组建方式问题。

最后，如果企业规模较大，有一些二级法人单位、子公司、分厂，那么采购工作是由集团统一完成，还是由各单位自行办理，这是采购制度的问题。

1. 采购组织结构形式

（1）分权式的组织结构

企业把与采购工作相关的职责和工作分别授予不同的部门来执行。例如，物料采购计划由生产部门制订，物料检验与库存保管工作由质检部门完成，采购订单由采购部门拟订，供应商的管理工作由行政部门负责。

这样做看似每个部门承担的责任大大简化，但也有很多不利因素。

① 权责不清：由于整个采购管理流程的功能细化，工作显得凌乱复杂，个别部门之间的职责也变得不明确。例如，不能准时向客户交货，原因可能在于采购作业效率太差，或是由于前一阶段的物料需求计划不当，或是由于后一阶段的催货不力，各部门会因为责任归属的问题互相推诿，争议不休，很难找到负责解决问题的部门。

② 目标冲突：由于各个部门分担不同的工作，为了争取各自部门的最好绩效，各个部门的立场和目标未必一致，妨碍了各部门横向的沟通与协调，而且可能会造成效益背反的情况：由于某部门要求自身利益最大化，损害了其他部门的利益，最终影响了整个企业的利益。例如，采购部门为了获取以量定价的利益，就会选择大批进货的方式，从而造成仓储部门的库存压力大增，两部门之间产生了目标冲突的情况。

 小贴士

什么是效益背反？

效益背反是物流领域中很普遍的现象，是物流领域中内部矛盾的反映和表现。效益背反指物流的若干功能要素之间存在损益的矛盾，即某一功能要素的优化和利益发生的同时，必然会存在另一个或几个功能要素的利益损失，反之也如此。这是一种此涨彼消、此盈彼亏的现象，往往导致整个物流系统效率低下，最终会损害物流系统的整体利益。企业运营也存在类似现象。

③ 浪费资源：分权式的组织结构会造成各部门之间的工作有所重叠。例如，追踪物料供需动态就会与供应商交涉送货、退货等作业相重合，如果没有统一指挥的单位，事务的进行就会造成叠加，管理工作更加复杂，人力、设备的投资成本更高。

（2）集权式的组织结构

将采购相关的职责或工作，集中授予一个部门来执行，这就是集权式的组织结构。这个管理责任一元化的组织体系要承担包括采购计划、物料管制、收发料、货物跟催、供应商管理等在内的所有工作。

这样做的优点如下。

① 降低总成本：从大局出发处理各项作业，避免出现效益背反的情况。

② 提升存量管制绩效：统筹供需，增强采购能力。

③ 物料部门间的沟通与合作获得改善：指挥系统单一化，责任目标更明确。

④ 降低管理费用：采购作业系统制度化与合理化，工作效率更高。

集权式的采购组织越来越受到企业的认可，企业也需要高级采购人才来实施这种组织结构。

2. 采购部门在企业中的隶属关系

采购部门在企业中的地位主要根据企业的规模和性质等情况而定。如果采购部门在企业中拥有较高的地位，采购主管是公司高层，向最高领导直接汇报工作，再配备高素质的员工，那么采购部门较易发挥巨大的作用。

第一，企业的物料成本在制造成本或销售成本中比重较高，设置单一的采购部门并直接向总经理汇报工作，如图 1-1 所示。这种模式下，采购部门隶属于高级管理层，提升了采购的地位与执行能力。

图 1-1 企业采购部门直接由总经理负责

第二，一些企业的生产规模较大，生产工作非常重要，采购的主要职责是协助生产，提供物料满足生产使用。在这样的生产导向型企业里，采购部门可以向分管生产的副总经理汇报工作。这样不仅满足了生产的要求，也方便了企业的管理，如图 1-2 所示。

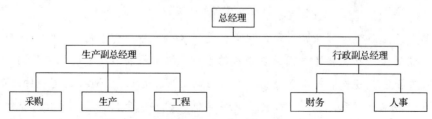

图 1-2 企业采购部门由生产副总经理负责

第三，企业采购部门由行政副总经理负责，采购部门的主要职责是获得较佳的价格和付款方式，以达到财务上的目标。采购部门独立于生产部门之外，有时可以发挥单位制衡的作用和议价的功能，如图 1-3 所示。

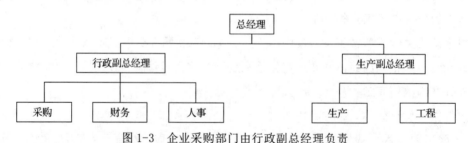

图 1-3 企业采购部门由行政副总经理负责

3. 采购部门的组建方式

采购部门的组建，也称为"采购内部组织的部门化"，即将采购部门应负责的各项功能整合起来，并以分工的方式建立不同的小组来加以执行。

（1）按采购的物料类别分类

这种组建方式适合物料需求种类多、专业性强的企业，如大型的汽车厂、石化厂。这些企业几乎每一种物料都有物理或化学特性，采购人员如果没有专业知识和技能，不可能完成采购任务，因此不同的物料采购需要配备不同的采购人员，如图1-4所示。

图1-4　按采购的物料类别分类的采购部门组建方式

（2）按采购物料来源地区分类

依照采购物料来源地区分别设立小组，如国内采购组和国际采购组。这种分工方式，主要是由于国内、国际采购的程序及交易对象有显著的差异，因而对采购人员有不同的技能要求。

由于国内、国外采购作业的方式不同，因此，企业分别设立采购小组有利于管理。但是，采购部门必须就采购物料比较国内、国际的优劣，判定选择哪一种方式承办。如果国内采购小组和国际采购小组"井水不犯河水"，就无法比较国内、国际供应商的成本高低和质量的优劣。

（3）按采购物料的价值或重要性分类

把采购次数少但价值高的物料交给采购部门主管（如经理）办理，把采购次数频繁但价值低的物料交给基层采购人员（如普通职员）办理，如表1-2所示。

表1-2　按采购物料的价值或重要性分类

物料	价值	次数	小组负责人
A	70%	10%	经理
B	20%	20%	组长
C	10%	70%	普通职员

企业按照这种精益化的方式组建采购部门，主要是保障采购部门主管对重大的采购项目能够集中精力加以处理，达到降低成本、确保质量的目的。此外，让采购部门主管有更多的时间和精力对采购部门的人员及工作绩效加以管理。

另外，企业可以根据物料对企业的重要程度，将策略性项目（利润影响度高、供应风险高）的决定权交给采购部门主管（如经理），将瓶颈项目（利润影响度低、供应风险高）交给基层主管（如采购组长），将非紧要项目（利润影响度低、供应风险低）交给基层采购人员（如普通职员）。精益化的分工方式提高了高级别采购人员的工作效率，也为低级别采购人员提供了锻炼能力的机会。

（4）按采购流程分类

按照采购过程，把询价、签订合同等工作分别交由不同的人员办理，如图 1-5 所示。每个人员只承担一个采购事务的部分过程，便于采购人员更好地熟悉自己的那部分业务，精通单项技能。同时，有利于各个环节之间相互监督，避免浪费现象，减少内部审计成本，还有利于培养员工的团队合作精神。这要求企业内部更好地协调和合作，否则就会造成采购效率低下、管理混乱的结果。

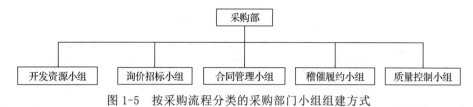

图 1-5　按采购流程分类的采购部门小组组建方式

以上采购部门的组建方式，前三种分别以物料、地区和价值为基础来组建采购小组，采购人员担任一个采购事务的全过程与有关作业，包括开发来源、询价、付款等，这种方式被称为"一贯作业组织方式"。第四种以采购过程为基础，也就是以功能编组的方式来建立小组，每个人员只承担一个采购事务的部分过程，承担局部的责任，这种方式被称为"分段作业组织方式"。

一贯作业组织方式的特点如表 1-3 所示。

表 1-3　一贯作业组织方式的特点

优点	缺点
一位采购人员综合管理一项采购业务的全过程，权责比较分明	一位采购人员负责全部过程的各项作业，工作相当复杂，无法做到专业非常精通
采购人员全程管理，与供应商的关系良好	采购事务从头到尾全由一人负责，采购人员权力过大，容易发生徇私舞弊、贪污受贿的情况
由于对供应商有取舍的权力，因此可以增强供应商及时交货及改善品质的管理效能	一个采购人员负责全程工作，如果某一突发事件对其产生羁绊，导致其无法完成其他的采购事务，可能会导致采购工作的不连续性，致使采购工作效率低下
符合规模经济的原则	

 小贴士

什么是规模经济？

规模经济理论是经济学的基本理论之一，是指在某一特定时期内，企业产成品绝对量增加时，其单位成本下降，即扩大经营规模可以降低平均成本，从而提高利润水平。

规模经济的成因比较复杂，其形成途径有两种，即依赖于企业对资源的充分有效利用、组织和经营效率的提高而形成的"内部规模经济"和依赖于多个企业之间因合理的分工与联合、合理的地区布局等而形成的"外部规模经济"。

分段作业组织方式的特点如表1-4所示。

表1-4　分段作业组织方式的特点

优点	缺点
每位采购人员只负责全部过程中的一部分作业，可以做到熟能生巧，提高效率，减少错误的发生	采购过程由不同人员分段处理，收发转接手续较多，延误时效
一方面是分工合作，另一方面是内部牵制，除非全体采购人员协调一致，否则不容易串通舞弊	各自为政，无人负责。同时，采购各项工作之间接手人员太多，会大量增加联系上的困扰
采购的每一阶段均由专业人员负责，可以大大提升采购作业的品质	由于每个人对任何采购任务都没有完整的决定权，因此采购人员的工作满足感比较低

4．采购制度的建立

当企业规模较大，拥有一些二级法人单位、子公司、分厂时（以下简称"分支机构"）。这些分支机构要根据自身具体情况决定其采购制度：是组建内部采购部门来统一管理其分支机构的采购业务，还是总部放开企业采购运作权限，由分支机构各自掌管自己的采购业务。

（1）集中采购

集中采购是指企业总部在核心管理层建立专门的采购机构，统一组织企业所需物品的采购业务。做到极致时，企业各部门及各分支机构均无采购权责。

集中采购体现了经营主体的权力、利益、意志、品质和制度，是经营主体赢得市场，控制节奏，保护产权、技术和商业秘密，提高效率，取得最大利益的战略和制度安排。因此，集中采购将成为未来企业采购的主要方式，具有很好的发展前景。

① 集中采购的优点

企业实施集中采购有以下几个优点。

A．减少了采购的渠道，能够通过批量采购获得更多的价格优惠；有利于获得采购规模效益，降低进货成本和物流成本。集中了采购数量，可以提高与供应商的谈判力度，争取主动权。

B．易于稳定企业总部与供应商之间的关系，得到供应商在技术开发、货款结算、售后服务等诸多方面的支持与合作。

C．集中采购责任重大，可以采取公开招标、集体决策的方式。

D．采购功能集中，有利于采购决策中专业化分工和专业技能的发展，同时也有利于提高工作效率。

E．如果采购决策都集中控制，那么所采购的物料就比较容易达到标准化。建立了各分支机构共同物料的标准，可以简化采购种类，各分支机构间亦可统筹规划供需数量，相互转用过剩物料，降低库存。

F．减少了管理上的重复设置。如果不需要让每一个分支机构的采购人员都填写采购订单，只需要企业总部的采购部门针对全部需求填写一张订单就可以了，精减了人力。

G．获得供应商折扣。由于合并了多个分支机构的需求，较大的采购数量有利于企业和供应商进行价格谈判。

H．在物料短缺的时候，不同的分支机构之间不会为了得到物料而进行恶性竞争，避免引起价格的上涨。

I．可以推动供应商有效管理。供应商不必同时与分支机构的多个人员打交道，而只需和企业总部的采购经理联系。

② 集中采购的缺点

实施集中采购有以下几个缺点。

A．采购流程长，延误时效，零星采购、地域性采购以及紧急状况时难以适应。

B．非通用性物料集中采购，没有数量折扣优势。

C．采购者与使用者分离，在确认采购需求细节时，需要企业总部与分支机构沟通，影响采购绩效，费事耗时。

因此，集中采购比较适合企业采购以下物料：大宗或批量物料，总价高的物料，标准化程度高的物料，关键物料或战略物料，保密程度高、知识产权约束多的物料。

集中采购的实施步骤如图1-6所示。

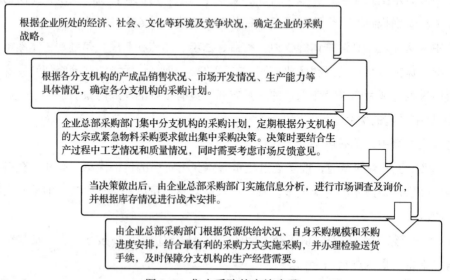

图1-6　集中采购的实施步骤

（2）分散采购

分散采购是由各分支机构自行办理的满足自身生产经营需要的采购。

分散采购有利于企业采购环节与存货、供料等环节的协调配合，有利于增强基层工作人员的责任心，使基层工作富有弹性和成效。企业实施分散采购的优点和缺点如表 1-5 所示。

表 1-5　企业实施分散采购的优点与缺点

优点	缺点
对分支机构直接负责，了解企业内部的具体需求，采购效果较好	分散了企业的集体采购能力，缺乏规模经济
分支机构可以与供应商直接沟通，更多了解供应市场	在采购和物料方面形成专业技能的可能性有限
手续快捷，时效性强	各分支机构各自为政，不能互通有无，过剩物料只能成为库存，占用资金成本

因此，分散采购比较适合企业采购以下物料。

① 小批量、单件、价值低、总支出在产成品经营费用中所占比重小的物料。

② 通用性较差的物料。各分支机构所需物料有差异，无法获得数量折扣，集中采购反而影响采购效率，分散采购更为有利。

③ 特殊物料，仅分支机构具有该物料的检测能力。

④ 产成品开发研制、试验所需要的零星物料。

分散采购的程序与集中采购大致相同，只是取消了集中决策环节。企业下属分支机构的生产研发人员根据生产、科研、维护、办公的需要，填写请购单，由基层主管审核、签字，到指定财务部门领取支票或汇票或现金，然后到供应商处购买、进货、检验、领取或核销、结算即可。

（3）选择集中采购或分散采购时应考虑的标准

由上可知，一方面，相对于分散采购，集中采购规模大、效益好，易取得主动权，易于保证进货质量，有利于统筹安排各种物料的采购业务，有利于物料的配套安排，有利于整体物流的规划和采购成本的降低，有利于得到供应商的支持和保障，有利于物料单价的降低。另外，集中采购也有利于增加采购过程的透明度。另一方面，相对于分散采购，集中采购又具有量大、过程长、手续多、占用资金多、采购与需求脱节、保管水准要求增高的弊端，容易挫伤基层的积极性、使命感和创新精神。

在实际采购中，企业要趋利避害、扬长避短。根据企业自身的条件、资源状况、市场需要，灵活做出制度安排，并积极创新采购方式和内容，使本企业在市场竞争中处于有利的地位。

在决定采取集中采购还是分散采购时，应该考虑下面的因素或标准。

① 物料的通用性。分支机构所需物料的通用性越高，集中后批量越大，能获得的价格折扣就越大。

② 地理位置。当分支机构位于不同的国家或地区时，贸易、法律、物流等方面的差异可能会阻碍合作，不利于集中采购。

③ 供应市场结构。某些供应市场上可能仅有一个或数量有限的几个大型供应商，在这

种情况下，分散采购可能会使各分支机构面临"店大欺客"的不利局面，采用协同集中的采购方法可以使企业面对这些强有力的贸易伙伴时获得更有利的谈判地位。

④ 潜在的节约。一些类型的原材料的价格对采购数量非常敏感，在这种情况下，企业集中采购的物料数量大，就会节约成本。

⑤ 价格波动。如果物料的价格对经济气候的敏感程度很高，企业采取集中采购就比较合适。

除了考虑以上因素，企业选择集中采购时，还应该以有利于资源的合理配置、减少交易环节、加速周转、简化手续、满足要求、节约物料、提高综合利用率、保证和促进生产的发展、有利于调动各方的积极性、促进企业整体目标的实现为原则。

当然，集中采购和分散采购并不是完全对立的。客观情况是复杂的，仅采用一种采购方式是不能满足企业生产需要的，大多数企业会选择混合制采购制度——集中采购与分散采购相结合。

▶▶▶ 四、采购部门的主要职责

采购部门的主要职责必须明确，一般应包括以下几个方面。

1. 供应商的选择与评价

这一任务包括供应商的筛选、鉴别、评价、认证、培养、审核、考察、评审、资料备案等具体工作。它是采购工作的起点和重点，没有对供应商的了解和管理，没有对行业的专业化了解，就难以满足企业的需要。对供应商的调研越仔细，采购工作就会越有效率，管理问题就会少一些。

2. 保证企业在采购价格上的优势

采购部门应对国际和国内市场的行情有及时的了解，保证企业在采购价格上的优势，在市场状况发生明显变化时能够妥善利用供应商的资源，采取适当战略降低成本，取得竞争优势。

3. 制定采购制度和设计合理的采购流程

采购部门制定的规章制度应同时能满足质量控制和财务制度的要求。采购控制流程应确保企业的采购活动能满足来自生产部门、市场部门及其他部门的各种采购要求。

4. 提高采购效率

采购部门应通过不懈的努力，降低采购运作的成本，提高采购效率，提高内部与外部的客户满意度。

5. 控制采购风险

采购部门应通过人员培训和组织调整，控制采购的合同风险和法律风险，杜绝来自企业内外的对采购流程的不利影响。

6. 供应商关系管理

采购部门应考虑供应商的胜任力及绩效、双方的信任程度、所采购物料等因素，精益化地管理与不同供应商之间的关系。对于长期合作的供应商，采购部门和供应商可以在一定程度上双向自由分享信息，寻找提升合作效益的机会点，共同探求更高的供应链效率和竞争力，分享由供应链增值带来的利益，形成双赢局面。

7. 应付账款管理

采购与付款循环是企业生产经营管理的一个关键环节，严格采购与应付账款的管理也是采购部门的主要职责。付款流程是企业资金管理的重要环节，出现任何差错都将会严重阻碍企业的正常运营。采购部门应加强应付账款的内部控制，做好账期管理，防范应付账款管理中的风险，提高企业资金的使用效率。

8. 与外界信息沟通

采购部门也要成为向外界传达企业战略信息的窗口。企业要利用采购部门与外界联系比较紧密的特点，做好企业之间的协调，为企业战略实施创造良好的外部条件。近年来，"信息采购"的出现和发展说明，采购部门扮演信息沟通媒介的作用受到了充分的重视，通过建立广泛的采购市场信息、价格信息多种信息系统，采购部门的沟通作用得到了有效实现。

信息媒介作用的强化使采购活动与企业战略的融合性大大增强，提升了采购活动对企业战略活动的介入性。具体而言，采购的信息媒介作用加快了企业新产成品研制的速度、延长了产成品生命周期、为企业经营提出了合理化建议。

▶▶▶ 五、采购人员的设置

企业应建立一个高效率、高素质、团结合作的采购团队。采购部门可以设置以下人员，并设定他们的工作职责。人员的岗位名称和工作职责可根据企业具体情况进行调整。

1. 采购部经理

采购部经理的工作职责包括：拟订采购部门的工作方针和原则；负责重要物料的采购；负责采购制度的建立与改善；对本部门员工制度执行情况负责；对本部门员工的专业知识培训负责；对本部门员工进行严格管理，根据他们的表现向企业提出奖励或处罚建议；建立与供应商良好的合作关系；主持或参与采购的业务会议，并做好部门间的协调工作。

2. 采购组长

采购组长的工作职责包括：主持采购部门日常工作，分派采购人员日常工作；负责次重要物料的采购；协助组织评审供应商和考核供应商，定期对合格供应商的质量、服务进行考核；跟踪采购进度；考核本部门员工绩效并进行内部监督。

3. 采购员

采购员的工作职责包括：根据部门工作安排，按采购流程实施采购；开展市场调查，查询物料价格并向供应商索取有关资质证明；与供应商初步进行价格、付款方式、交货日期、售后服务等意向性谈判；收集价格情报资料及替代品资料；经办不合格品的退货或索赔和协助保修工作；负责一般物料的采购。

4. 采购助理

采购助理的工作职责包括：单据的填写；交货的记录和稽催；进出口文件及手续的申请；承办保险和公证事宜。

▶▶▶ 六、采购过程中的控制和监督机制

采购环节往往是企业经营管理中较为薄弱的一环。一是容易滋生暗箱操作、弄虚作假、以次充好、收受回扣等；二是容易"跑、冒、滴、漏"，许多企业采购成本控制不合理，产生了不必要的浪费。为了实现采购工作的精益化管理，采购过程中的控制和监督机制非常有必要。下面介绍一些主要措施。

1. 实物与信息同步入库

采购控制要处理的作业包括物料实际入库、根据入库物料内容进行库存管理、根据需求物料向供应商下订单等。具体而言，其工作内容包括：入库作业处理、库存控制、采购管理系统、应付账款系统及信息流程等。在整个作业过程中，实物与信息是同步的。实物就是企业所采购的物料，信息就是有关账款和动态的库存数据等。如果实物和信息不同步，就会产生浪费、暗箱操作、数量与需求不符等问题。可以说，采购内控的关键是信息控制。

完善的采购控制系统能够为采购人员提供快速而准确的信息，使采购人员能向供应商适时、适量地开立采购单，使物料能准时入库并且杜绝库存不足或积压过多等情况的发生。

2. 财务、审计双管齐下

采购是实体转移和价值转移的统一过程，因此容易产生作弊问题。采购控制要实现下列目标：保证采购业务合法有效、采购物料物美价廉、采购成本核算准确、采购记录真实完整。为实现以上目标，企业应做到以下几个方面。

（1）建立控制点

企业应当建立以请购制度、经济合同、结算凭证和入库单据为载体的控制系统，并在该系统中设置下列控制点和关键控制点：审批—签约—登记—承付—验收—审核—记账。其中，承付、验收和审核为关键控制点。

（2）实行职务分离

购买业务环节中，企业所需处理的主要业务包括：确定需求、寻求能满足供应商的适宜价格、向供应商发出订单、检验收到的物料、确定是否接收物料、向供应商退回不合格物料、储存或使用物料、会计记录、核准付款等。在这些业务中，需要进行职务分离的有以下几个方面。

① 货物的采购人不能同时担任货物的验收工作。

② 货物审批人和付款执行人不能同时办理寻找供应商与议价业务。

③ 货物的采购、储存和使用人不能担任账目的记录工作。

④ 货物审核人应同付款人职务分离。

⑤ 接受各种劳务的部门或主管这些业务的人应适当地同账务记录人分离。

⑥ 记录应付账款的人不能同时担任付款任务。

3. 杜绝采购回扣

虽然企业不可能完全杜绝暗箱操作现象的发生，但是可以采取措施减少此类现象的出现。下面介绍几种方法。

（1）三分一统

"三分"是指三个分开，即市场采购权、价格控制权、质量验收权要做到三权分离，各自负责，互不越位。"一统"，即合同的签约特别是结算付款一律统一管理。物料管理人员、检验人员和财务人员不能与供应商见面，尽量实行封闭式管理。财务部依据合同规定的质量标准，对照检验单和数量测量结果，认真核算后付款。这样就可以形成一个以财务管理为核心，最终以降低成本为目的的制约机制。

（2）三统一分

采购要实行"三统一分"的管理机制。"三统"是指采购的所有物料要统一采购验收、统一审核结算、统一转账付款；"一分"则是指费用要分开控制。只有统一采购、统一管理，才能既保证需要，又避免漏洞；既保证质量，又降低价格；既维护企业信誉，又不至于被骗。各分支机构要对费用的超支负责并有权享受节约所带来的收益，有权决定采购计划和采购项目。这样，物料采购管理部门和使用单位自然形成了一种以减少支出为基础的相互制约的机制。

（3）三公开、两必须

"三公开"是指采购品种、数量和质量指标公开、参与供货的供应商和价格竞争程序公开、采购完成后的结果公开；"两必须"是指必须在货比三家后采购，必须按程序、按法规要求签订采购合同。

（4）五到位、一到底

"五到位"是指所采购的每一笔物料都必须有五方的签字，即只有采购人、验收人、证明人、批准人、财务审查人都在凭证上签字，才被视为手续齐全，才能报销入账。"一到底"就是负责到底，即谁采购谁负责，并且要一包到底，包括价格、质量、使用效果等都要记录在案，什么时候发现问题什么时候处罚。

（5）全过程、全方位监督

"全过程监督"是指采购前、采购过程中和采购完成后都要有监督。从采购计划的制订到采购物料使用的结束，一共有九个需要进行监督的环节（计划、审批、询价、招标、签合同、验收、核算、付款、领用）。虽然每一个环节都有监督，但重点在于计划、签合同、验收和付款四个环节。计划监督主要是保证计划的合理性和准确性，使其按正常渠道进行；合同监督主要是保证合同的合法性、公平程度和有效性；验收监督是保证验收过程不降低标准，不弄虚作假，每一个入库物料都符合企业要求；付款监督是确保资金安全，所有付款操作都按程序、按合同履行。如果企业能够把监督贯穿于采购活动的全过程，就可以建立确保采购管理规范和保护企业利益的第二道防线。"全方位监督"，是指行政监察、财务审计、制度考核三管齐下，方方面面没有被遗漏，形成严密的监督网。

4. 用相关法律进行约束

为了保护企业的合法权益，调整企业和供应商的民事关系，维护社会和经济秩序，企业在采购业务中，主要参照《中华人民共和国民法典》（以下简称《民法典》）。

（1）代理权方面

所有的企业，其行为都必须通过代理人来进行。多数采购人员和销售人员都是其企业的代理人。如果代理人按照实际被授权的权力范围行事，那么企业必须履行其义务；如果代理人的行为超出了其权力范围，企业则不受约束，要由代理人个人负责。此方面可参照《民法典》中第一编"总则"中第七章"代理"。

（2）合同方面

企业和供应商签订的合同受法律的约束和保护。此方面可参照《民法典》中第三编"合同"。

最后，还有一点需要企业注意：监督机制的作用在于责任追究。如果企业拥有严格完备的监督机制而没有相应的惩罚措施，那么所有的努力都将化为泡影。因此监督的关键还在于企业要及时对不合规的行为进行重罚。

科学、规范的采购机制，严格完备的采购控制不仅可以降低企业的物料采购价格、提高物料采购质量，还可以保护采购人员不受外部利益的诱惑。

思政小课堂 ◀

采购人员应具备高尚的职业道德

无论面对供应商通过人际关系打出的感情牌，还是红包、回扣等物质利诱，采购人员都必须秉持职业操守、维护企业利益，绝不能以牺牲企业利益来换取个人财富。

"君子爱财，取之有道"，违背法律、道德的做法将害人害己。遵规守矩，方能行稳致远。采购人员一定要树立规则意识，坚守职业道德，依法办事，不触碰采购工作的法律与道德底线。

 项目思考 ●●●●

一、单选题

1．下列关于分权式的采购组织的说法不正确的是（ ）。

A．权责不清

B．目标冲突

C．有利于各物料部门之间的沟通与合作

D．浪费资源

2．二级法人单位、子公司、分厂、分店所需物料的通用性较差，此时选择（　　　）方式比较合适。

A．分散采购　　　B．间接采购　　　C．集中采购　　　D．远期合同采购

3．下列关于集权式的采购组织的说法不正确的是（　　　）。

A．能降低总成本

B．可以提升存量管制绩效

C．不利于各物料部门之间的沟通与合作

D．降低了管理费用

4．某集团公司的各子公司所采购物料的通用性很高，采购数额越大，供应商给予的价格折扣就越大，这时应当选择（　　　）方式。

A．分散采购　　　B．间接采购　　　C．集中采购　　　D．远期合同采购

5．集中采购的优点不包括（　　　）。

A．价格优惠，稳定与供应商的关系

B．在物料短缺的时候，避免集团内不同的分支机构之间进行恶性竞争

C．采购功能集中，精减人力，节约成本

D．采购与使用主体统一，采购绩效较优

二、多选题

1．组建采购部门时，采用一贯作业组织方式的优点有（　　　）。

A．熟能生巧，提高效率

B．不容易串通舞弊

C．专业人员负责，提升采购作业的品质

D．权责比较分明

E．与供应商的关系良好

2．组建采购部门时，采用分段作业组织方式的优点有（　　　）。

A．熟能生巧，提高效率

B．不容易串通舞弊

C．专业人员负责，提升采购作业的品质

D．权责比较分明

E．有完整的决定权

3．分散采购的特点包括（　　　）。

A．多用于小批量或单件，价值低，开支小的物料

B．手续快捷，时效性强

C．分散了企业的集体采购能力，缺乏规模经济

D．运输批量大，有规模效应

E．集中了采购数量，可以提高与供应商的谈判力度，争取主动权

4．企业向供应商明确采购需求的方法有（　　）。

A．制订规范、图纸和采购订单的书面程序

B．发出采购订单前企业与供应商的协议

C．在采购文件中包含清晰地描述所订购物料或服务的数据，如物料的等级、规程、质量标准等

D．指明所有检查或检验方法和技术要求的相应国家或国际标准

三、判断题

1．广义的采购是指企业除了以购买的方式占有物品，还可以通过其他途径取得物品及劳务等资源的所有权或者使用权，以达到满足需求的目的，如租赁、交换等。（　　）

2．物流运作中存在很明显的效益背反现象，在仓储和采购中的表现为仓储成本与采购成本的共同下降。（　　）

3．分权式的采购组织结构是将采购相关的职责或工作集中授予一个部门来执行。（　　）

4．采购就是花钱，不能对企业的经营带来正面作用。（　　）

四、问答题

1．广义的采购有哪些方式？

2．为什么说采购对企业非常重要？

3．采购的流程是怎样的？

4．采购部门的组建有哪些方式？各有什么利弊？

5．你认为企业在哪种情况下可以采用集中采购？哪种情况下可以采用分散采购？

 举一反三

胜利油田、海尔及上海通用汽车的采购现象

从 20 世纪 80 年代开始，为了顺应国际贸易高速发展的趋势，以及满足客户对服务水平提出的更高要求，企业开始将采购环节视为供应链管理的一个重要组成部分，通过对供应链的管理，对采购手段进行优化。在当前全球经济一体化的大环境下，采购管理作为企业提高经济效益和市场竞争能力的重要手段之一，在企业管理中的战略性地位日益受到国内企业的关注。但现代采购理念在中国的发展过程中，由于遭遇的"阻力来源"不同，企业解决问题的方法各异等原因，被予以了不同的诠释。

读者可以看到分别以胜利油田、海尔及通用汽车为代表的三种风格迥异的采购现象。

1．胜利油田现象

在采购体系改革方面，许多国有企业和胜利油田的境遇相似，虽然集团购买、市场招标的意识慢慢培养起来，但企业内部组织结构却给革新的实施带来了极大的阻碍。

胜利油田每年的物资采购总量约 85 亿元，涉及钢材、木材、水泥、机电设备、仪器仪表等 56 个大类，12 万项物资。行业特性的客观条件给企业采购的管理造成了一定的难度，然而最让副总经理裴某烦恼的却是其他问题。

胜利油田目前有 9 000 多人在做物资供应管理，庞大的体系给采购管理造成了许多困难。胜利油田每年采购资金有 85 亿元，其中 45 亿元的产品由与胜利油田有各种隶属和姻亲关系的工厂生产，很难将其产品的质量和市场同类产品进行比较，而且价格一般要比市场价高。例如供电器的价格比市场价贵 20%，但由于这是一家由胜利油田长期养活的残疾人福利工厂，只能本着人道主义精神接受他们的供货，强烈的社会责任感让企业背上了沉重的包袱。同样，胜利油田使用的大多数涂料也是由下属工厂生产的，一般只能使用 3 年左右，而市面上一般的同类型涂料可以使用 10 年。还有上级单位指定的产品，只要符合油田使用标准、价格差不多，就必须购买指定产品。

在各种压力下，胜利油田目前能做到的就是逐步过渡，拿出一部分采购商品来实行市场招标，一步到位是不可能的。

统计数据显示，目前在我国工业企业的产成品销售成本中，采购成本占到 60%左右，可见，采购环节管理水平的高低对企业的成本和效益影响非常大。一些企业采购行为在表面上认可和接纳了物流的形式，但在封闭的市场竞争中，在操作中没有质的改变。一些企业采购只是利用了物流的技术与形式，但经常是为库存而采购，而大量库存实质上是企业或部门之间没有实现无缝连接的结果，库存积压占用了企业最宝贵的流动资金。这一系列的连锁反应正是造成许多企业资金紧张、效益低下的局面没有发生本质改观的主要原因。

2．海尔现象

海尔采取的采购策略是利用全球化网络，集中购买。以规模优势降低采购成本，同时精简供应商队伍。据统计，海尔的全球供应商数量由原先的 2 336 家降至 840 家，其中国际化供应商的比例达到了 71%，目前世界 500 强中有 44 家是海尔的供应商。

在供应商关系的管理方面，海尔采用的是共同发展供应业务模式。海尔有很多产品的设计方案直接交给厂商来做，很多零部件是由供应商提供今后两个月市场的产品预测并将待开发产品形成图纸，这样一来，供应商就真正成为海尔的设计部和工厂，从而加快了产品的开发速度。许多供应商的厂房和海尔的仓库之间甚至不需要汽车运输，工厂的叉车直接开到海尔的仓库，大大节约了运输成本。海尔本身侧重于核心的买卖和结算业务。这与传统的企业与供应商关系的不同在于，它从供需双方简单的买卖关系，成功转型为战略合作伙伴关系，是一种共同发展的双赢策略。

网上采购平台的应用是海尔优化供应链环节的主要手段之一。①网上订单管理平台：100%的采购订单由网上下达，实现采购计划和订单的同步管理，使采购周期由原来的 10 天减少到 3 天。同时，供应商可以在网上查询库存，根据订单和库存的情况及时补货。②网上支付平台：支付准确率和及时率达到 100%，为供应商节省近 1 000 万元的差旅费，有效降低了供应链管理成本。目前，网上支付已达到总支付额的 80%。③网上招标竞价平台：通过网上招标，不仅使竞价、价格信息管理准确化，而且防止了暗箱操作，降低了供应商管理成本。④在网上可与供应商进行信息互动交流，实现信息共享，强化合作伙伴关系。

利益的获得是一切企业行为的原动力，成本降低、与供应商双赢关系的稳定发展带来的经济效益，促使众多企业以积极的态度引进和探索先进、合理的采购管理方式。

与胜利油田相似，由于企业内部尤其是大集团企业内部采购权的集中，使海尔在进行采购环节革新时，也遇到了涉及"人"的观念转变和既得利益调整的问题。然而与胜利油田不同的是，海尔在管理中已经建立起适应现代采购和物流需求的扁平化模式，在市场竞争的自我施压过程中，海尔已经有足够的能力去解决有关"人"的两个基本问题：一是企业首席执行官对现代采购观念的接受和推行力度；二是示范模式的层层贯彻与执行，彻底清除了采购过程中的"暗箱"。

3．通用汽车现象

作为世界上最大的汽车集团，通用汽车公司拥有强大的全球化采购系统。据统计，通用汽车公司在美国的采购量每年为 580 亿美金，全球采购金额总共达到 1 400 亿～1 500 亿美元。1993 年，通用汽车公司提出了全球化采购的思想，并逐步将各分部的采购权集中到总部统一管理。目前，通用汽车公司下设四个区域的采购部门：北美采购委员会、亚太采购委员会、非洲采购委员会、欧洲采购委员会，四个区域的采购部门定时召开电视会议，把采购信息放到全球化的平台上共享，在采购行为中充分利用联合采购组织的优势，协同杀价，并及时通报各地供应商的情况，把某些供应商的不良行为在全球采购系统中进行备案。

在资源得到合理配置的基础上，通用汽车公司开发了一整套供应商关系管理程序，对供应商进行评估。对好的供应商，采取持续发展的合作策略，并针对采购中出现的技术问题与供应商一起协商，寻找解决问题的最佳方案；而在评估中表现糟糕的供应商，则请其离开通用汽车公司的业务体系。同时，通过对全球物流路线的整合，通用汽车公司将各个公司原来自行拟订的繁杂的海运线路集成为简单的洲际物流线路。采购和海运线路经过整合后，不仅使总体采购成本大大降低，而且使各个公司与供应商的谈判能力得到了质的提升。

三种在我国市场中并存的采购现象，直接反映出在不同的市场机制和管理模式下，企业变革需要面对的一些现实问题。但从另一个角度看，就会发现采购在整个企业物流管理中的重要地位已经被大多数企业所认可。更多的生产企业专注于自己的核心业务，把采购物流业务外包，建立在合作基础上的现代供应链管理模式，无疑是对传统的采购管理模式的一次革命性的挑战。

在不同采购现象背后，可以看到采购理念在中国发展遇到的现实问题，不仅在于企业对先进思维方式的消化能力，更重要的是在不同的体制和文化背景下的执行是否通畅。在落实理念的过程中，必须革新中国的企业文化，要求高层决策人员和中层管理人员应当具备解决系统设计问题的能力，而底层的运作人员应能解决系统操作的问题，同时必须有发现问题的能力和正确理解问题的能力。从这个角度来讲，是否"以人为本"已经成为采购进入中国市场所必须解决的重大课题。

案例引发的思考如下。

这是一个专门讲述在我国市场上同时存在的三种不同采购理念的案例。从一般意义上说，采购是企业生产经营或物流的起点，"按需采购"是采购的基本前提，要求以尽量少的费用、最低的价格购进所需的货物。而基于现代供应链管理模式下的采购管理，则突出了现代采购的内涵，即一是为订单采购，而不是为库存采购；二是从一般买卖关系发展为战略伙伴关系；三是变多源供应为少源供应；四是变大批量少批次采购为小批量多批次采购。

本案例中所代表的三种采购现象，直接反映出不同的市场理念和管理模式下，企业采购的现状。变革需要面对一些现实问题，但从另一个角度看，就会发现采购在整个企业物流管理中的重要地位已经被企业所认识，这对于我国国有企业来说是一大进步。

在我国市场经济的发展方向上，参与国际经济大循环的趋势都已非常明确，但运行中的艰辛是所有企业决策者都深有感触体会的，究其原因：一是理念，二是能力。

① 本案例中所介绍的胜利油田、海尔集团以及通用汽车三种不同风格的采购现象，它们各自的操作方式和特点很典型地代表了我国迈向市场经济的过程中，不同性质的企业是如何按照自我的行为方式来进行采购运作的。

② 海尔集团作为企业改革的先锋，已经形成了市场化的经营管理机制，加之先进技术手段的应用，使其"很自然（实则很艰难）"地走上了符合市场经济内在要求的采购之路。

③ 通用汽车公司实际上是一种"拿来主义"的做法，在与国际经济和其运作方式接轨的今天，这是一种"走捷径"的做法。

阅读案例，回答以下问题。

1．采购只是企业物流作业中的一个环节，但同样会涉及体制、理念等的冲突与撞击，作为胜利油田这样的国有企业，是不是应该考虑它的社会责任？胜利油田应该怎样协调自己作为营利性机构与所负担社会责任之间的平衡？

2．与胜利油田相比，海尔采取了哪些比较先进的采购模式？海尔经验对胜利油田有什么启发意义？

3．你对海尔的成功（不仅是本案例）是如何评价的？海尔之路能否代表中国国有企业改革的发展方向？

4．通用汽车公司的采购经验对企业采购的改革有哪些重大意义？通过所知道的一些案例，你觉得应该怎样促进我国企业在采购方面与世界接轨？

5．本案例中，通过三种采购现象的对比，能引起你的哪些思考？

 项目实施总结 ●●●●

企业做好采购工作可以最大限度地整合资源，提高物料质量、降低库存成本、优化产成品，使整个供应链最优化，如图 1-7 所示。企业的采购工作要向战略采购模式转变，使其成为企业的成本节省中心。为了适应市场需求，企业要合理建立采购组织机构，并通过科学的采购组织机构、明确的岗位职责、完善的采购过程控制和监督机制来实现企业的最终发展目标。

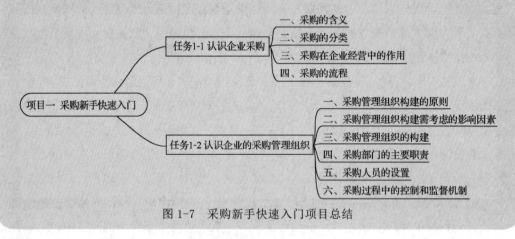

图 1-7 采购新手快速入门项目总结

项目二
采购精益化的认识

项目描述与分析

从某种意义上讲，采购管理可以成为一个企业利润的"摇篮"，也可以成为一个企业利润的"坟墓"。这是因为传统企业在采购中，由于管理模式、人员素质、信息环境等因素，可能存在以下五大问题：一是供需双方不能进行有效的信息沟通，这是典型的非信息对称博弈过程，采购往往盲目而被动；二是供需关系往往是短期或临时关系，竞争多于合作；三是企业无法事前控制供应商的供应品质，纠纷不断；四是供应商对企业的需求变化反应迟钝；五是采购人员可能存在权力寻租、暗箱操作的情况。为解决这些问题，企业对采购工作进行精益化管理非常有必要。

本项目将介绍采购精益化管理的发展演变过程和先进之处，了解今后采购发展的方向。

项目知识点

推动式供应链和拉动式供应链的区别。

精益管理与传统管理的区别。

精益采购管理的主要目标。

项目技能点

能理解精益理念。

能理解精益采购。

任务 2-1　采购管理理念的发展

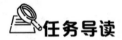**任务导读**

　　采购部门的传统做法一般是根据企业生产的进度计划和物料需求计划，定期核对仓库中的物料库存水平，当发现库存不能满足企业的生产时，采购部门就与供应商进行洽谈和交易，双方签订好合同后，供应商再将物料送至企业仓库。采购的重点通常放在企业如何与供应商顺利进行商务贸易的活动上，尤其重视交易中供应商之间的价格比较，从中选择物料价格较低的供应商。物料的质量、交货期往往都是通过企业事后把关来控制的。企业采用这种采购方式，供需双方很容易发生冲突。随着企业现代化管理的发展，采购管理理念也在进步。本任务将介绍采购管理理念的发展进程。

任务实施

▶▶▶ 一、传统采购管理模式的特点与弊端分析

　　传统采购模式下，采购任务一般是由采购部门来完成的。企业在选择供应商时，经过双方的谈判与协商，采购部门从中择优。但是传统的供需合作往往是短期的，下次采购时企业可能又需要更换新的供应商。短期合作一般不利于企业，供应商大批量少批次的供货也增加了企业的库存。

　　随着经济一体化的深入和供应链管理模式的广泛普及，传统采购管理模式的弊端暴露出来，主要表现在以下几个方面。

1. 采购过程中信息的封闭性

　　传统采购必须靠采购方自己主动承担全部采购任务。供应商不知道采购方的需求信息，采购方也不了解供应商的信息，因此采购方必须自己主动去采购。这需要采购方花费很多时间去调查供应商、产品及价格，然后选择供应商，与供应商洽谈、签订合同，联系进货、催货，严格进行物料检验等，既费时又费力。

　　另外，在采购的过程中，采购方为了能够从多个竞争性的供应商中选择一个最佳的供应商，对某些信息必须持保留态度，而供应商也在和其他的供应商的竞争中隐瞒自己的信息。这样，采购、供应双方都不能进行有效的信息沟通，采购方和供应商只能通过多次谈判达成协议，这种典型的信息不对称博弈过程必然导致信息阻塞。由于双方不能及时了解对方的真正需求，不得不通过大量增加库存来避免由信息阻塞而导致的不确定事件的发生，从而造成采购与库存成本的大大增加。

在这里,采购方的处境类似于消费者,信息的封闭性大大增加了采购方的交易成本。

2. 供需双方竞争多于合作

由于传统的采购方和供应商之间往往是临时性的或短时性的合作,双方的关系未能得到很好的协调,多为一种对抗性竞争关系,表现为零和博弈,即只顾自己获取利益,抱有"一锤子买卖"的思想,因此在谈判、物料检验等环节,双方尤其是采购方非常吃力。

在这种利益互斥的对抗性竞争环境下,双方不是互相配合,而是互相不负责任,供应商常常以次充好、低价高卖。因此,采购方必须时时小心,花在采购上的人力、时间、精力、费用成本通常很高。

由于缺乏有效的协调与沟通,采购人员将更多的时间消耗在解决日常问题和供应商的频繁选择上,采购方和供应商之间未能建立长期稳定的双赢合作关系,这势必增加了采购运作中的许多不确定性,供应商有时甚至会利用市场的突然变化和采购方暂时的困难要挟采购方,以取得自己眼前的利益。

什么是双赢？

"双赢"来自于英文"win-win"的中文翻译。双赢强调的是双方的利益兼顾，即所谓的"赢者不全赢，输者不全输"。多数人认为的双赢就是大家都有好处，至少不会变得更坏。"双赢"模式是中国传统文化中"和合"思想与西方市场竞争理念相结合的产物。在现代企业经营管理中，有人强调"和谐高于一切"，有人提倡"竞争才能生存"。而实践证明，和谐与竞争的统一才是企业经营的最高境界。市场经济是竞争经济，也是协作经济，是社会化专业协作的大生产。在市场经济条件下的企业运作中，竞争与协作不可分割地联系在一起。

3. 对物料质量、交货期的控制难度大

传统采购的质量检验工作一般是采购方通过事后把关的办法来完成的。因为采购方很难参与到供应商的生产组织过程和质量控制活动中，双方的工作是不透明的。采购方只能通过各种相关的标准，进行检查验收。这种缺乏合作的质量控制会导致采购方对采购物料质量控制的难度增加。另外，如前所述，由于供应商抱有"一锤子买卖"的想法，常常会以次充好，甚至伪劣假冒、缺斤少两，所以采购方进行货检的力度大、工作量大、成本高。

正是采购方和供应商之间的这种短期合作的采购关系，再加上各地区复杂的交通运输状况，经常会发生物料交货误期、破损的情况，从而导致种种纠纷，最终使双方的合作难以继续。

4. 对用户的需求变化反应迟钝

供应商和采购方在信息沟通方面缺乏及时反馈，响应客户需求能力迟钝，缺乏应付需求变化的能力。在市场需求迅速变化的情况下，采购方不能针对市场需求改变产成品生产计划、改变原材料采购计划；供应商也不能对供应计划做出迅速调整，使供给和需求发生脱节，从而丧失市场机会。

▶▶▶ 二、改革传统采购管理理念的必要性

企业的业务基本可以分为三步：采购、生产、销售。采购作为最基础、最源头的环节，对之后的业务有着重要的影响。因此，采购部门应当改革传统观念，更新工作模式，这对企业的发展有着重要意义，主要体现在以下几个方面。

1. 采购具有重要的价值地位

一般企业产成品有 60% 的成本用于采购，采购成本的降低意味着企业纯利润的增加，采购对企业最终的赢利和生存发展有着重大影响。采购往往是企业获得竞争优势的来源之一。采购成本是企业成本管理中的主体和核心部分，采购业务会直接影响所采购物料的价

格、付款方式、运输成本等；供应商的选择直接影响供应商服务的质量及产成品的质量，涉及的成本有来料检验、返工维修、缺货待工、订单延迟、工艺技术服务、运输安全等；采购策略也同样会影响整个订单的处理成本。过去，企业借助技术领先、市场垄断等所创造的超额利润正在快速消失，加上买方市场的形成，偏高的产成品售价正在逐步退让，最终导致企业必须以"买"的途径（如降低采购成本）代替"卖"的方法（如提高销售价格），以达到提升利润的目的。

2. 采购的供应地位

在市场瞬息万变的今天，企业的快速反应能力保证了为客户尽快提供产成品或服务的能力，谁的反应最迅速，谁就能成为市场竞争中的胜利者。在商品生产和交换的整体供应链中，每个企业既是客户又是供应商。为了满足最终客户的需求，企业都力求以最低的成本将高质量的产成品以最快的速度供应到市场上，以获取最大利润。从整体供应链的角度来看，采购是供应链中"上游控制"的主导力量。企业为了获得尽可能多的利润，会想方设法加快物料和信息的流动，这样就必须依靠采购的力量，充分发挥供应商的作用，因为占成本60%的物料及相关的信息都发生或来自于供应商。供应商提高其供应可靠性及灵活性、缩短交货周期、增加送货频率，可以极大地改进工业企业的管理水平，如缩短企业的生产总周期、提高其生产效率、减少库存、增强对市场需求的应变力等。

此外，随着经济一体化及信息全球化的发展，市场竞争日益激烈，成本的压力驱使企业按库存生产，而竞争的要求又迫使企业趋向于按订单设计生产环境。企业要解决这一矛盾，只有将供应商纳入自身的生产经营过程中，将供应商的活动看成自身供应链的一个有机组成部分，才能加快物料及信息在整体供应链中的流动，从而将客户所需要的库存成品向前推移为半成品，进而推移为原材料，这样既可减少整个供应链的物料及资金负担（降低库存成本、加快资金周转等），又可及时将原材料、半成品转换成最终产成品以满足客户的需要。缩短生产周期、降低成本、减少库存，同时又能以最快的交货速度满足客户需求，越来越成为企业对供应商的要求。

3. 采购的质量地位

质量是物料的生命。采购物料不只是价格问题，更多是质量水平、质量保证能力、售后服务、技术服务水平、综合实力等。有些物料看起来买得很便宜，但需要经常维修、经常不能正常运作，这就大大增加了使用的总成本。

在某些行业，由于产成品中的大部分价值来自原材料，而原材料是经采购由供应商提供的，因此，产成品的"生命"往往由原材料的质量决定。只有原材料的质量得到保障，生产加工过程中的高质量标准才有意义，这也是采购被称为"上游质量控制"的体现。上游原材料质量控制做好了，不仅可以为下游产成品质量控制打好基础，同时可以降低质量成本、减少企业物料检验费用等。可见，通过采购将质量管理延伸到供应商，是提高企业自身质量水平的基本保证。

采购不但能够减少所采购物料或服务的价格，而且能够通过多种方式增加企业的价值，这些方式主要有改善库存管理、稳步推进与主要供应商的关系、改善物料质量、密切了解供应市场的发展趋势等。因此，企业加强采购管理对提升自身核心竞争力也具有十分重要的意义。

▶▶▶ 三、供应链的发展

根据供应链的驱动力来源，供应链可以分为推动式供应链和拉动式供应链。随着市场需求的变化、企业管理理念的提升，很多企业认识到传统的推动式供应链不再符合企业战略的发展要求，其供应链逐步变革为拉动式供应链。

1. 推动式供应链和拉动式供应链

（1）推动式供应链

推动式供应链是指企业以产成品的生产为核心，结合企业产成品的生产和库存情况，根据预测有计划地生产产成品，向供应商采购原材料，并且把产成品推销给客户，其驱动力来源于供应链上生产企业的生产。在这种生产运作的方式下，供应链环节各个节点比较松散，这是卖方市场下的供应链管理的常见情况。由于企业不了解未来客户需求的变化，这种生产运作的方式导致库存成本很高，对市场变化的反应也很迟钝，如图2-1所示。

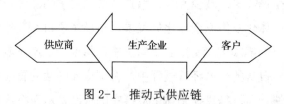

图 2-1　推动式供应链

 小贴士

什么是卖方市场？

卖方市场是指价格及其他交易条件主要由卖方决定的市场。由于市场供不应求，买方之间展开竞争，卖方处于有利的市场地位，即使卖方抬高价格，也能把商品卖出去，从而出现某种商品的市场价格由卖方起支配作用的现象。这种状况的出现可能是因为在现行的价格水平下，某种商品的供给远小于需求，也可能是因为发生严重的自然灾害而导致某种产品短缺。

（2）拉动式供应链

拉动式供应链是指整个供应链管理的驱动力产生于企业的最终客户，企业的生产和采购是受其需求的驱动而产生的。企业生产计划是依据企业的实际客户需求，因此采购计划要据此协调。在拉动式供应链模式里，企业对采购的不确定性很高，生产的周期较短。整个供应链各环节要求高度集成，信息交换迅速，企业根据最终客户的需求进行生产、采购，如图2-2所示。

图 2-2　拉动式供应链

2. 推动式供应链和拉动式供应链的对比

推动式供应链和拉动式供应链的对比如表 2-1 所示。

表 2-1　推动式供应链和拉动式供应链的对比

对比项目	推动式供应链	拉动式供应链
核心驱动	以生产企业为核心	以客户为核心
规模优势	有	无
库存水平	高	低
计划与控制的难易程度	易控制	不易控制
订单完成时间	取决于库存	取决于生产、原材料供应能力
设备利用率	较高	较低，不确定强

传统的推动式供应链采购模式要求企业定期查看库存，将各种消耗掉的物料所产生的缺口补齐，或者当物料达到企业设置的安全库存时，企业再进行采购。这些方法存在一定的弊端：首先，发生滞销会产生产成品库存，进而发生因推销产生的销售成本；其次，推动式供应链不是按需采购，易发生原材料库存。库存长期占用空间、资金，会产生质量问题。特别是在目前需求变化剧烈的情况下，企业常常会出现既有高额库存占用企业资金，又出现某些物料短缺的局面。

3. 做好拉动式供应链采购工作的要点

在适应当前市场需求和企业战略的情况下，部分企业不应继续使用推动式供应链，而应该变革为拉动式供应链，即通过客户的订单来判断和决策所应采购的物料。企业要做好拉动式供应链采购工作，需要注意以下几点。

（1）采取小批量的采购策略

小批量、高频率的采购模式符合拉动式供应链管理的生产。由于客户对产成品的需求是不固定的，企业要根据客户对产成品的需求进行生产，根据生产计划进行物料的采购，生产和采购都应采用小批量的方式。针对每批销售订单进行生产和采购，企业既可以减少采购物料的库存，又可以实现产成品的低库存。

（2）与企业内各个部门的协作

拉动式供应链要求企业有更高的时效性和准确性，以及企业协同的全面性等。只有企业内各个部门协同合作，物料的信息传递才能更加快捷准确，才能做到以更小的采购批量满足生产要求。

（3）对供应商的选择标准需要更加严格

拉动式供应链的采购模式可以避免企业采购的物料成为冗余库存，这就需要企业将供应商看作本身的一个部门，当企业收到客户的订单需要生产的时候，供应商能及时准确地将企业所需物料供应到位。严格要求交货的准时性是对供应商的基本要求。与企业战略合作的供应商应当具有较高的管理水平、专业技术、质量水平，可以保障采购物料准时、按量供给。在确定了供应商后，企业可以与其建立长期的合作关系，双方不仅会对供求协作更加娴熟，还可以对某些流程进行简化，从而更好地降低合作双方的成本，达到合作共赢的目的。

任务 2-2　精益管理理念的产生

任务导读

精益管理理念是从精益生产中抽象和提炼出的一种高效、低损耗、创造企业价值的全新的管理思想。以精益生产为来源的精益思想首先是一种先进的思想意识，其次是一种自我更新、精益求精的管理理念。发展至今，其应用已经脱离了流水线工厂制造的范围局限，涉及企业各个部门。本任务将介绍什么是精益管理理念、精益管理理念是如何产生的、精益管理与传统管理的区别，以及精益思想的特点。

任务实施

一、精益管理的发展历程

20世纪初，美国福特汽车公司建立了汽车生产流水线，实现了规模化和大批量生产。大规模的流水线作业是现代工业制造生产的基本标志。美国福特汽车公司当时的生产特点：大批量、品种单一。

20世纪40年代后，人们的消费需求不断提高，期待更加多样化的消费品。市场的变化倒逼企业必须向小批量、多品种的生产方向发展。大批量、品种单一的单一流水线生产模式受到极大挑战，其弱点逐渐显现。

1950年，日本丰田汽车公司的管理者参观考察了位于美国汽车城底特律的福特汽车公司轿车制造厂，参观考察后，丰田汽车公司的管理者在学习的基础上，根据当时的市场环境、日本的社会和经济环境及企业自身条件和特点，经过大量的探索和实践以及30多年的持续努力，创立和形成了完整的丰田生产方式。

20世纪80年代末，一些国家开始重视和研究丰田生产方式，并逐渐将其应用于企业管理。1985年，为了进一步揭开日本汽车工业成功之谜，麻省理工学院开展了相关的研究项目。1990年，《改变世界的机器》一书中，首次把丰田生产方式定名为Lean Production，即精益生产方式。精益生产的提出，把丰田生产方式从生产制造领域扩展到产成品开发、销售服务、采购管理、财务管理等企业管理的几乎所有领域，使丰田生产方式的内涵更加丰富、全面和完整，对于企业的全方位系统管理更加具有指导性和可操作性。

1996 年,《精益思想》一书出版,该书详细阐述了学习丰田生产方式所必须遵守的重要原则,并且通过实例讲述了各行业均可遵从的行动步骤,从而进一步完善了精益生产的理论体系。同时在这一时期,美国企业界和学术界对精益生产进行了大量广泛的学习和研究,基于信息技术、文化及社会差异等情况,对原有的丰田生产方式进行了大量的补充和完善,使精益生产具备了更好的适用性。至此,精益管理的思想和理论得到了完善和确立。

▶▶▶ 二、精益管理与传统管理的区别

精益管理吸收了传统管理的大量优点,同时摒弃和消除了传统管理的很多缺点。相对于传统管理方式,精益管理就是要将企业管理的各个环节优化、标准化、具体化,并且持续改进,追求最优,精益求精。精益管理能够消除多余的不必要的各种浪费,精简冗余的组织机构设置和作业流程,对企业的各种资源,如人力、物力和财力进行最大化的利用和开发,以期以最少的成本投入和最小的风险实现企业效益的最大化,从而为客户提供更优秀、更具竞争力的产成品和服务。

精益管理除了普遍意义上的减少物质资源的消耗和浪费,还包括精简不必要的作业环节,如设计开发环节、采购环节、生产环节、销售环节和其他管理环节等,以及减少各种资源的浪费,如人力资源、财力资源、时间资源、空间资源和社会资源等。

▶▶▶ 三、精益思想的内涵

精益思想的基本目标是企业以越来越少的投入获得尽可能多的产出。精益思想的核心思想是"消灭一切浪费",浪费不仅是资源的浪费,更是企业价值的减项,是要求在企业管理中必须尽量消除的。精益思想的应用正是企业在这一核心思想的指导下创造出一系列的管理理念、管理技术与方法。

精益思想的实质可以从以下几方面理解:始终围绕客户需求,这是一切行动的中心;在客户需求指引下对具体工作进行优化安排;组建能高效达成客户需求的管理实施组织;在对所有有效工作开展的过程中做到以人为本,适时引进新技术,并充分调动各种资源,有效发挥各种资源的优势;杜绝各种可能产生浪费的情况发生,最大限度地创造价值增值。精益思想有零库存、高柔性、无缺陷三个子目标,具体如表 2-2 所示。

表 2-2 精益思想的目标要求与目标表现

精益思想的目标	目标要求	目标表现
零库存	通过所有人员持续不断的改进工作要求和方法,完成工作任务	精益理念、态度
高柔性	顺应市场需求变化,生产组织灵活多变,多品种生产,高效灵活	灵活、多变,紧跟市场多样化的需求
无缺陷	减少直至消灭返工所带来的一切浪费	精益计划,全程监控,全面管理

▶▶▶ 四、精益思想的特点

企业通过精益思想能转变员工的思想态度，激发员工的创新潜力和团队合作意识，充分发挥企业各项资源的积极效应，给企业带来巨大的价值。要深刻理解精益思想的内涵和应用价值，企业必须对精益思想的特点进行剖析。

1. 以人为本，强调人的主观能动作用

精益思想要求企业不断提高员工素质，充分发挥员工的创造性、主动性。而且，精益思想既然以人为中心，还需注重沟通协作。精益思想是全企业的精益思想，通过精简机构，通力协作，发挥各自优势，减少短板管理缺陷，降低管理成本；协作的主要表现是能汇集采纳不同领域的合理化建议，这要求精益管理既要有高效的专业化组织，又不能受限于组织的部门层级障碍；协作不只是内部协作，更要加强企业与外部的协作，这也与供应链思想的高度集成协作思想是一致的。

2. 持续动态地提升效率，不断追求进步和完美

精益思想来源于日本丰田式精益生产，其生产管理的创造性发现参考了美国式大规模生产并研究了日本的具体情况，这种因地制宜的大胆尝试不可能是僵化不变的。精益思想消灭一切浪费的核心目标也不可能是一蹴而就的，企业通过精益思想对产生浪费的各种因素进行合理化排查，应用科学的管理方法，真正做到以持续改进为方法，以不断消除一切可能的浪费为步骤，动态高效地实现企业管理的优化提升。

3. 全面调动和配置各种有效资源，实现流程化、同步化的科学管理

精益思想的先进性主要表现在它与各种先进思想的兼容性，经济学中最根本的假设是资源的稀缺性，精益思想正是基于这一要求对有限的资源进行合理有效的配置，充分利用人的主观能动性、管理方法的有效性、先进技术的便捷性，从而实现各项工作同步化、集成化，并以更为简洁的流程达成总战略目标。

任务 2-3　精益思想在企业采购管理中的应用

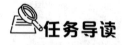 **任务导读**

企业间竞争的焦点在于看谁能以最短的交货期、最有竞争力的价格向客户提供满足其质量要求的产成品。生产制造型企业的生产过程即把各种作为原材料的物料通过不同的加工生产工艺变成满足客户需要的产成品的过程。在生产企业中，采购物料的质量、成本、交货期对企业最终产成品的质量、成本、交货期起着至关重要的作用。企业采用精益思想能否达到这一目标呢？应该如何做呢？本任务将介绍精益思想在企业采购管理中的应用。

任务实施

精益思想源自精益生产，它从理论的高度进一步归纳了精益生产中所包含的新的管理理念。企业将精益思想用于企业的实际管理中，细化了精益生产概念，包括精益制造、精益物流、精益采购、精益销售、精益产成品开发、精益项目管理等。

随着精益思想的发展，其在企业采购工作中的实际应用即体现为精益采购（Lean Procurement）。传统的采购更多采用靠经验的粗放管理模式。而在精益思想下，采购要求相关业务人员以精益求精的态度，实现采购和供应商管理的效益最大化。要求运用精益思想，在采购成本管理中，通过对采购行动的规范化管理，实施科学决策和有效控制，在需要的时间配以合理的物料交货量，杜绝采购中的不合理价格及整个供应环节中的浪费。

▶▶▶ 一、精益采购的概念

精益采购指企业将精益思想彻底贯彻到采购工作的各个环节中。从采购成本治理着手，建立并实施企业采购规范，对采购工作进行及时的决策和全面的控制，时刻关注质量、价格、技术及服务，及时足额满足企业物料需求，将物料价格控制在合理范围内，避免产生浪费行为。

精益采购是精益思想的具体应用，它以质量、价格、交货周期、技术和服务为具体分解元素，通过引进现代管理方法，实施科学决策，进行集约化组织和有效控制，通过规范直至优化企业的采购管理活动，实现采购管理的价值。

▶▶▶ 二、精益采购管理的主要目标

精益思想的目标是通过持续改进，消除一切可能消除的浪费，降低成本，创造出符合客户需求的尽可能多的价值。精益思想要求企业能精确地定义价值，并有针对性地确定产成品价值，企业在工作中以创造价值为核心，从而有效地发掘并充分应用价值。精益采购管理的主要目标有以下几点。

1. 质量目标

采购符合质量要求的物料是一切采购工作的最基本出发点。精益管理对质量的要求不是越高越好。物料的质量过高，其成本一般会比较高，这将导致产成品成本过高，失去市场竞争力；从价值工程的角度来看，作为原材料的物料使用寿命高于产成品的设计使用寿命，也会造成质量冗余，造成浪费。当然，物料的质量也不能过低，如果质量过低，企业虽然节省了成本，但可能造成产成品不合格。

2. 成本目标

降低采购成本不单单是物料单价的合理降低，更包括采购管理各方面的费用都能做到

精益。企业通过标准化采购管理的实施，消除采购管理过程中各种不规范、不必要、不合理的环节，消除采购管理系统中各种作业活动的浪费，从而降低采购管理费用支出，并能做到合理地控制库存，实现库存管理和采购需求的无缝对接，沟通零脱节。

3. 交货期目标

缩短物料交付周期的最高要求是交付周期准确、及时。更确切地说是准确的到货时间，采购时间过早或延后都不能保证采购目标的实现，过早到货将增加企业的储存成本，而延迟到货会耽误企业的生产，两者都不利于降低成本。这意味着采购管理要全过程符合生产部门需求。要做到交付周期准确、及时，既要求供应商在合理的时间内提供质量合格的产成品，又要求配备及时准确的物流交付系统。物料交付周期就表现在采购需求的预测管理是否科学及时、采购订单管理是否准确、采购物流是否无误等。

4. 采购量目标

企业要确定精确的采购数量。采购数量过大或过小都不符合精益采购的目标：数量过大会增加库存成本，而数量过小会增加再采购成本，而且造成缺料的风险，有可能造成生产延误，两者都不利于降低总成本。

5. 供应商配套体系目标

企业要确定合适的供应商配套体系。选择长期合作的战略合作伙伴有利于采购方与供应商降低沟通成本，塑造统一目标，达到双赢。供应商数量过多，会分散采购方的采购数量，减少采购优惠；而供应商数量过少，甚至是单源供应，会造成供应链上的不确定性，有较大的风险。

三、精益采购管理的特点

精益思想中，以客户为中心的核心思想与采购管理中低成本、高效率供应物料满足企业需求的目标是一致的。精益采购管理要求遵循 5R 原则。

 小贴士

5R 原则

企业在采购过程中应当遵循的基本原则：在适当的时间（Right time）以适当的价格（Right price）从适当的供应商（Right supplier）处购买适当数量（Right quantity）和适当质量（Right quality）的物料，上述原则简称"5R 原则"。

基于精益思想的采购管理应该是以客户为中心的、动态灵活的，主要特点如下。

1. 主动型的采购系统

在传统的采购管理中，采购部门是被动地执行采购计划，是为了填充库存而存在的。采购部门是业务部门的辅助部门，是无权过问生产情况的，只是公司组织结构中简单的执行部门。但精益思想对采购管理的要求是站在对客户负责、对企业战略负责的高度提出的更高的要求。采购管理部门不只是执行部门，更应该是为客户需求负责的管理部门，客户的需求变化才是采购部门执行工作的基础，积极主动地关注客户需求，并适应公司全面协作的工作方式，更加高效科学地把握采购管理工作的重点，主动参与到产成品需求管理中，才能将采购管理工作由被动变为主动。

2. 信息高效的采购系统

信息不对称往往成为阻碍各项工作开展的"绊脚石"。精益思想是持续改进的先进思想，要求企业应积极引进先进科学的供应链管理理念和管理工具，并以精益要求为目标，加强与供应链上下游企业的信息沟通，为采购管理工作高效、准确、低成本的开展提供全方位的信息支撑。

3. 低成本的采购系统

资源能否在合适的时间到达合适的场所是经济是否高效的表现。精益思想的目标是消灭浪费，任何不利于降低成本的因素都是与精益思想背道而驰的。企业在采购管理工作中，以降低成本为核心，持续改进工作方法，更加合理地配置资源，充分发挥各项资源的优势，才能不断实现精益采购。

4. 不断完善的采购系统

精益思想追求持续改进、尽善尽美，这就要求全体员工、整个组织深刻理解采购管理工作不断追求前进的目标，在具体工作中能做到各司其职、尽职尽责、通力协作、持续改进、追求完美。

▶▶▶ 四、精益采购管理的要求

精益采购是目前最有效的降低采购成本的方法。实施这种方法不但要求企业采购部门员工始终坚持精益思想，同时还要求"合格的"供应商在"精确的"时间内，以"合理的"价格，供应"数量正确""符合品质要求"的产成品，并提供优质的服务。

精益采购的实施需要企业提供一定的环境。例如，构建全面的采购体系，用制度和规范指导采购工作的进行，确保决策的透明性，在确保质量达到企业标准的同时，尽可能将采购价格控制在更低水平。企业在确定供应商合作关系的过程中，要始终坚持公正和公开两项基本原则；从质量情况、技术水平、服务及价格等方面综合入手，对不同供应商所提供的物料进行对比，选择最佳的供应商并寻求建立长期稳定的供应链伙伴关系，确保物料供给的稳定性。企业应实行适时采购机制，通过签订协议的方式，让供应商能够在合适的时间，提供满足企业需求的物料，这对于降低企业库存来说很有帮助。企业实施精益采购后，采购工作中每一项任务都有对应的精益化控制目标，这才是精益思想的彻底落实。

思政小课堂

采购人员应具备精益求精的职业追求

精益求精就是追求质量无止境、服务无止境、努力无止境。要以追求完美的工作态度，不断推出更高质量的产品和服务。这与全社会大力弘扬的"工匠精神"相吻合。

采购人员是精益思想的执行者。采购工作烦琐而辛苦，任务重、风险大。这就要求采购人员以严谨认真、精益求精、追求完美、勇于创新的精神，深刻理解采购管理工作不断追求前进的目标，在持续改进中追求尽善尽美，展现新时代的大国工匠精神。

 项目思考 ●●●

一、单选题

1. 高柔性的目标要求为（　　）。

　　A. 通过所有人员持续不断的改进工作要求和方法，完成工作任务

　　B. 顺应市场需求变化，生产组织灵活多变，多品种生产高效灵活

　　C. 减少直至消灭返工所带来的一切浪费

　　D. 通过大量库存降低企业的缺货风险

2. 精益思想的特点有（　　）。

　　A. 以人为本，强调人的主观能动作用

　　B. 持续动态地提升效率，不断追求进步和完美

　　C. 全面调动和配置各种有效资源，实现流程化同步化的科学管理

　　D. 以上皆是

3. 下列关于交货期的说法错误的是（　　）。

　　A. 过早到货将增加企业的储存成本

　　B. 到货越早越好

　　C. 延迟到货会耽误企业的生产

　　D. 要做到交付周期准确及时，既要求供应商在合理的时间提供质量合格的产成品，又要求配备及时准确的物流交付系统

4. 信息高效的采购系统要求（　　）。

　　A. 企业应积极引进先进科学的供应链管理理念和管理工具

　　B. 以精益要求为目标，加强与供应链上下游企业的信息沟通

　　C. 为采购管理工作高效、准确、低成本提供全方位的信息支撑

　　D. 以上皆是

二、多选题

1. 相对于现代采购，传统采购的特征有（　　）。

　　A. 采购过程中信息的封闭性

B．供需关系未能得到很好的协调，竞争多于合作

C．对物料质量、交货期的控制难度大

D．对用户的需求变化反应迟钝

E．对质量和交货期提前把关，采购方能参与供应商的生产过程和有关质量控制活动

2．推动式采购模式的弊端有（　　　　）。

A．发生滞销会产生产成品库存，进而发生因推销产生的销售成本

B．推动式供应链不是按需采购，易发生原材料库存

C．库存长期占用空间、资金，甚至会产生质量问题

D．过低的库存会产生一定的风险

E．在目前需求变化剧烈的情况下，企业常常会出现高额库存占用企业资金和某些物料缺料的局面

3．做好拉动式供应链的要点有（　　　　）。

A．采取小批量的采购策略

B．企业内各个部门要进行协作

C．选择报价较低的供应商

D．与企业战略合作的供应商应当具有较高的管理水平、专业技术、质量水平

E．采取大批量的采购策略，降低运输成本

4．精益思想的实质可以从（　　　　）理解。

A．始终围绕客户需求，这是一切行动的中心

B．在客户需求指引下对具体工作进行优化安排

C．组建能高效达成客户需求的管理实施组织

D．在对所有有效工作开展的过程中做到以人为本，适时引进新技术，并充分调动各种资源，有效发挥各资源的优势

E．杜绝各种可能产生浪费情况的发生，最大限度地创造价值增值

5．精益思想的目标包括（　　　　）。

A．高柔性　　　　B．无缺陷　　　　　C．以生产为中心

D．高库存　　　　E．零库存

三、判断题

1．推动式的供应链是指整个供应链管理的驱动力产生于企业的最终客户，企业的生产和采购是受其需求的驱动而产生的。（　　　　）

2．传统的采购管理模式是典型的信息不对称博弈过程。　（　　　　）

3．精益采购管理要求购买的货物要尽早到货。（　　　　）

4．为避免供应链上的风险，供应商数量越多越好。（　　　　）

5．采购的物料质量水平越高越好。（　　　　）

6．采购决策时，物料的价格越低越好。（　　　）

四、问答题

1．传统采购管理模式有哪些弊端？

2．推动式供应链和拉动式供应链的区别有哪些？

3．精益采购管理的主要目标有哪些？

4．精益思想的特点有哪些？

 举一反三

DELL 公司通过供应链管理平台整合外部资源

DELL 公司的负责人将 DELL 公司的成功归功于独特的直接运营模式及其背后支撑的基于现代信息技术的高效供应链，他们认为这个供应链管理平台使 DELL 公司在供应商、客户之间构筑了一个"虚拟整合的平台"，从而保证了整个供应链的无缝集成。

DELL 公司前期本希望通过实施企业资源计划（Enterprise Resource Planning，ERP）来达到这一目的，在投入 2 亿美元巨资、经历了两年努力之后，发现 ERP 项目并不能帮助 DELL 公司实现外部资源整合的目标，于是毅然决定中止 ERP 项目，转而投入巨资建设了全球著名的供应链管理平台。目前，超过 50% 的客户订单是通过互联网发出的，在客户发出订单 50 秒内，供应链管理平台控制中心就会收到信息。工作人员借助供应链管理平台，把收到的订单信息迅速传递给各个配件供应商，通知他们 DELL 公司所需配件的数量、规格、型号、装配和运输，供应商则根据相关信息迅速组织运货到装配厂，从而保证在最短的时间、用最少的开支制造出更好的产品。DELL 公司将供应商送到的配件进行总装，剩下的事就只有调试、送至客户手中了。

通过供应链管理平台，DELL 公司已经把客户、配件生产厂家、供应商、装配线等连接成一个整体。目前，DELL 公司与全球 5 万多家供应商和配件生产厂保持着联系，并掌握它们的库存和生产信息，保证能够按时、按质送货到位。因此，DELL 公司能够在竞争对手的库存周期大都还徘徊在 30~40 天时，就将自己的库存周期降至 4~5 天，极大地降低了库存和物料成本。DELL 公司的运营成本比例不断下降，远低于行业的平均水平，其竞争优势由此可见一斑。

阅读案例，回答以下问题。

1．DELL 公司的采购与生产是拉动式还是推动式的？简述其采购的流程。

2．该供应链管理平台帮助 DELL 减少库存和运营成本的秘诀在哪里？

3．你从这个案例中得到了哪些启示？从采购管理、供应链管理方面谈谈你的看法。

本项目就传统采购管理模式的弊端,采用精益采购管理理念能为企业带来的益处展开论述,分析了精益管理与传统管理的区别,精益采购管理的主要目标、精益采购管理的特点,以及企业开展精益采购的管理要求等,如图 2-3 所示。

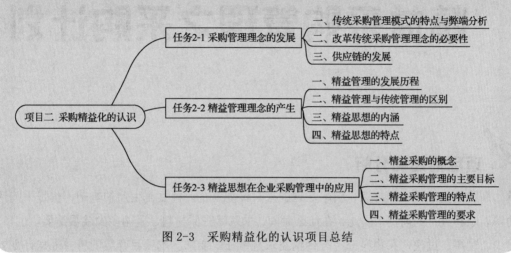

图 2-3　采购精益化的认识项目总结

项目三
精益采购管理之采购计划

 项目描述与分析

采购是企业活动的起点，科学合理的采购计划是企业精益化生产的基础，也是采购活动得以顺利进行的前提。因此，在什么时间、采购哪些原材料、采购多少就很重要。过多、过少、过早、过晚购买物料都不符合精益采购管理的要求。本项目介绍的精益采购计划就是根据市场需求、企业生产能力等情况确定采购的时间、采购数量，以及如何采购的作业活动。

本项目将介绍物料的精益化管理和拉动式采购计划的编制。

 项目知识点

了解各种物料的属性特点。

掌握 MRP 计算原理。

掌握先进的精益化物料供应与库存控制的思想与方法。

 项目技能点

能对企业物料进行精益化的分类。

对企业的物料进行编码。

能够使用物料清单（Bill of Material，BOM）表示生产企业产成品的结构。

能为拉动型生产企业编制采购计划。

任务 3-1　物料的精益化管理

任务导读

企业要进行生产运营，需要采购大量物料，如何确认企业的采购需求？

通用自行车厂在生产女士自行车时，加工过程如下。

1．将 2 米钢管加工为 1 套车架，得到车架。

2．将 1 个轮圈、1 个轮胎和 42 根辐条组装为 1 个车轮，得到车轮。

3．将 1 套车架、2 个车轮及 1 个车把组装为 1 辆女士自行车。

通过完成通用自行车厂的任务，确认该企业需要采购的物料。

对物料进行精益化管理包括物料的细分、标识等。做好物料精益化细分工作及后期的管理工作至关重要，它是实施采购精益化管理的基础，不同类型的供应商关系建立、采购流程制定及组织架构的优化都是在物料的精益化细分基础上开展的。物料的精益化细分要结合企业所处的行业和物料的特性来细分，同时物料的细分也是一个动态更新的过程。本任务将介绍精益化分类、标识以及 BOM 的编制等物料管理的方法。

任务实施

物料是企业采购的主要对象，因此研究采购活动要对物料本身进行专门的研究。企业在生产经营活动中需要大量的物料投入，它们不仅数量多，种类也比较复杂，每一种物料都具有不同的属性特点和保管要求，采购时要进行精益化的区别对待。当一个企业需要采购的物料种类很多时，将物料进行科学分类是做好采购管理的第一步。在整个物料采购体系中，企业要考虑物料的属性、物料在生产中的作用、物料与生产的密切程度等因素，根据不同类型的物料选取不同的采购策略和供应商管理模式，以节省采购成本，提高管理效率。

▶▶▶ 一、物料的精益化分类

对物料进行分类管理，是企业实施精益化管理的基础。物料的类型很多，其分类方法主要有以下三种。

1．按物料的特性分类

企业常用的物料细分方法是帕累托分析法，但这种分类方法在企业的实际应用中也存在一些问题，它主要是从物料的价值角度进行区分，但是物料的很多其他特性在划分时没有被考虑到，特别是影响物料交付的因素，无法体现物料在供应市场上获得的难易度。因此，如果只考虑物料的技术或经济特征，有时会错误估计物料的管理难度，无法实现准确的精益化管理。

 小贴士

什么是帕累托分析法？

帕累托分析法即常说的 ABC 分类法。企业可以使用帕累托分析法，根据物料的技术或经济的主要特征，将物料划分为重点物料和一般物料，突出区分管理，从而把主要精力放在重点物料的管理上。该方法将需用的物料按照重要程度、消耗数量、价值大小、资金占用等划分为 A、B、C 类，对 A 类物料实行重点管理，对 B 类物料实行一般管理，对 C 类物料实行次要管理。

综合企业的实际管理经验，企业为了更加准确地对物料进行分类，需要从物料的采购金额和物料供应的难易程度（供应风险）两个维度进行划分，能相对全面地体现物料在成本和交付期方面的特性。成本和交付期也是采购管理中非常重要的两项指标。物料的采购金额主要从单价、需求数量等方面来衡量。物料供应的难易程度主要从交付期的匹配度、可满足供应要求的供应商数目、供应商的可替代程度等方面来衡量。通过上述两个评价维度，建立物料精益化管理的细分矩阵模型，如图 3-1 所示。

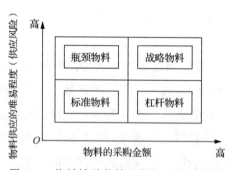

图 3-1　物料精益化管理的细分矩阵模型

根据物料精益化管理的细分矩阵模型，物料分为标准物料、杠杆物料、瓶颈物料、战略物料四种类型。各类型物料的特点和宜采用的采购策略如表 3-1 所示。

表 3-1　四种类型物料的特点和宜采用的采购策略

物料类型	物料特点	宜采用的采购策略
标准物料	容易获得、价值不高的物料。这类物料的采购金额占物料总采购金额的比重较低，采购难度不大，但采购频次可能比较高	降低采购的操作成本，如采用电子商务模式
杠杆物料	物料的采购金额较高、市场上容易获得的物料。这类物料往往是产成品的主要组成部分，物料性能、质量的好坏对产成品的质量和性能有较大影响，供应商较多，是企业管控成本的重点对象	可采用公开招标方式（见任务4-2），让供应商充分竞争

物料类型	物料特点	宜采用的采购策略
瓶颈物料	物料的采购金额不高、市场上较难获得的物料。这类物料往往需求量不大，总价值占比不高，但是技术含量较高或物料的生产工艺复杂，供应商不多，采购的周期和难度较大，存在供应风险	应从两个方面着手：一方面保证供应，另一方面寻找替代供应商
战略物料	物料的采购金额高、市场上较难获得的物料。这类物料往往是产成品的核心部件，直接影响产成品的性能和采购成本，供应商不多，技术含量高，属于企业重点管控的物料	与供应商建立合作伙伴关系

2. 按物料的需求类型分类

对生产企业而言，物料是所有产成品、半成品、在制品、原材料、毛坯、配套件、外协件、易耗品、燃料等用于生产过程的所有有形物体的总称。但从精益管理角度出发，生产企业对物料的需求属性是不同的。

20 世纪 60 年代中期，美国 IBM 公司的管理专家约瑟夫·奥利弗博士首先提出了独立需求和相关需求的概念，将企业的物料分成独立需求物料和相关需求物料两种。

 小贴士

独立需求

独立需求指企业外部（如客户、消费者）对产成品或最终产成品的市场需求，也表现为企业所承接的市场订单。因为它的需求量是由外部市场决定的，企业本身只能根据以往的经验进行预测，而无法加以控制或决定，故称为"独立需求"。其需求量和需求时间由企业外部需求决定。

一般来说，客户订购的产成品、科研试制需要的样品、售后服务维修需要的备品备件等的需求都属于独立需求。

 小贴士

相关需求

当对一项物料的需求与其他物料或最终产成品的需求相关时，称为"相关需求"（或"非独立需求"）。例如，客户对企业产成品的需求一旦确定，根据物料之间的结构组成关系，与该产成品有关的原材料、半成品的需求就随之确定，对这些原材料、半成品的需求就是相关需求。这些需求是计算出来的，而不是订单要求的或企业预测的。

一般来说，半成品、原材料等的需求属于相关需求。

独立需求物料和相关需求物料的区别如表 3-2 所示。

项目三 精益采购管理之采购计划

表 3-2　独立需求物料和相关需求物料的区别

比较角度	独立需求物料	相关需求物料
需求来源	企业外部（如客户订单）	企业内部（产成品等）
物料类型	多为产成品	原材料、半成品
确定需求的方法	客户订单或需求预测	根据产成品结构计算

3. 按物料在生产中的用途分类

在生产企业中，按照物料在生产中的用途，可将物料分为原料、材料、零部件、半成品、产成品、燃料、动力等，具体介绍如下。

（1）原料

原料一般是经过采掘业、农业等第一产业初步加工后的物料，如炼钢用的矿石、食品生产用的小麦、家具行业使用的原木、餐饮行业使用的蔬菜和水产、建筑行业使用的石料等。很多行业对原料的消耗很大，因此采购量十分庞大，也十分频繁。由于许多原料受季节影响，因此集中、一次性采购原料的情况比较多。

（2）材料

材料包括主要材料和辅助材料。主要材料是指经过加工后构成产成品实体的物料，一般是在原料的基础上进一步加工形成的，如钢材、木材、棉纱、人造纤维等。辅助材料是指在生产过程中起辅助作用，不构成产成品实体的物料，主要作用是促进原料或主要材料发生物理或化学变化，如催化剂、黏合剂、涂料、润滑油、添加剂等。有些辅助材料在产成品制造过程中会被使用或消耗，如化学制品所需要的催化剂；有些材料虽然附着在产成品上，但因其价值不高而被视为辅助材料，如成衣上的纽扣。材料是工业生产中的主要消耗品，因此使用量十分庞大，采购十分频繁，物流工作量也较大。

原料与材料统称为原材料。

（3）零部件

在社会化大生产的条件下，企业需要的零部件并非都由自己制造。按照科斯的交易成本理论，只有企业内部制造的成本低于外部采购成本时，才需要自己制造。实际上，由于企业的需要量有限，不能支持足够的规模经济，因此，大多数情况下企业从外部采购零部件是有利的。为了保证供应以及突出企业的要求，很多企业在零部件的采购中采用与供应商协作的办法，企业先选定生产制造商为供应商，让供应商按本企业的要求制造企业产成品需要的零部件。

零部件的采购多发生在加工装配产业，如机械工业、电子工业、汽车制造业等。在专业化生产的条件下，这些企业通常需要从外部购买零部件，如半导体、电容器、集成电路、仪表、仪器、玻璃制品、柴油机、发动机、标准件、轴承等。零部件最终要转移到产成品中，因此需求量很大，是企业采购的主要对象之一，采购物流活动也就比较频繁。

（4）半成品

半成品是指已经过一定生产过程，并已检验合格，但尚未最终制造成产成品的中间产品。半成品分为自制半成品和外购半成品两种。自制半成品为企业自己生产加工，已经检验合格，交付半成品仓库并须继续加工的半成品；外购半成品为企业从外部购入的半成品，作为原材料处理。例如，钢铁企业生产的生铁和钢锭，纺织印染企业生产的棉纱和坯布等，都属于自制半成品。

（5）产成品

产成品，又称"成品"，是指在一个企业内已完成全部生产过程、按规定标准检验合格、可供销售的产品。

（6）燃料

从生产过程中的作用来看，燃料属于辅助材料，但是由于在生产中消耗较大，并且具有一定的代表性，因此专门列为一项。燃料包括用于工艺制造、动力生产、运输和取暖等方面的煤炭、汽油、柴油、木材、天然气等。由于消耗大，因此采购比较频繁。

（7）动力

动力是指用于生产、管理和生活等方面的电力、蒸汽、压缩空气、氧气等，应该指出的是，燃料与动力在有些方面是一致的，但也有区别，故单独分列。除去部分动力是通过线路、管道等直线传输外，有些动力是借助储存罐等形式提供的，因此也存在采购物流问题。此类物料一般包括易燃品、易爆品、危险品，因此采购要求和难度都较大。

◇　任务提示

在通用自行车厂，钢管、轮圈、轮胎、辐条、车把是零部件；车架、车轮是半成品；女士自行车是产成品。

▶▶▶ 二、物料的精益化标识

通过上面的学习，可以认识到物料品种繁多，其属性、功能、材质等五花八门，为了提高管理质量和管理效率，企业基于精益化管理的要求，首先必须对物料进行精益化标识，使之一目了然，不会被漏记、错记，便于实行计算机管理，这一工作就是物料编码。

1. 物料编码的作用

（1）加强物料资料的正确性

由于物料要经过请购、订购、验收、入库、领发、记录等多个环节，再加上种类繁多，容易造成一料多名或料名错乱的现象，引起订购、验收、领发和记录不便，导致效率低下、成本增加。因此，根据精益管理的要求，非常有必要对物料统一编码。编码后，每一种物料对应一个编号，即任何一种物料无论名称如何改变，编码只有一个，每一个编码也仅对应一种物料。物料的领用、发放、请购、跟催、盘点、储存、保管、账目等一切物料管理

控制事务性的工作均有物料编码可以查核，物料管理控制较容易，准确率高，同时也能克服由于手工作业而造成的物料漏记现象。

（2）提高物料管理的效率

企业在物料管理过程中，用物料编码代替文字记录，各种物料控制事务简单、省事，管理的效率提高。

（3）有利于进行计算机管理

将物料编码配合计算机的使用，对物料进行记录、统计、核算等，能大大提高工作效率。这样才能有更多的时间让物料管理人员在物料数量和现场整理方面下功夫，进行更好的精益化管理。

（4）有利于防止各种物料舞弊事件的发生

物料编码后，物料收支两条线管理，对物料进出进行跟踪管理，也能保证物料记录的正确性。物料储存保管有序，可以减少或防止粗放式管理下物料舞弊事件的发生。

企业对物料统一编码，并采用计算机管理后，就必须对物料管理流程进行严格的控制：如规定原始单据的填制、审核，计算机资料的记录、审核和修改，应分别由不同人员按规定的程序进行管理。这样经过严格的程序控制后，可以减少舞弊事件的发生。

（5）减少物料库存、降低成本

物料编码有利于物料存量的精益化控制，有利于减少呆滞废料，并提高物料活动的工作效率，减少资金的积压，降低成本。

（6）有利于压缩物料的品种、规格

在对物料进行编码时，可以对某些性能相近或相同的物料进行必要的统一、合并和简化，合理压缩物料的品种、规格。在保证产成品质量的前提下，用尽可能少的品种、规格满足生产各种不同产成品的需要，以达到减少物料库存、避免浪费、提高经济效益的精益化目的。

2. 物料编码的原则

（1）简单性原则

物料编码的目的在于将物料种类化繁为简，便于管理。在分类和扩展的原则下，物料编码越简单越好。因此，在物料编码时，使用各种文字、符号、字母、数字时应尽量简明，利于记忆、查询、阅读、抄写等各种工作，并降低错误的可能。

（2）分类性原则

种类繁多的物料必须按一定的标准分成不同的类别，编码时要赋予同一类物料相同的编码方式，如同为金属类物料，在编码的同一号段取相同号码，这样便于管理和查询。同时，对于体系庞杂的物料，进行大分类后还要进行细分类。

（3）充足性原则

对现有物料编码时，还必须考虑未来可能出现的物料，有必要在现有分类的基础上留有足够的空位，为未来新增物料做准备，否则将来遇上新种类物料时无码可编，使计算机管理的物料信息系统陷于瘫痪。

（4）完整性原则

在进行物料编码时，所有的物料都应有对应的物料编码，新物料也应赋予新的物料编码，不能遗漏。

（5）对应性原则

一个物料编码只能代表一种物料，不能代表数种物料，也不能数个物料编码代表一种物料，即物料编码应具备单一性，一一对应。

（6）一致性原则

物料编码要统一，分类要具有规律性。所采用的方法要一直使用下去，中途不要更改，避免造成混乱。

（7）有序性原则

物料编码应有顺序，以便从物料编码查询某项物料的资料，为物料管理提供便利。

（8）适应计算机管理原则

计算机的应用对于物料管理起到非常方便的作用，现代企业大部分使用了计算机网络化的物料管理系统，如 ERP 等。因此，物料编码应适应计算机管理的需要，在计算机系统上查询方便、输入方便、检索方便等。

3. 物料编码的步骤

第一步：搜集现有物料的所有种类和规格型号。

第二步：将搜集的物料种类进行整理分类，确定大类、中类和小类，并预测未来可能出现的新类别，需为其留出一定的空位。

第三步：确定大类、中类和小类的位数与代码。

第四步：对现有的物料进行全部编码，并编制出编码对照明细表。

注意事项

一些容易混淆的数字和字母需要区分使用，如表 3-3 所示。

表 3-3　易混代码的区分

易混代码	使用代码	易混代码	使用代码
0--------O	使用数字 0 取消字母 O	9--------Q	使用数字 9 取消字母 Q
2--------Q	使用数字 2 取消字母 Q	8--------B	使用数字 8 取消字母 B
1--------I	使用数字 1 取消字母 I	2--------Z	使用数字 2 取消字母 Z
7--------T	使用数字 7 取消字母 T	V--------U	使用字母 V 取消字母 U

◇　任务提示

可以将通用自行车厂的物料按原材料、半成品、产成品分为三类，分别编码 001、002、003，各物料即为：钢管 001.099；轮圈 001.002；轮胎 001.009；辐条 001.015；车把 001.109；

车架 002.003；车轮 002.005；自行车 003.002。

>>> 三、BOM 的编制

企业在生产某一产成品之前，必须知道用哪些原材料和半成品来生产这一产成品。组装手推车，需要一个零件单；生产化学药剂，需要一个配方单。这些零件单、配方单可以告诉企业需要什么物料来生产最终的产成品，这就是物料清单（Bill of Material，BOM）。

BOM 列出了所有产成品的详细构成，所以这张清单可以为企业提供所需购买的原材料的详细情况。

图 3-2 所示为某体育器材厂生产的某型号乒乓球台的组成结构图。

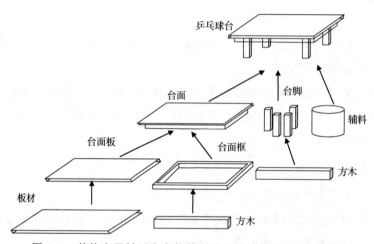

图 3-2　某体育器材厂生产的某型号乒乓球台的组成结构图

将图 3-2 用树形结构表示出来，并添加物料相关的信息，如物料编码、用量、提前期、层数等，就形成了该型号乒乓球台的产成品的结构树，如图 3-3 所示。

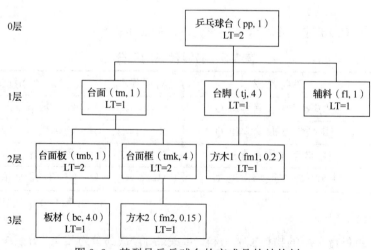

图 3-3　某型号乒乓球台的产成品的结构树

产成品的结构树中需要注意的方面

① 产成品的结构树列示了生产一个产成品需要的所有部件。结构树上的底层物料（如辅料、方木1、方木2、板材）都是需要采购的。总体而言，只有当产成品的所有部件都归结于需采购的物料时，产成品的结构树才算完成。

② 每一种物料都有物料编码，如乒乓球台的物料编码是pp，台面框的物料编码为tmk。物料编码与物料一一对应。因此，如果一个物料编码出现在两个不同的产成品的结构树上时，表明这是同一种物料。

③ 物料的用量在物料编码后表明，用逗号隔开，该用量表示生产一个上层部件需要多少用量的该物料。例如，台脚（tj,4）表示一张乒乓球台有四个台脚，方木2（fm2,0.15）表示一个台面框由0.15立方米的方木加工而成。如果企业已经统一了物料的单位，产成品的结构树中可以只标明数量而不标明单位。

④ 提前期（Lead Time，LT），也称"前置时间"。无论是需要采购的原材料，还是企业加工出来的半成品，无论哪种物料，企业从需要该物料到获得该物料都需要一个等待时间。原材料有一个采购周期（制作订单、发出订单、供应商组织供货、运输、进货检验等），即使是使用库存原材料不需要采购，也需要一个领料周期（制作领料申请单、审核批准申请单、检验等）。例如，板材（LT=1）表示板材的提前期为1天。半成品的使用需要等待一个加工的时间。台面框的加工时间为2天，乒乓球台的组装时间为2天，它们的提前期就是2天。提前期对后面要学习的采购计划有很重要的意义。

⑤ 最高层，也就是产成品层，称为0层，其他的部件以此类推。

◇ 任务提示

图3-4所示为通用自行车厂的女士自行车的产成品的结构树。

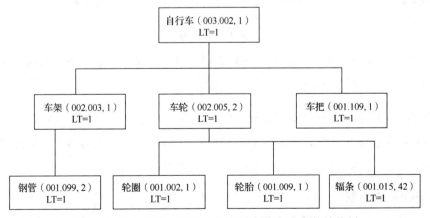

图3-4　通用自行车厂的女士自行车的产成品的结构树

1. 常见的产成品的结构树形式

（1）多层形式

多层的产成品的结构树显示某一产成品所使用的全部下级零部件。采用一个多层展开

项目三　精益采购管理之采购计划

就能完整地表示产成品的多级结构。

（2）单层形式

单层的产成品的结构树显示某一物料（半成品或产成品）所使用的下级零部件。采用多个单层结构树就能完整地表示产成品的多级结构。图 3-5 所示为某型号乒乓球台的单层结构树。

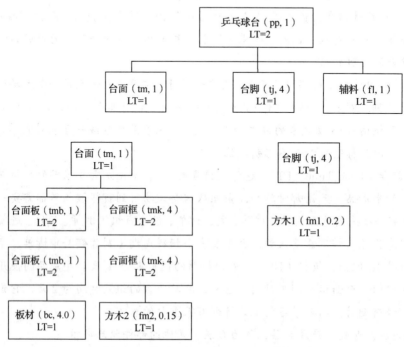

图 3-5　某型号乒乓球台的单层结构树

 小贴士

父项与子项

父项与子项是一对相对的概念。组成某种物料的直接下级物料即为该物料的子项，该物料就是其直接下级物料的父项。

从图 3-5 可以看到，五个单层结构树分别显示了乒乓球台、台面、台脚、台面板、台面框所使用的直接下级物料，这五个物料被称为"父项"，它们所使用的下层物料被称为"子项"。例如，板材是台面板的子项，台面板是板材的父项。

2. BOM 的编制

有了产成品的结构树，就可以将其转化为 BOM，这张清单中要列出组成产成品的所有物料的信息，它反映的是一个产成品所需各种物料的信息（包括层次、物料编码、物料名称、单位、用量、类型和 LT）及其结构关系（父项）。这种格式并不表示产成品生产的方式，却有利于产成品成本核算、采购和其他有关的活动。表 3-4 所示为某型号乒乒乓球台的 BOM。

表 3-4　某型号乒乓球台的 BOM

层次	物料编号	物料名称	单位	用量	类型	父项	LT
0	pp	乒乓球台	张	1	M		2
1	tm	台面	件	1	M	pp	1
1	tj	台脚	根	4	M	pp	1
1	fl	辅料	份	1	W	pp	1
2	tmb	台面板	件	1	M	tm	2
2	tmk	台面框	根	4	M	tm	1
2	fm1	方木 1	m^3	0.2	W	tj	1
3	bc	板材	m^2	4	W	tmb	1
3	fm2	方木 2	m^3	0.15	W	tmk	1

注：类型中 M 表示制造件，W 表示外购件。

同样，产成品的 BOM 也可转化为结构树形式，两者是等价的。在任务 3-2 编制采购计划中，就采用产成品的结构树替代 BOM，更为直观。

3. BOM 的用途

BOM 在企业中有很重要的用途，是进行精益化管理的基础，也是进行 MRP 计算、成本计算、库存管理等工作的重要数据。生产部门、产成品成本核算部门、MRP 系统、销售部门也经常使用 BOM：生产部门使用 BOM 决定半成品或产成品的制造方法，决定领取的原材料或半成品；产成品成本核算部门利用 BOM 中每个自制件或外购件的当前成本来确定最终产成品的成本和对产成品成本进行维护，有利于企业业务的报价与成本分析；MRP 系统中，BOM 是 MRP 的主要输入信息之一，使用 BOM 决定主生产计划项目时，动态确定物料净需求量，知道需要哪些半成品和原材料、需要采购多少、何时需要采购，标准用料与实际用料的差异分析；销售部门通过网络访问数据源，可以方便地报价，提供准确的设计信息与追踪制造流程等自助服务，客户还可以自己下订单购买产成品及备件。

企业通过 BOM，还可以方便地考核各部门的业绩，抽取信息进行统计与分析；如果有了新的 BOM 资料需求，还可以利用原来的 BOM 资料构造新的 BOM 资料，简化近似 BOM 资料的编制工作；如果对 BOM 深入研究，还可以通过不同的产成品 BOM 资料来研究其他产成品 BOM 资料的错误检查，以免计算机输入或人为修改带来的错误，从而将错误率降到最低。

具体说来，BOM 的用途有以下几点。

① 是编制计划的依据。

② 是配套和领料的依据。

③ 企业根据它可以进行加工过程的跟踪。

④ 是采购和外协的依据。

⑤ 企业根据它可以进行成本的计算。

⑥ 可以作为报价参考。

任务 3-2 拉动式采购计划的编制

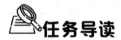任务导读

通用自行车厂滚动编制采购计划，每八个时段制订一次采购计划。现给出通用自行车厂的产成品——女士自行车的产成品的结构树、女士自行车销售订单、相关物料的期初库存，请为该厂编制未来八个时段原材料钢管的采购计划。

由于通用自行车厂女式自行车的 BOM 结构简单，为便于读者理解，可以采用更为直观的产成品的结构树形式。

本任务将通过通用自行车厂的任务，介绍拉动式采购计划的编制方法。

任务实施

科学合理的采购计划是企业开展精益生产的基础，也是采购活动得以顺利进行的前提。精益采购计划就是企业根据市场需求、企业生产能力等情况确定采购的物料、时间及采购数量。一个完整的采购计划应包含买哪些物料、买多少、何时购买。

表 3-5 所示为通用自行车厂采购计划表。

表 3-5 通用自行车厂采购计划表

日期：

物料编码	品名规格	适用产成品	采购时间	订购数量

本任务以 MRP 方法为例，说明采购计划的编制方法。采用其他精益采购管理模式的企业还会采用 JIT、供应商管理库存（Vendor Managed Inventory，VMI）等方式进行采购时间及数量的确定，这些内容将在项目七进行阐述。

▶▶▶ 一、编制采购计划需要的数据资料

要进行采购计划的编制，需要的数据资料有主生产计划（Master Production Schedule，MPS）、BOM 和库存数量。

1. MPS

MPS 主要描述产成品的生产进度，表现为各时间段内的生产量。MPS 是确定采购数量的主要依据。产成品生产数量越多，原材料的需求相应地就越大。

2. BOM

MPS 只列出产成品的生产数量，所以无法从 MPS 直接知道该单位产成品需要哪些原材料、各需要多少原材料。

BOM 展示了产成品的层次结构、所有半成品、原材料的结构关系和用量组成。企业往往需要采购的是 BOM 的底层——外购项。因此，企业可以从 BOM 中参考要买哪些原材料。另外，一单位产成品需要多少单位原材料，应参考 BOM 中列出的物料用量。

此外，精益采购的时间管理也很重要，采购时间过早，会造成过高的存货保管成本和资金成本；采购时间过晚，则可能造成停工待料，影响企业的正常生产。原材料的采购需要一个采购周期，半成品、产成品的加工组装也需要一个生产周期。因此，什么时间买要参考 BOM 中的 LT，即提前期。

3. 库存数量

为了达到精益管理的目的，降低企业的库存成本，企业要尽可能减少库存：产成品、半成品、原材料优先从库存中供应，仓库中有可用库存（即库存量减去安全库存部分），就不再安排生产和采购。仓库中有但数量不够的物料，只安排不够的那一部分数量生产或采购。因此，企业的采购数量还要扣除可用库存数量。

采购计划的准确性必须依赖最新、最准确的数据资料。企业的产品工艺变更层出不穷，一定要对产成品 BOM 做出及时的修订；同时库存数量、MPS 也要及时更新。若更新不及时，所计算出来的原材料采购计划很可能不准确：规格不相符、采购数量不准确等，达不到精益管理的要求。

▶▶▶ 二、拉动式采购计划编制的方法

1. MRP 的原理

企业在精益采购计划的编制过程中，确定物料的采购数量是关键。采购数量应与实际生产需要相符合，过量采购会造成物料积压，形成过高的存货储备成本和资金积压；而采购数量过少，则可能造成停工待料，影响正常生产，造成再采购成本。因此，企业在编制采购计划时，要认真研究企业的需求情况，分析市场情况，选择科学的计划方法，确定合理的采购数量。而现代采购技术的要求之一就是要从以补充库存为目的转变成为需求而采购，采购回来的物料直接用来满足需要，而不是放到仓库里。从企业真实需求出发编制采购计划，采购回来的物料直接反映真实的需求，企业可以极大地提高采购效率、降低库存、实现节约，充分排除了生产活动、采购活动中的不合理和浪费的情况，体现了精益管理的

思想。MRP 可以精确确定物料的需求数量与时间，消除企业采购物料的盲目性，实现低库存与高服务水平并存。

 小贴士

MRP 原理

　　MRP 的基本原理：根据产成品的产出时间和产出数量要求，结合 BOM 及半成品的库存数量计算得出半成品的产出时间和产出数量，同理得出原材料的采购时间和采购数量，最终得到各种相关需求物料的需求计划。这个计划就叫"物料需求计划"。其中，半成品由企业内部生产，企业需要根据其生产时间提前安排投产时间，形成半成品投产计划；原材料从企业外部采购，企业则要根据各自的订货提前期确定提前发出各自订货的时间、采购的数量，形成原材料采购计划。确定按照这些投产计划进行生产和按照采购计划进行采购，就可以实现所有半成品和原材料的产出计划，不仅能够保证产成品的交货期，而且能够降低原材料的库存，减少流动资金的占用。

图 3-6 所示为 MRP 的逻辑原理图。

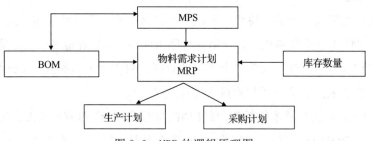

图 3-6　MRP 的逻辑原理图

2. MRP 的实施

（1）MRP 的编制步骤

首先，计算产成品。

① 按销售订单确定产成品的粗需求。

② 计算产成品的可用库存，可用库存=已有库存−安全库存，期初可用库存=上期可用库存−上期耗用量。

③ 计算产成品的净需求，净需求=粗需求−期初可用库存；若粗需求<期初可用库存，净需求=0。

④ 根据净需求确定产成品的计划产出量。根据生产批量要求，分以下几种情况。

 小贴士

生产批量要求

　　企业在生产时，由于每次生产准备等固定成本的存在，出于经济的考虑，生产量往往要大于一个最小量（即最小生产批量），或按某固定量（即单位生产批量）的倍数来确定。

A．若无生产批量要求；若有生产批量要求（要求按单位生产批量的倍数确定），净需求=N×单位生产批量；若有生产批量要求（要求大于最小生产批量），净需求≥最小生产批量。以上三种情况：计划产出量=净需求。

B．若有生产批量要求（要求按单位生产批量的倍数确定）且净需求<N×单位生产批量，计划产出量=N×单位生产批量；若有生产批量要求（要求大于最小生产批量）且净需求<最小生产批量，计划产出量=最小生产批量。以上两种情况的计划产出量与净需求会有差额。差额即多生产的那部分要加到下一期的期初可用库存里，从而得出产成品的计划产出量。

⑤ 根据产成品的 LT 情况确定产成品的计划投入量。根据计划产出时间倒推计算得出计划投入时间，根据计划投入时间即可确定产成品的计划投入量。

⑥ 递增一个时段，重复以上步骤，循环计算直至计划期终止。

其次，计算半成品。

① 计算半成品的粗需求，粗需求=其父项的计划投入量×半成品的用量。

② 计算半成品的可用库存，可用库存=已有库存-安全库存，期初可用库存=上期可用库存-上期耗用量。

③ 计算半成品的净需求，净需求=粗需求-期初可用库存；若粗需求<期初可用库存，则净需求=0。

④ 根据净需求确定半成品的计划产出量。根据生产批量要求，分以下几种情况。

A．若无生产批量要求；若有生产批量要求（要求按单位生产批量的倍数确定），净需求=N×单位生产批量；若有生产批量要求（要求大于最小生产批量），净需求≥最小生产批量。以上三种情况：计划产出量=净需求。

B．若有生产批量要求（要求按单位生产批量的倍数确定）且净需求<N×单位生产批量，计划产出量=N×单位生产批量；若有生产批量要求（要求大于最小生产批量）且净需求<最小生产批量，计划产出量=最小生产批量。以上两种情况的计划产出量与净需求会有差额，差额即多生产的那部分要加到下一期的期初可用库存里，从而得出半成品的计划产出量。

⑤ 根据半成品的 LT 情况确定半成品的计划投入量。根据计划产出时间倒推计算得出计划投入时间，根据计划投入时间即可确定半成品的计划投入量。

⑥ 递增一个时段，重复以上步骤，循环计算直至计划期终止。

最后，计算原材料。

① 计算原材料的粗需求，粗需求=父项的计划投入量×原材料的用量。

② 计算原材料的可用库存，可用库存=已有库存-安全库存，期初可用库存=上期可用库存 + 预计到货量-上期耗用量；预计到货量为之前发出订单，在当期到达的量。

③ 计算原材料的净需求，净需求=粗需求-期初可用库存；若粗需求<期初可用库存，

则净需求=0。

④ 由净需求决定原材料的预计订货到达。根据采购批量要求，分以下几种情况。

采购批量要求

企业在采购时，由于每次订货费用等固定成本的存在，或是由于供应商的要求，购买量往往要大于一个最小量（即最小采购批量），或按某固定量（即单位采购批量）的倍数来确定。

A．若无采购批量要求；若有采购批量要求（要求按单位采购批量的倍数确定），净需求=$N×$单位采购批量；若有采购批量要求（要求大于最小采购批量），净需求≥最小采购批量。以上三种情况：预计订货到达=净需求。

B．若有采购批量要求（要求按单位采购批量的倍数确定）且净需求<$N×$单位采购批量，预计订货到达= $N×$单位采购批量；若有采购批量要求（要求大于最小采购批量）且净需求<最小采购批量，预计订货到达=最小采购批量。以上两种情况的预计订货到达与净需求会有差额，差额即多采购的那部分要加到下一期的期初可用库存里，得出原材料的预计订货到达。

⑤ 根据原材料的 LT 情况确定原材料的订单下达量。根据预计订货到达时间倒推计算得出订单下达时间，根据订单下达时间即可确定原材料的订单下达量。

⑥ 递增一个时段，重复以上步骤，循环计算直至计划期终止。

（2）MRP 的编制示例（无生产批量要求和采购批量要求）

① 本项目中的任务：编制通用自行车厂未来八个时段原材料钢管的采购计划。

② 编制采购计划需要的数据资料包括以下几个方面。

A．女式自行车的产成品的结构树。女式自行车的产成品的结构树如图 3-7 所示。

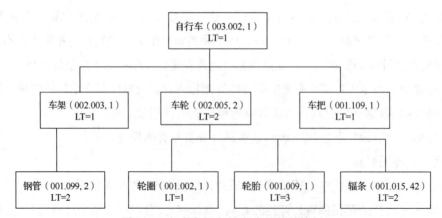

图 3-7　女式自行车的产成品的结构树

注：半成品和产成品均无生产批量要求，原材料无采购批量要求。

B．女士自行车销售订单如表 3-6 所示。

表 3-6　女士自行车销售订单

时段	1	2	3	4	5	6	7	8
订单需求量/辆	5 000	5 000	5 500	4 500	6 000	5 000	5 500	4 000

C．女士自行车等物料期初库存如表 3-7 所示。

表 3-7　女士自行车等物料期初库存

物料	现有库存	安全库存	可用库存
自行车/辆	30 000	5 000	25 000
车架/套	12 000	9 000	3 000
钢管/米	15 000	10 000	5 000

（3）MRP 的计算过程

MRP 的计算过程如表 3-8 所示。

表 3-8　MRP 的计算过程

自行车（辆）　　　　　　　　　提前期=1　　　　　　　　可用库存=25 000

时段	1	2	3	4	5	6	7	8
粗需求	5 000	5 000	5 500	4 500	6 000	5 000	5 500	4 000
期初可用库存	25 000	20 000	15 000	9 500	5 000	0	0	0
净需求	0	0	0	0	1 000	5 000	5 500	4 000
计划产出量	0	0	0	0	1 000	5 000	5 500	4 000
计划投入量	0	0	0	1 000	5 000	5 500	4 000	

车架（套）　　　　　　　　　提前期=1　　　　　　用量=1　　　　　可用库存=3 000

时段	1	2	3	4	5	6	7	8
粗需求	0	0	0	1 000	5 000	5 500	4 000	
期初可用库存	3 000	3 000	3 000	3 000	2 000	0	0	
净需求	0	0	0	0	3 000	5 500	4 000	
计划产出量	0	0	0	0	3 000	5 500	4 000	
计划投入量	0	0	0	3 000	5 500	4 000		

钢管（米）　　　　　　　　　提前期=2　　　　　　用量=2　　　　　可用库存=5 000

时段	1	2	3	4	5	6	7	8
粗需求	0	0	0	6 000	11 000	8 000		
预计到货量	0	0	0	0	0	0		
期初可用库存	5 000	5 000	5 000	5 000	0	0		
净需求	0	0	0	1 000	11 000	8 000		
预计订货到达	0	0	0	1 000	11 000	8 000		
订单下达	0	1 000	11 000	8 000				

因此，通用自行车厂这八个时段的采购计划表如表 3-9 所示。

表 3-9　采购计划表

日期：2019 年 8 月 15 日

物料编码	品名规格	适用产成品	采购时间	订购数量
001.099	一寸钢管	女式自行车	第 2 时段	1 000
001.099	一寸钢管	女式自行车	第 3 时段	11 000
001.099	一寸钢管	女式自行车	第 4 时段	8 000

（4）MRP 的编制示例（有生产批量要求和采购批量要求）

本项目的任务为编制通用自行车厂未来八个时段原材料轮圈的采购计划。

① 女式自行车的产成品的结构树。女式自行车的产成品的结构树如图 3-8 所示。

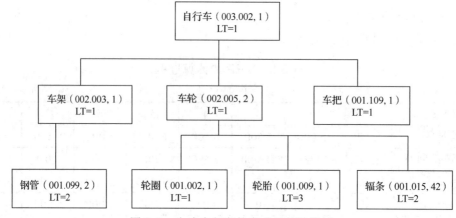

图 3-8　女式自行车的产成品的结构树

② 女士自行车销售订单如表 3-10 所示。

表 3-10　女士自行车销售订单

时段	1	2	3	4	5	6	7	8
订单需求量/辆	5 000	6 000	5 000	6 000	5 000	6 000	5 000	6 000

③ 女士自行车等物料期初库存如表 3-11 所示。

表 3-11　女士自行车等物料期初库存

物料	现有库存	安全库存	可用库存
自行车/辆	30 000	18 000	12 000
车轮/个	35 000	20 000	15 000
轮圈/个	10 000	5 000	5 000

注：

自行车生产批量：每批 5 000 辆以上。

车轮生产批量：3 000 个/批。

轮圈采购批量：2 000 个/批。

预计第 5 时段到货 1 000 个轮圈。

在该任务中，自行车的生产批量要求为大于或等于 5 000 辆，车轮的生产批量要求为 3 000 个的倍数，而轮圈的采购批量要求为 2 000 个的倍数。

预计到货量到货后将成为库存。

MRP 的计算过程如表 3-12 所示。

表 3-12 MRP 的计算过程

自行车（辆）　　　　　　　　　　提前期=1　　　　　　　　　　可用库存=12 000

时段	1	2	3	4	5	6	7	8
粗需求	5 000	6 000	5 000	6 000	5 000	6 000	5 000	6 000
期初可用库存	12 000	7 000	1 000	1 000	0	0	0	0
净需求	0	0	4 000	5 000	5 000	6 000	5 000	6 000
计划产出量	0	0	5 000	5 000	5 000	6 000	5 000	6 000
计划投入量	0	5 000	5 000	5 000	6 000	5 000	6 000	

车轮（个）　　　　　　　　提前期=1　　　　　　用量=2　　　　可用库存=15 000

时段	1	2	3	4	5	6	7	8
粗需求	0	10 000	10 000	10 000	12 000	10 000	12 000	
期初可用库存	15 000	15 000	5 000	1 000	0	0	2 000	2 000
净需求	0	0	5 000	9 000	12 000	10 000	10 000	
计划产出量	0	0	6 000	9 000	12 000	12 000	12 000	
计划投入量	0	6 000	9 000	12 000	12 000	12 000		

轮圈（个）　　　　　　　　提前期=1　　　　　　用量=1　　　　可用库存=5 000

时段	1	2	3	4	5	6	7	8
粗需求	0	6 000	9 000	12 000	12 000	12 000		
预计到货量	0	0	0	0	1 000	0	0	0
期初可用库存	5 000	5 000	1 000	0	1 000	1 000	1 000	
净需求	0	1 000	8 000	12 000	11 000	11 000		
预计订货	0	2 000	8 000	12 000	12 000	12 000		
预计订货下达	2 000	8 000	12 000	12 000	12 000			

注意事项

拉动式采购计划编制的关键点

拉动式生产企业要使用 MRP 工具编制采购计划，必须有一定的基础条件，最重要的有两点：一是企业要实施计算机系统管理，二是企业有良好的供应商管理。

企业要使用 MRP 工具编制采购计划，其计算量较大。特别是当产品结构复杂，半成品、原材料数量较多时，使用人工计算费时费力。借助计算机能简化采购计划编制的计算，提升其准确性。

其次，必须有良好的供应商管理。采用这种采购计划方式，购货的时间性要求比较严格，这对供应商的要求就比较高。如果没有良好的供应商管理，供货时间的准确性难以保证，那么 MRP 也就失去了意义。

综上，拉动式采购计划的编制有助于企业降低库存、消除浪费，实现精益管理的理念。这要求采购人员具备计算机管理、供应商管理等多方面综合技能。

思政小课堂

采购人员应主动提高自身综合素质

采购人员应有旺盛的求知欲，善于学习并掌握多方面的知识与技能，如本行业物料的性能、质量、财务、法律、计算机操作等，这样工作起来才会游刃有余。

强大的专业技术技能是实现精益求精的基础，劳动者素质的提高是各行各业精益求精、不断进步的前提。劳动者素质对一个国家、一个民族发展至关重要。技术工人队伍是支撑中国制造、中国创造的重要基础，对推动经济高质量发展具有重要作用。践行精益求精的工匠精神，各行各业的劳动者都应致力于提升自我，以严谨认真、追求完美的态度，不断提高自身专业能力，努力成为推动高质量发展的合格建设者。

 项目思考

一、单选题

1. 按采购金额和供应难易两个维度对物料进行精益化分类，（　　　）的采购金额不高但在市场上较难获得。

    A．标准物料　　　B．杠杆物料　　　　C．瓶颈物料　　　　D．战略物料

2. "物料需求计划""主生产计划"和"物料清单"的英文缩写分别是（　　　）。

    A．JIT、MPS、BOM　　　　　　　　B．MRP II、BOM、MPS

    C．MRP、MPS、BOM　　　　　　　　D．MRP II、MPS、BOM

3. 企业内部的物料可以分为独立需求与相关需求两种类型。一般来说，下列物料的性质是相关需求的是（　　　）。

    A．科研试制需要的样品　　　　　B．原材料

    C．零售终端用作售后的备用零件　　D．客户订购的产成品

4. 下列关于相关需求物料的说法错误的是（　　　）。

    A．有可能是半成品

    B．有可能是原材料

    C．当对一项物料的需求与其他物料或最终产成品的需求有关时，称为相关需求

    D．其需求来源于企业外部，如客户订单

二、多选题

1. 物料编码的作用有（　　　）。

A．加强物料资料的正确性　　　　B．提高物料管理的效率

C．有利于进行计算机管理　　　　D．促销

2．在计算 MRP 时，主要有三种数据输入，它们是（　　　）。

A．MPS　　　　　B．机器日程计划　　　C．产成品 BOM

D．人员值班表　　E．库存

3．企业内部的物料可以分为独立需求与相关需求两种类型，下列物料的性质是独立需求的是（　　　）。

A．客户订购的产成品

B．零部件

C．售后服务维修需要的备品备件

D．原材料

E．半成品

4．确定独立需求物料需求的方法有（　　　）。

A．客户订单

B．父项目的需求

C．对客户需求的预测

D．对父项目的需求的预测

5．为企业物料进行编码要做的工作有（　　　）。

A．搜集现有物料的所有种类和规格型号

B．将搜集的物料种类进行整理分类，确定出大类、中类和小类；并预测未来可能出现的新类别，需为其留出一定的空位

C．确定大类、中类和小类的位数和代码

D．对现有的物料进行全部编码，并编制出编码对照明细表

三、判断题

1．杠杆物料是指采购金额不高但市场上较难获得的物料。（　　　）

2．对于瓶颈物料，企业应从两方面着手：一方面保证供应，另一方面寻找替代供应商。（　　　）

3．企业售后服务维修需要的备品备件等的需求类型是相关需求。（　　　）

4．物料编码有利于物料存量的精益化控制，有利于减少呆滞废料，并提高物料活动的工作效率，减少资金的积压，降低成本。（　　　）

5．如果一个物料编码出现在两个不同的产成品 BOM 上，表明该编码对应的是不同的物料。（　　　）

四、问答题

1．对于杠杆物料、瓶颈物料、标准物料、战略物料四种物料，各类型物料的特

点是什么？应该分别采用什么样的采购策略？

2．物料编码的步骤是怎样的？

3．BOM的用途有哪些？

4．物料编码的原则有哪些？

5．什么是生产批量要求和采购批量要求？

举一反三

一、计算轮胎的采购量

① 女式自行车的产成品的结构树。女式自行车的产成品的结构树如图3-9所示。

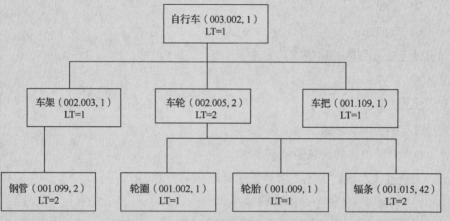

图3-9　女式自行车的产成品的结构树

② 女士自行车销售订单如表3-13所示。

表3-13　女士自行车销售订单

时段	1	2	3	4	5	6	7	8
订单需求量/辆	4 000	5 000	5 500	4 500	6 000	5 000	5 500	4 500

③ 女士自行车等物料期初库存如表3-14所示。

表3-14　女士自行车等物料期初库存

物料	现有库存	安全库存	可用库存
自行车/辆	40 000	15 000	
车轮/个	25 000	23 000	
轮胎/个	20 000	5 000	

注：无生产批量和采购批量要求。

无预计到货量。

请将 MRP 的计算过程填入表 3-15。

表 3-15　女士自行车采购计划计算过程

自行车（辆）　　　　　　　　提前期=　　　　　　　　可用库存=

时段	1	2	3	4	5	6	7	8
粗需求								
期初可用库存								
净需求								
计划产出量								
计划投入量								

车轮（个）　　　　　　　　提前期=　　　用量=　　　可用库存=

时段	1	2	3	4	5	6	7	8
粗需求								
期初可用库存								
净需求								
计划产出量								
计划投入量								

轮胎（个）　　　　　　　　提前期=　　　用量=　　　可用库存=

时段	1	2	3	4	5	6	7	8
粗需求								
预计到货量								
期初可用库存								
净需求								
预计订货到达								
订单下达								

二、重新计算轮胎的采购量

数据资料同前。

注：自行车生产批量：1 000 辆/批

车轮生产批量：3 000 个/批

轮胎采购批量：2 000 个/批

无预计到货量

请将 MRP 的计算过程填入表 3-16。

表 3-16　女士自行车采购计划计算过程

自行车（辆）　　　　　　　　　　　　提前期=　　　　　　可用库存=

时段	1	2	3	4	5	6	7	8
粗需求								
期初可用库存								
净需求								
计划产出量								
计划投入量								

车轮（个）　　　　　　　　　　提前期=　　　用量=　　　可用库存=

时段	1	2	3	4	5	6	7	8
粗需求								
期初可用库存								
净需求								
计划产出量								
计划投入量								

轮胎（个）　　　　　　　　　　提前期=　　　用量=　　　可用库存=

时段	1	2	3	4	5	6	7	8
粗需求								
预计到货量								
期初可用库存								
净需求								
预计订货到达								
订单下达								

▼ 项目实施总结 ●●●●

　　采购计划作为采购管理的第一步，是启动整个采购管理的开关，采购计划的制订是否合理、完善，直接关系到采购工作的成败。本项目介绍了物料的精益化管理和拉动式采购计划的编制，如图 3-10 所示。

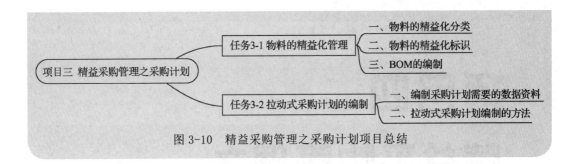

图 3-10　精益采购管理之采购计划项目总结

项目四
精益采购管理之供应商选择

项目描述与分析

现在大多数企业的物料采购仍为分散自由式采购，这种传统的采购方式虽然能够迅速便捷地为企业配置生产资源，但在实际运行中暴露出一些采购问题：首先，传统的采购主要通过费时费力的手工订货操作，缺乏规模效益，过于粗放；其次，分散采购行为缺乏必要的约束机制，采购决策不规范、不公开，缺乏必要的透明度，内部监督不到位，这种采购行为的不规范极易导致以牺牲企业利益来换取个人利益的权钱交易、人情交易。粗放式的管理模式必然导致采购资金受损，致使企业失去市场。因此，企业有必要探索新的、更有效率的精益采购方式。

本项目将介绍如何寻找供应商，如何精益化地评价供应商，进而做出科学的选择，为之后与供应商形成长期战略合作伙伴关系打下良好的基础。

项目知识点

能够理解几种采购方式的特点。

掌握供应市场调研和供应商开发的操作流程。

项目技能点

能在不同情况下选择合适的采购方式。

能为企业制订招标采购的程序。

能编制供应商评价指标体系。

任务 4-1 供应商市场的调研

任务导读

刚刚落成的通用自行车厂，拥有两条生产线，有一定的设备和技术力量，集设计、开发、生产、服务为一体，主要产成品有男士自行车、女士自行车、山地自行车系列等。图4-1 所示为女式自行车的产成品的结构树。

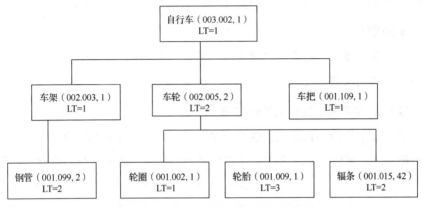

图 4-1 女式自行车的产成品的结构树

对于女式自行车，通用自行车厂目前需用的物料包括以下三种。

辐条：企业对这种物料没有特殊的要求，物优价廉即可。

钢管：需求量大，质量要求高。

轮胎：企业需要的该种轮胎比较特殊，要求有比较特殊的性能。

三种物料各有不同，企业应如何展开供应市场调研和供应商初步调查的工作呢？本任务将通过通用自行车厂的任务，介绍供应市场调研的方法。

任务实施

供应市场分析是采购的前期工作，也是采购方式选择，供应商审核、选择与确定的基础。掌握供应市场的调研方法与过程、了解供应市场结构特点是采购人员开拓供应市场必备的条件。因此，要充分重视这项工作。

供应市场调研是指为满足企业的需要，针对所采购物料进行的系统性的供应商、供应价格、供应量等相关情报数据的调研、收集、整理和归纳。

▶▶▶ 一、供应市场调研的原因

企业进行供应市场调研的主要原因有以下几个。

1．技术的不断创新

无论是生产企业还是商业贸易企业，为保持竞争力，必须致力于本企业产成品的创新和质量的改善。当出现新技术时，企业在制定自制、外购决策时，就需要对最终供应商的选择进行研究。

2．供应市场的不断变化

无论是国内供应市场，还是国际供应市场，都处在不断变化之中，供应商会因为突然破产而消失，或被其竞争对手收购，价格水平和供应的持续性都会受到影响。需求也会出现同样变化，如对某一物料的需求会急剧上升，从而导致紧缺状况的发生。采购方必须关注某一物料供需状况的可能变化，并由此了解自身所需物料价格的动态。

3．汇率的变动

许多主要币种汇率的不断变化对国际化经营的企业施加了新的压力，要求企业对其原料供应市场做出快速反应。

4．产成品的生产模式及其产业转移

产业转移、技术进步不仅改变了供应市场的分布格局，从整体上降低了制造成本，也对采购的战略制定、策略实施及采购管理提出了新的要求，带来了新的变化，主要体现在：一是在自制、外购的决策中，外购的份额在增加；二是采购呈现向购买组件、外协半成品的方向发展；三是采购的全球化趋势日益增强，同时采购的本地化趋势也伴随着生产本地化的要求得以加强；四是供应市场及供应商的信息更加透明化；五是技术发展使得许多企业必须完全依赖于与供应商的伙伴关系。

供应市场分析中，产成品的生产模式革新及其产业转移是很重要的内容。大致说来，传统的制造业已由原来的发达国家转移到发展中国家，这种产业转移反映了制造业的区域化调整，也会相应地导致供应市场结构的改变。

▶▶▶ 二、供应市场的结构

供应市场调研的首要工作是了解供应市场的供求关系的情况，这就是供应市场的结构。在不同的供需关系下，采购方应采取不同的采购策略，才能达成精益化采购的目标。

 小贴士

供应市场的结构

市场是供给和需求的综合，市场上供给的个体就是卖方（即供应商），需求的个体就是买方（即采购方）。而卖方与买方的数量、规模等要素往往决定了供应市场的结构。市场结构通常可以分为卖方完全垄断市场、垄断性竞争市场、寡头垄断的竞争市场、完全竞争市场、买方寡头垄断市场和买方完全垄断市场（独家采购垄断市场）。

1. 卖方完全垄断市场

卖方完全垄断是指市场上有一个卖方和多个买方。完全垄断包括自然垄断、政府垄断和控制垄断。自然垄断往往来源于显著的规模经济，如飞机发动机等；政府垄断是基于政府给予的特许经营，如铁路、邮政及其他公用设施等；控制垄断是拥有专利权、专门的资源等而产生的垄断。

2. 垄断性竞争市场

垄断性竞争是指市场上有少量卖方和许多买方。新的卖方通过物料的差异性来区别于其他的卖方。一般只有少数几家卖方控制市场，但是提供了大量的不同物料来与其他卖方竞争。这种市场结构是最具有现实意义的市场结构，其中存在若干的卖方，各自所提供的商品质量不同。多数日用消费品、耐用消费品和工业产品的市场都属于垄断性竞争市场。

3. 寡头垄断的竞争市场

寡头垄断的竞争是指市场上有较少量卖方和许多买方。但这类行业存在明显的规模经济，市场进入障碍明显。价格由行业的领导者控制。一个卖方给出一个价格后，行业内其他买方常常会快速接纳这个价格，如石油行业和钢铁行业。

4. 完全竞争市场

完全竞争是指市场上有许多卖方和许多买方。价格的确定受该市场的所有买方和卖方共同影响。该市场高度透明化，市场的进入壁垒低，市场信息完备。这类市场的典型物料有铁、铜、铝等金属材料，主要存在于专业市场、期货市场等。大多数市场不是绝对意义上的完全竞争市场，但是可以像完全竞争市场那样高效地运作。

5. 买方寡头垄断市场

买方寡头垄断是指市场上有许多卖方和少量买方。在这种市场中，买方对定价有很大的影响，因为卖方之间竞争激烈。汽车工业中零部件的市场就是典型的买方寡头垄断市场。

6. 买方完全垄断市场

买方完全垄断是指市场上有几个卖方和一个买方。这是和卖方完全垄断相反的情况。在这种市场中，买方控制价格。铁路用的机车和列车的供应市场、军需物品的供应市场就是典型的买方完全垄断市场。

◇ 任务提示

通过调研，三种物料的供应商的市场情况如下。

（1）辐条：完全竞争市场。市场上供应者众多，技术成熟，竞争激烈。

（2）钢管：完全竞争市场。要求选取本市供应商。本市规模较大、质量稳定的钢管供应商共有三家。

轮胎：卖方完全垄断市场。只有持有该技术专利的唯一一家生产厂家可以提供这种轮胎。

注意事项

对不同的供应市场结构要采取精益化的策略

不同的供应市场决定了采购方在买卖中的不同地位，因而必须采取不同的采购策略和方法。从产成品设计的角度出发，尽量避免选择卖方完全垄断市场中的物料，如不得已，应该与供应商结成合作伙伴的关系；对于垄断性竞争市场中的物料，应尽可能地优化已有的供应商并发展成为伙伴性的供应商；对于寡头垄断的竞争市场中的物料，应尽最大可能与供应商结成伙伴型的互利合作关系；在完全竞争市场下，应把供应商看成商业型的供应业务合作关系。

三、供应市场调研的内容

除了了解供应市场的供求关系，还应对供应市场进行精益化的调研。

1. 需调研的基本情况

① 供应市场的规模、容量、性质。

② 供应市场的环境，如市场的管理制度、法制建设、市场的规范化程度、市场的经济环境、政治环境、市场的发展前景。

③ 供应市场中供应商的情况，将众多供应商的基本情况进行简单分析，就可以得出供应市场自身的基本情况，如供应市场的结构、生产能力、技术水平、管理水平、可供资源量、质量水平、价格水平、需求状况以及竞争性质等。

2. 调研的要点

调研后能够回答以下问题，并采取相应策略。

① 确定供应市场是紧缺型市场还是富余型市场，是垄断性市场还是竞争性市场。对于垄断性市场，企业应当采用垄断性采购策略；对于竞争性市场，企业应当采用竞争性采购策略，如采用招标采购等。

② 确定供应市场是成长型市场还是没落型市场。如果是没落型市场，企业则要趁早准备替换物料，不要等到物料被淘汰了再去开发新的供应商。

③ 确定供应市场总体水平，并根据整个市场水平来选择合适的供应商。企业应选择在资源市场中拥有先进水平的供应商、物料质量优而价格低的供应商。

四、供应商初步调查

进行供应市场的分析后，企业要对一些有意向的供应商进行初步调查。企业的供应市场并不像个体消费者购买生活用品时的供应市场，供应商也不会将商品像日用品那样明码标价地摆在企业面前，而是需要采购人员去寻找。供应商越多，选择到优秀供应商的机会就越大。

了解供应商的主要来源

A. 国内外采购指南

B. 国内外产品发布会

C. 国内外新闻传播媒体（报纸、刊物、广播电台、电视、网络）

D. 国内外产品展销会

E. 政府组织的各类商品订货会

F. 国内外行业协会——会员名录、产业公报

G. 国内外企业协会

H. 国内外各种厂商联谊会或同业工会

I. 国内外政府相关统计调查报告或刊物

J. 其他各类出版物的厂商名录

K. 整体性的媒体招商广告

L. 厂商介绍

M. 供应商自行找上门

N. 网上供应商平台

随着信息时代的发展，网上供应商平台越来越完善、便捷。在企业（尤其是小微企业）没有资源、渠道进行供应市场调研时，可以通过网上供应商平台的方式了解供应商，图4-2至图4-4所示分别为阿里巴巴、慧聪网、环球资源网的网站页面。

如果企业通过供应市场调研，发现供应市场上合适的供应商数量有限，不宜采用招标采购等方式时，就需要对供应商进行初步调查，做到心中有数，为以后供应商开发、评价、选择打下基础。

图4-2 阿里巴巴的网站页面

图 4-3 慧聪网的网站页面

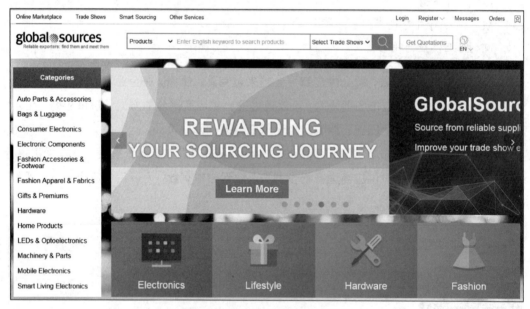

图 4-4 环球资源网的网站页面

初步供应商调查，是对供应商基本情况的调查，主要是了解供应商的名称、地址、生产能力、物料类型、物料价格、物料质量、市场份额、运输进货条件。

1. 初步供应商调查的目的

初步供应商调查是为了了解供应商的一般情况。一是为选择最佳供应商做准备；二是进一步掌握整个供应市场的情况，因为许多供应商基本情况的汇总就是整个资源市场的基本情况。

2．初步供应商调查的特点

一是调查内容浅，只需了解一些简单的、基本的情况；二是调查面广，最好能够对供应市场中大部分供应商都有所调查、有所了解。

3．初步供应商调查的基本方法

初步供应商调查的基本方法，一般可以采用访问调查法，通过访问有关人员而获得信息。例如，访问供应商单位市场部有关人员，或者访问有关用户和有关市场主管人员，或者其他的知情人士。

通过访问可以建立供应商卡片记录调查情况，如表 4-1 所示。

表 4-1　供应商卡片

公司基本情况	名称					
	地址					
	营业执照号		注册资本			
	联系人		部门、职务			
	电话		传真			
	E-mail		信用度			
物料情况	物料名	规格	价格	质量	可供量	市场份额
运输方式		运输时间			运输费用	
备注						

填写供应商卡片是采购管理的基础工作，供应商卡片也要根据情况的变化经常进行维护、修改和更新。

实行了计算机信息管理的企业，供应商管理应当纳入计算机管理中。企业应把供应商卡片中的内容输入计算机，利用数据库进行操作、修改和利用。

在初步供应商调查的基础上，企业要利用初步调查的资料进行供应商分析。初步供应商分析的主要目的是比较各个供应商的优势和劣势，选择适合企业的供应商。

4．供应商分析的主要内容

① 物料的品种、规格和质量水平是否符合企业需要，价格水平如何。只有物料的品种、规格、质量水平都适合于企业，才算得上企业的可能供应商，才有必要进行下面的分析。

② 企业的实力、规模如何，物料的生产能力如何，技术水平如何，管理水平如何。

③ 企业的信用度如何。企业的信用度，是指企业对客户、对银行等的诚信程度，表现为供应商对自己的承诺和义务认证履行的程度，特别是在物料质量保证、按时交货、往来账目处理等方面能够以诚相待、一丝不苟地履行自己的责任和义务。

对信用度的调查，企业在初步调查阶段，可以采用访问的手段得出一个大概的、定性的结论。在详细调查阶段，企业可以通过大量的业务往来统计分析供应商的信用度，这是可以得到定量结果的。

④ 判断物料是竞争性商品还是垄断性商品。如果是竞争性商品，企业应调查供应商的竞争态势如何、物料的销售情况如何、市场份额如何、物料的价格水平是否合适。

⑤ 供应商相对于本企业的地理交通情况如何，企业要进行运输方式分析、运输时间分析、运输费用分析，考虑运输成本是否合适。

任务 4-2　采购方式的选择

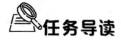

任务导读

通过调研，通用自行车厂所需三种物料的供应商市场情况如下。

辐条：完全为买方市场，市场上供应商众多。目前还没有稳定的供应商，企业对这种辐条没有特殊的要求，只希望获得更为物优价廉的原材料。

钢管：需求量大、质量要求高。经了解，本市规模较大、质量稳定的钢管供应商仅有三家。

轮胎：由于企业需要有特殊性能的轮胎，因此只能购买一种拥有技术专利的产品，只有一家供应商可以提供这种轮胎。

三种物料各有不同，通用自行车厂分别采用哪种采购方式进行采购呢？本任务将介绍几种常见的采购方法、各种采购方法的特点和适用条件，以及采购中常见问题的精益化解决方案等。

任务实施

采购方法种类很多，采购人员要根据采购对象的不同选取最方便有利的方法进行采购。

▶▶▶ 一、采购方式的种类

以决定采购价格的方式分类，采购主要分为招标采购、邀请招标采购和议价采购。

1. 招标采购

招标采购是将物料采购的所有条件，如物料名称、规格、数量、交货日期、付款条件、罚则、投标押金、投标厂商资格、开标日期等详细列明，登报公告（即招标公告）。投标厂商依照公告的所有条件，购买招标文件（包括招标须知、评标办法、投标格式文件、采购合同样本、用户需求等部分），编制投标文件。在规定时间以内，交纳投标押金，参加投标。采购方在开标日期到达时进行当众开标，其中符合各项规定且价格最优者，则优先得标。

一个完整的招标采购应由策划、招标、投标、开标、评标、授标签约等程序构成。

2. 邀请招标采购

邀请招标采购是指选定多家供应商并发出招标邀请，由指定的供应商投标，最后选择综合水平最优的供应商，与其签约的一种采购方式。

3. 议价采购

议价采购是指采购人员直接与选定的供应商双方经讨价还价，议定价格后进行采购的一种采购方式。如果是多家供应商，从中加以比价之后，选定供应商进行采购事项。

>>> 二、各种采购方式的特点和适用条件

1. 招标采购

（1）招标采购的适用条件

① 无明确供应商。

② 不追求供应商的业绩。

③ 所采购的物料无特殊要求。

④ 希望获取更加超值的服务。

⑤ 防止不良行为。

（2）招标采购的优点

① 公平公正，因为采购程序和采购标准的公开性，能够减少外来干扰和作弊行为。

② 价格合理，因为供应商是各自报价，出于获得销售机会的渴望，报价一般比较具有竞争力，对采购方比较有利。

③ 改进物料品质，由于企业处于有利位置，往往能获得质优价廉的物料。

④ 正确掌握采购物料来源，虽然企业最后仅与一家供应商签订合同，但可以了解投标的所有供应商情况，为今后的采购打下基础。

（3）招标采购的缺点

① 采购费用高且需要较长的时间，从招标公告、投标人响应、评标到授予合同往往需要很长的周期。

② 可能出现抢标现象，投标人为了中标会恶意压低投标价，甚至低于物料成本，中标后再通过索赔或偷工减料来获得盈利。

③ 可能串通投标，如联合拉高报价，使中标者的标价远高于实际售价，使企业遭受损失。

④ 可能出现废标，若符合专业条件的投标人或对招标文件做实质相应的投标人不足三人，或投标人的报价均超过采购方的预算，则本次招标作废。

⑤ 其他风险，如果事先没有对投标企业做有效的信用调查，可能会衍生意想不到的问

题，如倒闭、转包等。

2. 邀请招标采购

（1）邀请招标采购适用的条件

① 对供应商了解。

② 对物料要求高。

③ 招标对象限定。

④ 企业内部配套。

（2）邀请招标采购的优点。

① 节约费用与时间。

② 公平。

③ 有利于成本下降。

④ 减少干扰。

（3）邀请招标采购的缺点

① 可能出现抢标现象。

② 可能串通投标。

③ 产生新的不良行为。

④ 人为因素增加。

3. 议价采购

（1）议价采购适用的条件

① 认定个别供应商，以邀约方式接洽。

② 各供应商之间在多方面存在较大差距。

③ 物料需求或库存管理的要求高。

④ 物料供应者唯一，或市场垄断。

⑤ 指定物料供应商或使用指定物料。

（2）议价采购的优点

① 节省采购的时间与精力成本。

② 减少失误。

③ 有利于减少库存。

④ 物料管理有序。

（3）议价采购的缺点

① 信息不畅。

② 物料品质难以提高。

③ 价格难以控制。

④ 人为因素增加。

⑤ 可能产生新的不良行为。

✧ 任务提示

经过分析，通用自行车制造厂所需的辐条可采用招标采购方式，钢管采用邀请招标采购方式，轮胎采用议价采购方式。

▶▶▶ 三、采购中常见问题的精益化解决方案

企业在使用招标采购和邀请招标采购的方式中,特别容易出现抢标和串通投标的现象,那么，如何防治这些不利于企业采购的情况呢?

1.抢标现象的防治

有些投标人为了获取中标而盲目压价，甚至投标价低于成本价。这些供应商即使中标，其利润也比较薄，甚至无利可图，抗风险能力很弱，容易导致物料供应的失败。

✦ 案例

案例描述：某医院拟采购 1 套"内镜 PACS 管理系统"，预算金额为 80 万元，共有 A、B、C、D 四家公司投标，均通过资格性和符合性审查。开标时，A 公司投标价格为 68 万元，B 公司投标价格为 55 万元，C 公司投标价格为 50 万元，D 公司投标价格为 8 万元。

案例分析：鉴于 D 公司报价明显低于其他 3 家公司，经评委会认定，可能是低于成本投标，重点应复核其技术参数、商务条款是否符合项目需求，并要求 D 公司在招标现场出具产品质量书面说明和履约保证书，并承诺不捆绑任何其他物料，端口无偿开放，质保期内软件免费升级，还应确定质保期后的维护升级费用，最大限度防控履约风险。

案例处理：经评委会复核，该产品技术参数满足需求，属于成熟产品，市场占有量较大，公司在规定时间内递交了产品质量书面说明和履约保证书，并经用户代表签字确认。经核实，无后期捆绑销售行为，产品后期运行成本明确，履约风险可控。依据相关规定，评委会认定 D 公司在该项目的投标有效。

项目四 精益采购管理之供应商选择

💡 小贴士

"低价抢标"认定依据

可参考以下办法执行：经评审委员会（如五分之四以上评委）认定，最低报价或重要分项报价明显不合理或者低于成本，有可能影响物料质量和不能诚信履约的，评委会应要求供应商在规定时限内提供书面文件予以解释，并提交相关证明材料。供应商不能合理说明或未在规定时限内提供相关证明材料的，评委会应否决其投标，按无效投标处理。

上述案例虽然是医院的采购，但对企业采购也有一定的参考价值，下面简要归纳处理该类投标的方法与步骤。

（1）处理抢标现象的方法与步骤

① 当发现某投标企业的投标价格明显低于其他企业的投标价格时，应重点审查该企业物料技术参数、商务条款是否满足项目需求，防止以次充好。对于参数达不到使用要求的，应根据项目需求和评标标准作无效投标处理。

② 查看该项目后期运营成本。例如是否有后期捆绑销售，有无其他配套设备，易损件价格如何，后期维修、保修、质检等费用如何，网络端口是否开放等。若投标企业的目的是获取后期可观经济利益，应作无效投标处理。

③ 评委会应当要求投标企业在评标现场合理的时间内提供书面说明，必要时还要提交相关证明材料，重点审查该企业物料市场情况及履约保障能力。若存在履约风险，应作无效投标处理。

④ 现场宣布投标情况和中标结果后，若有其他投标企业质疑，应认真分析。招标结束后，应再次开展市场调研，经使用单位确认后再签订采购合同。

（2）处理抢标现象的总结

采购方应该认识到，低价投标具有两面性。要仔细辨别是抢标，还是市场竞争的结果。采购方在处理时应格外留意。如果处理不当，可能使采购方处于不利地位并带来负面舆论影响。如果处理适当，可以为采购方节约采购资金，彰显采购过程的公平性和规范性，增加采购工作的成就感。

因此，只要在招标前明确项目需求、评标标准、中标原则，在评审过程中依据法律法规科学处理，在评审后加强市场调研，使招标结果经得起检验，就能以不变应万变，使招标采购工作始终处于不败之地。

2. 串通投标现象的防治

（1）串通投标的主要表现

① 价格同盟型。招投标中，一些投标人（特别是"围标集团"）为了排挤其他投标人，干扰正常的竞价活动，相互勾结、私下串通，就投标价格达成协议，使竞争对手的正常报价失去竞争力，导致其不能中标。

② 轮流坐庄型。投标人之间互相约定，在不同的项目中轮流以高价位中标，并以高价位获取高额利润，使招标人无法从投标人中选出最优而造成巨大损失。

③ 陪标补偿型。投标人之间私下确定中标人，再参加投标，内定中标人以高价中标后，给予其他投标人"失标补偿费"，使投标者之间不存在竞争，招标人无法达到节约、择优的目的。

④ 挂靠垄断型。通过挂靠其他企业，一家企业同时以好几家企业的名义参加投标，形成实质上的投标垄断，无论哪家企业中标，都能获得高额回报。同时使得一些不具备相关资质的企业或个人得以进入原本无法进入的经营领域。

（2）串通投标的防治对策

① 改革招标程序。全面推行招标公告、资格预审文件、招标文件标准文本；建议取消投标报名，采取不记名方式购买标书、图纸；取消集中招标答疑，在招标公告、招标文件中载明物料概况及招标条件、投标条件，并明确投标人对投标文件和现场状况质疑的时限，以及招标人公布答疑的媒介和时间等。

② 严格资质审查。如果实行投标报名，投标企业报名登记时，必须提供法人的营业执照、税务登记证、组织机构代码、身份证等；法人委托报名时，除提供上述证件外，还要提供法人的书面委托证明及受托人身份证明、技术资格证明等。评标时，评标委员会还应严格核对投标人的营业执照、资质证书、安全生产许可证、开户行证明、投标文件印章以及项目经理证书、项目经理安全证书的单位名称都必须完全一致。

③ 改变保证金结转方式。投标保证金、履约保证金应通过投标人或中标人的基本账户，以银行转账方式进行交纳或退还，招标人（招标代理机构）不得接受现金交付；招标人的建设资金只能拨付给中标人在项目实施地银行开设、留有投标文件承诺的项目经理印鉴的企业法人账户。

 小贴士

什么是投标保证金？

投标保证金是指投标人按照招标文件的要求向招标人出具的，以一定金额表示的投标责任担保。其实质是避免因投标人在投标有效期内随意撤回、撤销投标或中标后不能提交履约保证金和签署合同、投标人提供虚假材料、投标人串通投标等行为而给招标人造成损失。投标保证金可以是银行出具的银行保函、保兑支票、银行汇票或现金支票。

④ 加强评标监管。将疑似串通投标情形列入招标文件废标条款。

⑤ 实行资格后审。合理设定投标人资格条件，不设置限制性条款排斥潜在投标人，扩大招标信息发布面，采用资格后审，让更多的潜在投标人参与竞争，所有符合预审条件的潜在投标人都允许参加投标，通过增加潜在投标人数量，加大串通投标的成本。

⑥ 严守保密制度。采购方或招标代理机构的工作人员，要对投标企业报名情况严格保密，不能向任何相关人员泄露报名信息，包括法人姓名、单位地址、资质高低、联系电话以及报名企业总数等。这样做是为了给不法串通投标者设置有效的障碍，使他们不能轻易地掌握串通投标范围，确定串通投标对象。

⑦ 严格责任追究。对于利用个人相关资质参与串通投标及其他违规违法活动的直接责任人，招投标监管部门应及时调查核实，并视情节轻重追究相关责任人的法律责任。对于参与串通投标的单位和个人主动检举揭发的，可以据情实行免责制。同时，招投标监管部门还应主动联合相关部门，形成多部门联动预防和责任追究机制，建立防治串通投标行为

的管理平台，将串通投标行为纳入信用管理体系，实行公告制度，以强化震慑警示作用。

▶▶▶ 四、选择供应商的原则

许多成功企业的实践经验表明，要做到目标明确、深入细致的调查研究，全面了解每个候选供应商的情况，综合平衡，择优选用是开发新供应商的基本要点。一般来说，选择供应商应遵循以下几方面的原则。

1. 目标定位原则

目标定位原则要求采购方应当注重对供应商进行精益化考察。采购方应依据所采购物料的品质特性、采购数量和品质保证要求选择供应商，使建立的采购渠道能够保证品质要求，避免"店大欺客"，减少采购风险，保障与供应商的合作顺畅。

2. 优势互补原则

选择的供应商应当在经营方向和技术能力方面符合采购方预期的要求水平，在某些领域应具有比采购方更强的优势，在日后与采购方的配合中能在一定程度上形成优势互补。尤其在建立关键、重要零部件的采购渠道时，采购方更需要对供应商的生产能力、技术水平、优势所在、长期供货能力等方面有一个清晰的认识。

只有经营理念和技术水平符合或达到规定要求的供应商，才能成为采购方生产经营和日后发展的忠实而坚强的合作伙伴。

3. 择优录用原则

在相同的报价及相同的交货承诺下，采购方要选择信誉度高的供应商。

4. 共同发展原则

如今市场竞争越来越激烈，如果供应商不全力配合采购方的发展规划，采购方在其经营运作中必然会受到影响。若供应商能以荣辱与共的精神来支持采购方的发展，把双方的利益捆绑在一起，这样采购方就能对市场的风云变幻做出更快速、更有效的反应，并能以更具竞争力的价位争夺更大的市场份额，同时也给供应商带来更多的订单、更大的利益。

任务 4-3　供应商的精益化评价方法

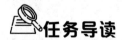

任务导读

通过询价，通用自行车厂初步挑选了十多家辐条供应商，以精益管理为原则，采购方应该如何客观、科学、合理地评价供应商，最终确定合作对象呢？本任务将介绍供应商的精益化评价方法。

任务实施

▶▶▶ 一、供应商的精益化评价

1. 供应商评价概念

传统的供应商评价方法往往是定性分析，采购人员通过实地考察和谈判后，依据个人经验评定供应商的优劣，以此确定供应商。这种评价方式往往不够客观，管理较为粗放。

精益化的供应商评价要按照统一的评价标准和一定的程序，结合定性分析及定量分析，对供应商在一定时间内做出的效益和成绩以及未来潜能做出综合评判。供应商评价包括两方面的内容：对潜在供应商来讲，供应商评价是对其全面的资格认定评价；对现有供应商来讲，是基于合作记录的业绩表现进行的评价。本任务将介绍对潜在供应商的评价，对现有供应商的综合绩效的评价将在项目九进行阐述。

2. 供应商评价的内容

供应商评价可以围绕下面几项内容进行。

（1）供应商是否遵守企业行规准则

供应商是否遵守企业行规准则彰显了其素养，如供应商不可以将采购方核心机密协议、品牌设计机密、重要的文档资料等核心技术对外公布；供应商如果想与采购方达成合作目标，就一定要通过正当合规的手段参与供货订单竞争，供需物料要前后保持品质相同，不得弄虚作假，偷工减料。供应商的职业道德是双方合作的前提。

（2）供应商能否准时提交符合要求的物料

准时提交采购方需要的物料，是采购方评价供应商一个非常关键的评价指标。

（3）供应商是否具备良好的供需服务意识

供应商在与采购方合作期间，供应商的售后服务意识以及解决问题的态度与方式方法都会对采购方的供需合作起到决定性作用。供应商良好的服务素养也能提升其竞争力。

（4）供应商是否具备保证质量的能力

供需物料的质量对采购方产成品品质起到决定性作用，供应商提供的物料优质，采购方才能生产出优质的成品。供需物料的质量也是采购方评价供应商是否具备保证质量的能力之一。供应商不仅要保证物料质量，还要持续改进物料质量，要保证物料合格率指标，保证物料供需管理服务水平不断提高。

（5）供应商是否具备精益化的企业管理制度

采购方应分析供应商的精益化水平，必须了解其生产工艺流程、运作能力、生产管理能力、制度等，从而确保双方能够维持长期合作。

（6）供应商的沟通协调能力

精益化地采购需要采购方与供应商具有良好的沟通和协调。供应商供货人员良好的沟通和协调能力可以帮助双方企业提高合作深度，达到双赢。

当然，供应商的物料报价、技术水平、供货柔性等指标也很重要，应根据采购方实际需求情况考虑。

3. 供应商评价的注意事项

（1）多部门联合评价

精益化管理需要采购方企业各部门的协同合作。因此，采购方评价供应商不能仅靠采购部门，还要考虑多个部门共同参与评价，最终评价出供应商的物料质量、生产工艺流程水平以及服务水平、供需协作能力等。多部门联合评价能够起到有效的互相监督作用。

（2）设计供应商评价指标体系

采购方评价供应商的方法不能一概而论，要根据不同的物料要求与特定的需求以及市场的供需环境等进行综合评价。因此，采购方在设计供应商评价指标体系时要从多方面因素进行考量，综合采购方各部门对供应商的要求做出全面而科学的评价。

（3）获取供应商真实的供货实力信息

评价供应商的过程中，采购方管理部门要详细地与供应商进行沟通交流，获得供应商真实的供货实力信息，使采购方评价工作顺利开展，给各供应商出具科学客观的分数。

▶▶▶ 二、供应商评价指标体系的确立

供应商的评价方法多种多样，如定性的评价方法和定量的分析方法。相对来说，定量方法是以有效数据为依据，是比较客观可靠的量化方法。采购方建立一套适合自己的供应商评价指标体系，是供应商选择的精益化方式。

采购方可以成立供应商专家组评价小组，各专家提出各自部门需要关心的指标，然后依据各指标的重要程度对其权重进行打分。依据精益化的管理目标，生产设计能力、质量、供货及时性、供货柔性等指标应给予较高的权重。使用层次分析法得出各指标的权重，就为采购方建立了适合自己的供应商评价指标体系。

❖ 任务提示

根据通用自行车厂的实际情况，建立表 4-2 所示的供应商评价指标体系，主要针对质量管理、设计能力、生产管理、分供方控制、成本管理、其他等六个一级指标进行评价。这六个一级指标又细化为若干个二级指标。括号里的数字是各指标的权重。专家组评价小组依据细化的指标对供应商进行评价。

表 4-2 通用自行车厂供应商评价指标体系

一级指标	二级指标	得分
质量管理（0.2）	供应商是否有适应于该企业的质量目标？质量目标是否是可量化监测的？（0.2）	

一级指标	二级指标	得分
质量管理 （0.2）	供应商的质量管理体系是否对质量系统有不断提高的要求，对其有持续的改进措施？（0.1）	
	供应商是否有质量手册？（0.1）	
	供应商是否对员工有质量意识培训？是否有正式记录？（0.2）	
	供应商是否对产成品进行发货检验？（0.2）	
	供应商是否定期进行质量审核？（0.2）	
设计能力 （0.2）	供应商是否有产成品的设计能力？是否有产成品设计实验室和人员？能否使用计算机辅助设计（Computer Aided Design，CAD）？（0.3）	
	供应商是否有电子数据转化能力？（0.1）	
	在执行设计变更时，供应商是否有程序来控制产成品变更？是否有正规的、获得客户批准的程序？（0.1）	
	供应商是否有样品、小批量、批量的生产计划？（0.3）	
	供应商是否有首件检验和生产件批准程序？（0.2）	
生产管理 （0.2）	供应商是否有文件化的产成品和工艺流程持续改进计划？（0.1）	
	供应商是否有能够避免生产中出现的异常和不合格品的计划？（0.1）	
	供应商是否运用精益生产的工具？（0.1）	
	从收货到发货，供应商是否对每一个生产工位都有操作指导书？（0.1）	
	供应商是否在生产过程中使用看板等目视化管理？（0.1）	
	供应商是否具有供货柔性？（0.1）	
	供应商是否有系统或流程控制量具和检具的校验？（0.1）	
	供应商是否有一个有效的检测系统来防止缺陷再次发生或流向客户或下一个工位？是否有文件化的程序定义返工和返修？（0.1）	
	供应商是否对客户的退品进行原因分析并采取纠正措施？（0.1）	
	对于不合格或者可疑物料，供应商是否有清晰的安全存放区域？（0.05）	
	在整个生产过程中供应商是否遵循"先进先出"的原则？（0.05）	
分供方控制（0.1）	供应商是否具有书面程序来评估和选择分供方？（0.2）	
	供应商是否有定期评审分供方的程序？（0.2）	
	供应商是否有分供方的合同发展计划？（0.2）	
	供应商是否有能力对分供方进行批次跟踪？（0.2）	
	供应商是否有书面的控制程序来控制分供方控制过程及材料发生变化？（0.2）	
成本管理 （0.2）	供应商是否能够提供有竞争优势的价格？（0.5）	
	供应商能否提供降价计划？（0.1）	
	供应商管理层是否定期分析不良成本？（0.1）	

项目四　精益采购管理之供应商选择

续表

一级指标	二级指标	得分
成本管理 （0.2）	供应商是否有程序分析及避免过剩原材料/成品/半成品？（0.1）	
	供应商目前产能如何？在满足现有客户情况下，是否还有足够的产能？（0.1）	
	不增加投资，供应商利用现有设备及过程能否满足采购方所需产成品生产的要求？（0.1）	
其他 （0.1）	供应商是否有战略性计划？（0.05）	
	供应商是否有文件化的程序定义产成品的包装？（0.05）	
	供应商是否追踪产成品的运输情况？如果送货不能100%满足客户要求，是否主动与客户沟通并提供改进措施？（0.25）	
	供应商是否有对订单反应时间、供货周期的承诺？（0.3）	
	供应商是否有对售后服务反应时间的承诺？（0.3）	
	供应商是否有合理的环境政策？是否有计划和方案来减少对环境的影响？（0.05）	

在通用自行车厂采购人员对供应商评价时，就可以根据表 4-2 对各供应商进行打分，最终挑选出综合得分最高的供应商。可以看到，该企业对质量管理、生产设计能力要求比较高，在指标选取和权重方面较为侧重。在建立不同企业进行供应商选择的评价指标体系时，要根据企业实际情况采取符合企业目标的指标，并赋予相应的权重。

思政小课堂

采购人员应具备敏锐的市场观察力和谦虚谨慎的学习态度

市场是复杂多变的，物料的价格也经常波动。作为采购人员，应具备敏锐的观察力，能及时抓住市场机会，防范市场风险，提高采购的成功率。

另外，在买方市场情况下，采购人员在与供应商打交道的过程中，往往占据主动地位。在这种情况下，采购人员对供应商的态度要温和，甚至要做到不耻下问、谦虚谨慎，切不可趾高气扬、傲慢无礼。

 项目思考 ● ● ●

一、单选题

1. 企业使用的某种原材料比较特殊，只能购买一种拥有技术专利的物料，因此只有唯一一家供应商可以提供这种材料。那么，该企业宜选择（　　）方式。

　　A．招标采购　　　B．邀请招标采购　　　C．议价采购　　　　D．国外采购

2. 了解供应商的主要来源包括（　　）。

　　A．国内外产品展销会　　　　　　　　B．国内外行业协会

  C．网上供应商平台   D．以上皆是

3．下列不适合采用招标采购的情况有（ ）。

  A．少量办公室用品   B．采购量足够大

  C．供应商有足够多的合格竞争者 D．买方没有优先考虑的供应商

4．某企业需要一种物料，该物料市场上供应者众多。目前，还没有稳定的供应商，企业对这种物料没有特殊的要求，只希望获得更为质优价廉的原材料。那么，该企业宜选择（ ）采购方式。

  A．招标采购 B．邀请招标采购 C．议价采购 D．国外采购

5．有一个卖方、多个买方的市场是（ ）。

  A．垄断性竞争市场   B．完全竞争市场

  C．寡头垄断的竞争市场   D．卖方完全垄断市场

二、多选题

1．一般来说，下列关于议价采购的说法正确的是（ ）。

  A．适合物料供应者唯一，或市场垄断的情况

  B．有利于采购价格的下降

  C．价格难以控制

  D．物料品质难以提高

  E．节省采购的时间与精力成本

2．一个完整的招标采购应由策划、招标、（ ）等程序构成。

  A．投标   B．开标   C．评标

  D．授标签约   E．售后服务

3．下列适合使用招标采购的情况有（ ）。

  A．无明确供应商   B．不追求供应商的业绩

  C．所采购的物料无特殊要求   D．已认定个别供应商

  E．采购时间比较充裕

4．要求投标人在递送标书时交投标保证金可以防范（ ）风险。

  A．投标人在投标有效期内随意撤回投标

  B．中标后中标人不与采购方签署合同

  C．投标人提供虚假材料的

  D．投标人串通投标的

  E．投标人报价高于招标方预算的

5．下列属于供应商评价的内容有（ ）。

  A．供应商是否遵守企业行规准则

  B．供应商能否准时提交符合要求的物料

  C．供应商是否具备良好的供需服务意识

D．供应商是否具备保证质量的能力

E．供应商是否具备精益化的企业管理制度

三、判断题

1．招标采购适用于采购时间比较紧迫的情况。（　　）

2．精益化管理不需要采购方企业内各部门的协同合作，评价供应商可以只依靠采购部门的意见。（　　）

3．选择供应商时，评价供应商的唯一指标就是价格。（　　）

4．企业设计供应商评价指标体系时要从多方面因素进行考量，综合企业各部门对供应商的要求进行全面而科学的评价。（　　）

5．邀请招标采购是指选定多家供应商发出招标邀请，由指定的供应商投标，最后选择综合水平最优的供应商，与其签约的一种采购方式。（　　）

四、问答题

1．为什么要进行供应市场的调研？

2．供应市场的结构指什么？有哪些类型？

3．采购时可以采取哪些不同的方式？分别适合哪些条件？

4．在招标采购中会遇到哪些问题？应该如何解决？

5．如何进行供应商的评价？供应商评价的步骤是什么？

6．如何确立供应商评价的指标体系？

 举一反三

中国长城计算机深圳股份有限公司的招标采购

削减生产成本是企业提高效益至关重要的一个环节。"过去采购生产物料时，谁的物料质量好、价格便宜就用谁的。"中国长城计算机深圳股份有限公司（以下简称"长城深圳公司"）副总经理杜某说，"现在 PC 制造业利润越来越薄，我们目前在物料采购时进行多家供应商比价，即招标比价。我们首先对所有的生产物料进行质量认证，然后对各供应商的价格进行评定。入围参与招标比价的物料供应商一般至少有三四家，谁的价格低，谁的供应配额就大。供应商也愿意在公平、公开、公正的条件下竞争。我们会让尽量多的供应商进入供应链。"

现在长城深圳公司已把招标采购方式推广到所有物料的采购过程。假如每个月有一亿元的采购额，即使价格下降 0.1%，由于生产量大，节约也相当可观。长城深圳公司在加强内部管理，采用招标采购方式降低生产成本以后，其产品销售也获得了增长。成本降低了，长城的产品售价也就相应降低了，长城"飓风 4999"行动率先把品牌计算机的价格下降到 4 999 元。

通过过去一年的招标采购运作，长城深圳公司受益匪浅：掌握了市场物价及其变化，降低了物料成本；能以最接近市场的价格购买物料；通过多家供应商同时比价竞标，不仅降低了物料成本，还可以做到采购过程的公开透明；运输和建筑招标尽管不是发生在厂房和办公地点内，但对生产成本的削减有直接的影响；由于整个招标采购过程是在公平、公正和公开的环境下进行的，所以不易产生负面效果。

1．通过比价实现招标

长城深圳公司预先掌握了投标商历年的经营资料，一旦哪一家投标商的产品出过质量事故，那就不能入围。另外要看资格，投标商原先向谁供货、有否出口、在国际上的排名情况等。

2．招标可掌握市场行情及其变化

经过竞价，当各投标商价格趋于一致时，则相当于找到了合理的市场采购价格。过去，长城深圳公司曾采取多种形式降低采购成本，如砍价法，但是，杜某说："我们对砍价法心里没底：到底把价格砍到什么程度才算适合？卖方的价格是否已经降到极限？是否买卖双方都能承受？我们作为买家，把价格砍得太低了，卖家可能不愿意卖，买不到原材料就会影响我们的生产。这都是必须要考虑的问题。"

采用招标采购以后，长城深圳公司了解到：同样的物料、设备，卖方有现货，急于出手，价格就会低些。现在是竞争市场，资源分配又往往不均匀，受价值规律的影响，通过招标购买生产物料，就可以大大降低成本。

另外，长城深圳公司自身有些产品物料要找一些销路，如机型变了，原先购买的物资就有剩余。解决办法：一种是改机型，另一种是拍卖。对于一些市场畅销的物料产品，通过招标拍卖可能会卖得较好的价格。长城深圳公司曾经有一批多余的DVD-ROM，通过招标拍卖，以高于标底价243元卖出。

从经济学的角度来看，市场必须有竞争，没有竞争就不能推动发展，竞争充分体现了价值规律。需求多，供应商就主动送货上门，企业可选择的范围就大了，运作成本也低了。"过去我们经常要去找货源，现在只要发布广告，供应商就会主动上门。"杜某说。

3．招标可按最接近市场的价格购买物料

提高招标率是一个渐进的过程，认证率越高，参与招标的比率就越大。货源垄断性越低，招标率也就越高。货源越多，价格越透明；货源越单一，价格刚性越大。杜某说："招标的目的不是引发恶性竞争，而是要取得一个更透明的价格。设备方面，如测试设备，招标与不招标，价格可相差10%。只要利润空间达到卖家的要求，他们会卖的。"

长城深圳公司对两个以上货源物料的采购招标，并没有明确的期望值和有计划地制定降价幅度。物料招标的最终效果是以最接近市场价格购买物料。招标并非降价，随着市场波动，当物料供应市场货源紧缺、总体价格提高时，招标价格会相应提高；

反之，当货源充裕、总体价格下降时，招标价格也相应下降。"通过招标，货比三家，可以按最合理的市场价格采购物料，杜绝腐败。"杜某说。

通过供应链调整，对于原来单货源供货的现在要发展到两家或两家以上，这样就能实现比较；另外，如果供应商出现质量问题，买家还有随时调整的余地；再者可以充实供货渠道。未来长城深圳公司要实现产品出口，物料供应商也需要调整，要求供应商有规模、有品牌。

阅读案例，回答以下问题。

1. 结合本案例，思考招标采购能为采购方带来哪些益处？

2. 长城深圳公司在组织招标时，采用了怎样的具体组织方式？

3. 在组织招标活动时，采购方要注意防范哪些风险？为什么？如何防范？

 项目实施总结 ● ● ●

本项目介绍了供应市场调研和供应商开发的操作流程，几种采购方式及其优势，在各种情况下如何选择合适的采购方式等，如图 4-5 所示。

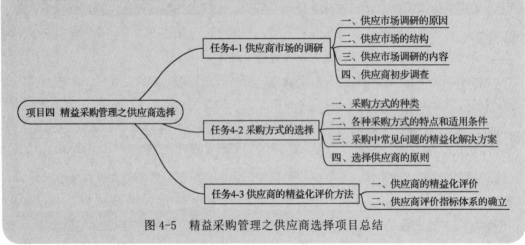

图 4-5　精益采购管理之供应商选择项目总结

项目五
采购谈判

项目描述与分析

　　采购谈判是采购部门最重要的活动之一，是完成采购任务的重要基础。企业与供应商进行谈判的目的是签订一份对双方都有利的合同，以便供应商能按合同的规定，准时、适量、适质地、精益化地供应物料。对企业而言，掌握采购谈判技术有利于维护企业自身利益，促进采购工作成功开展。

　　本项目将介绍采购业务谈判的基本程序、采购谈判的策略、采购谈判的技巧等。

项目知识点

　　能理解几种采购谈判的策略。

　　掌握采购谈判的基本程序。

项目技能点

　　根据企业的具体要求，能够进行采购谈判前的准备工作。

　　在谈判遇到各种情况时，能合理地应对。

　　能熟练应用采购谈判的技巧。

任务 5-1　组织采购谈判

任务导读

　　通用自行车厂将与自行车配件供应商进行采购谈判。本任务将介绍采购谈判的组织方法，包括谈判资料的收集和准备方法、谈判的基本程序等。

☞任务实施

采购谈判是指企业为采购物料，作为采购方与供应商对购销业务的有关事项，如物料的品种、规格、技术标准、质量保证、订购数量、包装要求、售后服务、价格、交货日期及地点、运输方式、付款条件等，进行反复磋商，谋求达成协议，建立双方都满意的购销关系。

▶▶▶ 一、采购谈判适用的条件

采购谈判适用的场合有以下几种。

① 企业采购结构复杂、技术要求严格的成套机器设备，在设计制造、安装试验、成本价格等方面需要谈判。

② 多家供应商互相竞争时，采购方可通过采购谈判，使渴求成交的供应商在价格等方面做出较大的让步。

③ 采购方所需物料经公开招标，但开标结果是没有一家供应商能在规格、价格、交货日期、付款条件等方面满足要求，这时可以通过谈判再做决定。这种情况需注意，公开招标时要预先声明"开标结果达不到招标要求的话，须经谈判决定取舍"。

④ 物料原采购合同期满、市场行情有变化并且采购金额较大时，采购方应通过谈判争取获得供应商更好的交易条件。

▶▶▶ 二、采购谈判前的准备工作

确定了要进行采购谈判，就需要做好以下准备工作。

1. 确定谈判的主要内容

在采购谈判中，谈判双方主要就物料交易条件进行磋商，具体包括以下几个方面。

（1）物料的数量条件

物料的数量是采购合同不可缺少的主要条件之一，也是谈判双方交接物料的依据，必须根据采购方和供应商的实际情况磋商确定。

（2）物料的质量条件

只有明确了物料的质量条件，谈判双方才有谈判的基础。在规定物料质量时，可以用规格、等级、标准、产地、型号和商标、物料说明书和图样等方式来表达，也可以使用由一方向另一方提供物料实样的方式。采购方还需要明确包装材料的要求、供应商出厂检验的标准和质量报告内容、每批交货允许的次品率、目标次品率、拒收的条件和程序等。

（3）物料的价格条件

在国内物料交易中，谈判双方在物料的价格问题上主要就价格的高低进行磋商。而在

国际物料买卖中，物料的价格表示方式除了要明确货币种类、计价单位，还应明确以何种国际贸易价格术语成交。因此，需要明确物料单价货币种类、允许的汇率浮动幅度或汇率换算比例、折扣比例、价格条款、运费、保险费、进口关税、付款条件等。

国际贸易价格术语是在长期的国际贸易实践中产生的，用来表示成交价格的构成和交货条件，确定谈判双方风险、责任、费用划分等问题的专门用语，具体如表 5-1 所示。

表 5-1　国际贸易价格术语

英文缩写	英文全称	中文含义	具体含义
FOB	Free on Board 或 Freight on Board	装运港船上交货	供应商应负责办理出口清关手续，在合同规定的装运港和规定的期限内，将货物交到采购方指派的船上，承担货物在装运港越过船舷之前的一切风险，并及时通知采购方
C&F	Cost and Freight	成本加运费	供应商负责按通常的条件租船订舱并支付到目的港的运费，在合同规定的装运港和装运期限内将货物装上船并及时通知采购方
CIF	Cost Insurance and Freight	成本加保险费、运费	供应商负责按通常条件租船订舱并支付到达目的港的运费，在合同规定的装运港和装运期限内将货物装上船并负责办理货物运输保险，支付保险费
FCA	Free Carrier	货交承运人	供应商负责办理货物出口结关手续，在合同约定的时间和地点将货物交由采购方指定的承运人处置，及时通知采购方
CPT	Carriage Paid to	运费付至指定目的地	供应商应自费订立运输契约并支付将货物运至目的地的运费。在办理货物出口结关手续后，在约定的时间和指定的装运地点将货物交由承运人处理，并及时通知采购方
CIP	Carriage and Insurance Paid to	运费、保险费付至指定目的地	供应商应自费订立运输契约并支付将货物运至目的地的运费，负责办理保险手续并支付保险费。在办理货物出口结关手续后，在指定的装运地点将货物交由承运人照管，以履行交货义务
EXW	EX Works（insert named terminal port or place of destination）	工厂交货（指定的地点）	供应商负责在其所在处所（工厂、工场、仓库等）将货物置于采购方处置之下，以履行交货义务
FAS	Free Alongside Ship（insertnamed place of destination）	船边交货（指定装运港）	供应商负责在装运港将货物放置码头或驳船上靠近船边，即完成交货
DAT	Delivered at Terminal	运输终端交货	供应商在合同中约定的日期或期限内将货物运到合同规定的港口或目的地的运输终端，并将货物从抵达的载货运输工具上卸下，交给采购方处置时即完成交货

英文缩写	英文全称	中文含义	具体含义
DAP	Delivered at Place	目的地交货	供应商必须签订运输合同，支付将货物运至指定目的地或指定目的地内的约定地点所发生的运费；在指定的目的地将符合合同约定的货物放在已抵达的运输工具上并交给采购方处置时即完成交货

（4）物料的交货条件

交货条件是指谈判双方就物料的运输方式、交货时间和地点等进行磋商，从而明确交货周期、供应商的安全库存量、订单周期、最小订单量、标准包装量、允许的订单数量的变动幅度、运输方式等条件。

（5）货款的支付方式

在我国物料交易中，谈判双方在货款的支付问题上主要就支付方式和支付时间进行磋商。在国际物料交易中，谈判双方主要就支付货币、支付时间和支付方式的选择进行磋商。国际交易使用的支付方式主要有汇付、托收、信用证等。不同的支付方式，买卖双方可能面临的风险大小不同，在进行谈判时，应根据情况慎重选择。

（6）检验、索赔、不可抗力和仲裁条件

检验、索赔、不可抗力和仲裁条件有利于买卖双方解决争议、保证合同的顺利进行、维护双方的权利，是物料交易谈判中必然要商议的交易条件。

从以上列举的内容可以看到，企业精益采购管理体系所进行的采购谈判在帮助采购方达到持续改进采购交易条件、增强竞争力等战略性目标上起到非常关键的作用。

首先，采购谈判使采购方和供应商之间明确了物料的质量要求，从而保障了采购方获得质量稳定且可靠的物料，为采购方的生产经营打下坚实的基础。质量条款中每批交货允许的次品率等指标将促进供应商改进其物料质量，为采购方产成品质量的持续提高奠定基础。

其次，采购谈判使采购方和供应商就交货要求达成了协议，同时使采购方更清楚地了解供应商的物流操作，从而保障采购方将获得持续稳定的物料供应，降低了采购方因物料供货不及时导致停产的风险，为其持续地满足客户的需求提供了先决条件。设置在物流条款中的供应商的安全库存量、允许的订单数量的变动幅度等内容充分保证了采购方进行生产安排的灵活性，以及最大幅度降低了库存的可能性。

最后，采购谈判使采购方和供应商就物料价格等直接影响到成本高低的商业性内容取得一致，使采购方获得满意的支付价格，从而保证了采购方产成品成本结构的合理性。采购谈判是实现采购精益管理的重要手段，采购谈判有效地促进物料的总成本降低，采购方产成品的市场竞争力将得到大幅度提高。

2. 相关信息的收集

采购方需要掌握以下几方面的信息。

① 物料的市场信息：市场可供资源量、质量、市场价格、流通渠道、营销网点分布等。

② 科技信息：新物料、替代品、新技术的应用、检验方法等。

③ 环境信息：影响采购方采购活动的外部因素，如国家制定的经济政策、进出口政策方针等。

④ 采购方内部需求信息：采购方所需物料的采购计划、采购方计划任务的变更情况、资金状况等。

⑤ 供应商的信息：供应商的生产能力、技术水平、信誉等。

对各种信息的综合、分析、讨论，能够帮助采购方确定恰当的目标，取得谈判的成功。

3. 确定谈判的目标

制订有意义的目标对谈判的成功至关重要。每个谈判组成员都要清楚谈判要达到的目标，以及这些目标基于什么样的前提才能实现。所以，要通过现有信息对谈判的形势进行预估，并在此基础上制订目标。

采购谈判的目标是采购方和供应商就所要采购的物料或服务达成协议。除追求公平合理的价格之外，协议通常还会包括提前期的确定、质量指标、售后服务要求、双方的合作程度等。但必须注意，尽管谈判有众多的目标，但并不是所有的目标都同等重要，采购方必须确认每个目标的重要程度。一般可把目标按重要性区分为必须实现目标、中等目标和最高目标三类。采购方应就实际需求情况，对物料或服务的价格、提前期、质量、规格、售后服务等要求进行合理的价值排序，将必须达成的要求作为必须实现目标，其次为中等目标，希望达成但可以做出一定让步的要求作为最高目标。

将目标设置为阶梯式有助于双方达成基础目标，但这并不意味着所有的谈判都会成功：如某些稀缺资源，采购方和供应商都将价格作为必须实现目标，但由于双方的价格成交位置没有重叠，双方达成一致的希望不大，就会以失败告终。因此，谈判前目标的设定非常重要，要斟酌必须实现目标的可行性，并设置其他目标相应的补偿条件。例如采购方的必须实现目标可设置为：达到预期价格区间，或在价格方面可以做一定程度的让步，同时供应商必须在售后服务条件方面加以补偿。

4. 供应商情报的准备

知己知彼，百战百胜。搜集、整理与分析供应商的情报，才能做好谈判准备，提高后续工作的效率。

（1）供应商情报的搜集

供应商情报的搜集可从以下几个方面入手。

① 资信情况。调查供应商的资信情况，包括两个方面：第一，对供应商的合法资格进行调查，可以要求对方提够有关的证明文件，如成立地注册证明、法人资格等，也可以通过其他途径进行了解和验证；第二，要调查供应商的资产、信用和履约能力，对供应商的资产、信用和履约能力的调查，资料的来源可以是公共会计组织对该企业的年度审计报告，

也可以是银行、资信征询机构出具的证明文件或其他渠道提供的资料。

② 供应商的谈判作风。谈判作风实质上是谈判者在多次谈判中表现出来的一贯风格。了解谈判对手的谈判作风，对预测谈判的发展趋势和供应商可能采取的策略，以及制定采购方的谈判策略，均能提供重要依据。

③ 供应商的需要。有时谈判中的采购方和供应商各有所需，确认供应商的谈判目标非常重要。例如供应商想在行业内保持市场份额，而采购方想获得较优的价格，采购方就可以大批量采购以获取价格折扣的策略，争取谈判的成功。了解供应商的需要，有利于采购方和供应商各取所需，达到双赢。

（2）供应商情报的整理与分析

在通过各种渠道收集到以上有关信息资料以后，还必须对它们进行整理和分析。这里主要做两个方面的工作。

① 鉴别资料的真实性和可靠性，即去伪存真。在实际工作中，由于各种各样的原因和限制因素，在收集到的资料中往往存在某些资料比较片面、不完全的情况，有的资料甚至是虚假的、伪造的，因而须对这些初步收集到的资料做进一步的整理和甄别。

② 鉴别资料的相关性和有用性，即去粗取精。在资料具备真实性和可靠性的基础上，结合谈判内容的实际情况与具体内容，分析各种因素与该谈判项目的关系，并根据它们对谈判的重要性、相关性和影响程度进行比较分析，并依此制定出具体的切实可行的谈判方案与对策。

5. 谈判双方优劣势分析

采购方必须评估采购方与供应商的谈判力量，各自具有哪些优势和劣势，这样才能舍己之短，并发挥所长。以下几个方面决定了采购方和供应商的优势对比。

（1）采购方的力量

① 采购数量很大。当采购方的采购数量占供应商的生产能力的比率较大时，采购方占有优势。

② 所购买的是标准化或没有差异性的物料。

③ 采购方的供应商转换成本低。

④ 采购方有向上整合的潜力。

⑤ 采购方充分掌握商情。

（2）供应商的力量

① 供应商为独家供应或寡头市场。资源比较稀缺，采购方市场竞争激烈，而采购方并无可靠的供应来源，此时供应商占有优势。

② 售卖的是对采购方很重要的物料。

③ 采购方的转换成本很高。

④ 供应商有向下整合的潜力。

⑤ 所售卖的是复杂或差异性很大的物料。

（3）替代品

① 替代品的转换成本。采购方将原物料转换为替代品的转换成本越低，采购方越占有优势。

② 采购方的转换意愿。采购方将原物料转换为替代品的转换意愿越高，采购方越占有优势。

③ 物料差异性。原物料与替代品差异性越小，采购方越占有优势。

（4）竞争者

① 供应商所在产业成长情形。一般而言，供应商所在产业成长越快，采购方越占有优势。

② 供应商竞争者的多寡。

（5）新供应商障碍

① 资金需求。

② 技术或专利。

③ 政府政策。

④ 物料差异性。

⑤ 原料的取得。

⑥ 经销渠道的建立。

以上行业壁垒越高，供应商越占有优势。

观察采购方力量与供应商力量的对抗情形，可以找出机会，能够制定应对供应商的策略，这种策略将成为采购人员完成采购工作的行动方针。

6．谈判队伍的组选

采购谈判能否取得预期的效果，取决于谈判人员能否审时度势，正确合理地运用谈判策略。采购谈判队伍的组选是指在对谈判对手情况及谈判环境诸因素进行充分分析研究的基础上，采购方要根据谈判的内容、难易程度选择谈判人员，组织一支高效精干的谈判队伍。

在谈判中，人是关键因素。谈判的参与者除了要具备知识与技能，还应该具备谈判的团队合作精神。

（1）谈判队伍人数的组选

为了保证谈判达到预期的目标，提高谈判的成功率，企业在确定谈判队伍阵容时，应着重考虑谈判主体的大小、重要性和难易程度等因素。对于小型谈判，谈判队伍可由2～3人组成，有时甚至由一人全权负责。而对于内容较为复杂且重要的大型谈判，由于涉及的内容广泛、专业性强、资料繁多，组织协调的工作量大，谈判队伍人数一般较多。

（2）谈判人员的选择与配备

在通常情况下，参加采购谈判的人数往往超过一人而构成谈判小组。因为对于复杂且较为重要的谈判来讲，首先可以满足谈判中多学科、多专业的知识需求，取得知识结构上的互补与综合优势；其次，可以群策群力，集思广益，形成集体的进取与抵抗的力量。

注意事项

谈判的人选与人数

在确定具体的谈判人选时，尽量选择"全能型的专家"。所谓"全能"，即通晓技术、商务、法律和语言四个方面的知识，"专家"指能够专长于某一个方面。在确定谈判小组具体人数时，要合理确定谈判小组的规模，同时要兼顾谈判小组的工作效率。

7. 谈判地点的准备

一般而言，谈判地点的选择有三种情况：己方所在地、对方所在地、双方之外的第三地。双方之外的第三地适用于双方在参加货物展销会时进行的谈判。三种地点选择各有利弊。

（1）在己方所在地进行谈判

其主要优点：①以逸待劳，无须熟悉环境或适应环境这一过程；②随机应变，可以根据谈判形式的发展随时调整谈判计划、人员、目标等；③创造气氛，可以利用地利之便，通过热心接待对方，关心其谈判期间的生活等问题，显示己方的谈判诚意，创造融洽的谈判氛围，促使谈判成功。

其主要缺点：①要承担烦琐的接待工作；②谈判可能常常受己方领导的制约，使谈判小组不能独立地进行工作。

（2）在对方所在地进行谈判

其主要优点：①不必承担接待工作，可以全心全意地投入谈判中；②可以顺便实地考察对方的生产经营状况，取得第一手的资料；③在遇到敏感性问题时，可以推说资料不全而委婉地拒绝答复。

其主要缺点：①要有一个熟悉和适应对方环境的过程；②谈判中遇到困难时，难以调整自己，容易产生不稳定的情绪，进而影响谈判结果。

（3）在双方之外的第三地进行谈判

其主要优点：双方在心理上都会感到较为公平合理，有利于缓和双方的关系。

其主要缺点：由于双方都远离自己的所在地，因此，在谈判准备上会有所欠缺，谈判中难免会产生争论，影响谈判的成功率。

▶▶▶ 三、采购谈判的程序

1. 开局阶段

谈判开局对全局及走向有深刻的影响，好的谈判开局能够为谈判的成功奠定良好的基础。谈判开局是谈判双方首次正式接触，是准备工作的继续，是正式谈判的开始，起到承前启后的作用。

认真创造一种适合谈判的环境是谈判开局的目标。谈判的环境应当给人一种温暖、舒适的感觉，气氛应该友好、和谐，这种气氛对任何一方都是迫切需要的。因此，双方刚一接触时就应相互打招呼，多谈一些与工作无关的话题，避开一些实质性问题，就双方共同关心的议题以坦诚、友好的态度先行交换意见。时间长短视双方情绪高低而定，只要是渲染、烘托了热烈气氛，就为谈判的顺利进行创造了一个良好的条件。

开局阶段的工作主要包括以下几方面。

（1）进一步加深彼此的了解和沟通

采购方可以在准备阶段简单了解的基础上，就谈判的有关问题向供应商做进一步的询问或介绍，对物料的质量、性能、使用情况及一些其他信息加深了解。供应商亦可通过图像展示或物料使用情况的演示来宣传物料，提高可信度。

（2）观察对方，调整策略

采购方可以观察供应商的经验和谈判风格，以便随时调整策略。例如供应商在初始接触中表现得瞻前顾后、优柔寡断，显然经验不足；如果供应商表现从容自若，侃侃而谈，又能巧用与工作无关的话题避实就虚，则显然经验充足。

（3）刺激对方的兴趣

在准备阶段，采购方已对供应商的需求、弱点等有初步了解，此时可以察言观色，找到合适的时机介绍本企业的发展前景、行业影响力、采购规模、长远合作意向等，以激发供应商的合作兴趣。

（4）设计谈判程序

开局还有一项任务是共同设计谈判程序，包括议题范围和日程。一般来说，谁安排谈判的议事日程，谁就有主控权。若双方能相互尊重并协商一致，谈判将会有一个良好的开局。

2. 正式洽谈阶段

正式洽谈阶段可细分为开始洽谈阶段和业务洽谈阶段。

（1）开始洽谈阶段

这个阶段，参加谈判的人员的精力都很充沛，注意力非常集中，双方开始进入最初的洽谈议题。双方要在谈判目的、谈判议题、预计的谈判时间等内容达成一致的基础上，表明各自的立场，并进一步巩固已经建立起来的轻松、诚挚的谈判气氛。

这个阶段虽然很短，但建立了洽谈的格局，双方都从对方的言谈举止中观察与判断对方的特点，以确定自己的行动方式。该阶段的采购方应注意观察如下几点。

① 观察供应商的神态、表情，从而判断供应商的心理状态。

② 识别出供应商的领导者——判断谁能够真正做出让步的决定。

③ 如果供应商讨论一个问题时犹犹豫豫，那么这应该是供应商的弱点。

④ 如果供应商没有关键问题的任何信息，这也可能是供应商的弱点。

⑤ 保持紧张，注意力集中，倾听供应商的发言。

（2）业务洽谈阶段

这一阶段具体包括摸底和磋商两个阶段。

① 摸底阶段

在合作性洽谈中，处于摸底阶段的采购方和供应商分别陈述对谈判内容的理解，希望得到哪些利益，首要利益是什么，可以采取何种方式为双方共同获得利益做出贡献，以及双方的合作前景。这种陈述应简明扼要，将谈判的内容横向展开。

在这个阶段，采购方不要受到供应商陈述的影响，应将注意力放在阐明自己的利益上。同时，不要试图猜测供应商的意图，而应准确理解供应商的关键问题。

陈述之后，双方提出各种可供选择的设想和解决问题的方案。然后，双方需要判断哪些设想、方案更现实、更可行。

② 磋商阶段

所有要讨论的议题内容都横向铺开，反复磋商、逐步推进谈判内容。通过对所采购物料的质量、价格、交货方式、付款条件等各项议题的反复讨论，互相让步，寻找双方都有利的最佳方案。

这个阶段，要注意双方共同寻找解决问题的最佳办法。当谈判在某一个具体问题上陷入僵局时，应征求对方同意，暂时绕过难题，转换另一个问题进行磋商，以便通过新议题的解决打破僵局。

这一阶段，要做好谈判记录，把双方已经同意解决的问题归纳总结，在适当时机请供应商确认。如果通过磋商，所有议题得到圆满解决，谈判进入成交阶段。

3. 成交阶段

成交阶段要草拟经磋商所达成的协议初稿，经双方进一步修改认可，签订谈判会议纪要，作为签订正式合同的基础，整个谈判过程至此全部结束。

任务 5-2　采购谈判的技巧

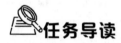

任务导读

为了在谈判中取得优势，处于主动的地位，采购方必须加强谈判实力，采购人员也需在理论、经验等方面提高自己的谈判技巧，力争为采购方赢得最大的利益。本任务将介绍采购谈判的常用技巧。

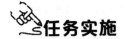 **任务实施**

>>> 一、采购谈判的技巧

在采购谈判中，最终达成的协议所体现的利益主要取决于采购方与供应商的实力对比和当时的客观形势。另外，谈判结果还在一定程度上受主观条件的制约，如谈判人员的素质、能力、经验和心理状态，以及谈判双方所运用的谈判策略和技巧。

1. 报价的技巧

采购方和供应商通过报价来表明自己的利益要求。谈判双方在经过摸底，明确了对方诉求之后，提出各自的交易条件。但是，任何一方在阐述自己要求的时候，都不会直接就把自己的底价透露给对方，而是给自己留下讨价还价的空间。因此，报价可以参考以下几个技巧。

（1）报价要果断

报价应该明确、完整、毫不犹豫，不加任何解释和说明。坚定、果断地报价能够给供应商留下认真而诚实的印象，使对方能够准确地了解我方的期望。任何欲言又止、吞吞吐吐的行为，可能会招致供应商的不信任感。

采购方谈判人员在报价时不要对所报价格进行过多的说明和解释，如果在供应商还没有提出问题之前便主动加以说明，会提醒供应商意识到采购方最关心的问题，而这种问题可能是供应商从未考虑过的，有可能帮助供应商从中找出破绽，猛烈地反击采购方。

（2）影子报价

影子报价是指一方说谎或有意误导对方。例如，采购方可以告诉供应商收到了另一个供应商的报价，单位价格低于 5 元，如果供应商不对该价格做出相应的变动，就说明供应商是不想和采购方做生意了。供应商也可以使用这种方法，如告诉采购方 A，现在有另一家采购方 B 准备以更高的价格采购这些物料（这些物料是稀缺的）。使用该技巧，如果对方担心丢掉这笔生意，就会在自己期望的成交位置做出相应的让步；反之，对方如果对这种威胁性的报价没有反应，就意味着这个策略失效了。

（3）探知临界价格

在谈判中，采购方想知道供应商的最低出让价，同样，供应商也想知道采购方的最高接受价，以便判断出一个双方都能够接受的临界价格，所以要运用一些技巧从对方口中探听出来。下面这些技巧能有效地帮助采购方准确地探知临界价格。

① 以假设试探。假设要购买更多的或额外的物料，供应商能否降价。

② 威胁试探。告诉供应商要卖就这个价，否则就算了。

③ 让步试探。采购方提议以交货期、支付条件等的让步来交换供应商价格方面的让步，然后以此为起点继续商谈。

④ 合买试探。采购方先问供应商两种物料多少钱，再问其中一种多少钱，然后以这个差价为基础来确定另一种物料的价格。

2. 讨价还价的技巧

在价格谈判中，采购方还价要讲究弹性。不应漫天还价，乱还价格；也不要一开始就喊出可接受的最高价。前者会让供应商觉得难以接受，而后者会因为失去弹性而处于被动地位，使对方觉得有欠精明，使价格谈判毫无进展的余地。

（1）欲擒故纵

如果采购方和供应商势力均衡，任何一方无法以力取胜，就必须斗智。采购人员不要表露心态，否则将使自己处于劣势。此时应采取"若即若离"的姿态，以试探性的询价着手，若能判断出供应商有强烈的销售意愿，可以趁机要求更低的价格，并做出不答应便放弃、另行寻求其他来源的表示。若供应商不同意此价格，要求采购人员加价，若采购方的需求紧迫，可同意略加价格，以求迅速成交；若并非迫切需求，可表明绝不加价，供应商也有可能同意低价要求。

（2）化零为整

采购人员在还价时，不妨将价格化零为整、化小为大，主要内容是将小单位价格换算成大单位的价格。如果运用得当，可从心理上加重商品价格的贵重感，给供应商以心理影响。

（3）过关斩将

所谓"过关斩将"，即采购人员应用上级主管的议价能力。某些供应商的降价意愿与幅度，视议价的对象而定。如果采购人员对议价的结果不太满意，此时应请求上级主管来和供应商议价。采购方提高了议价者的层次，供应商感觉受到尊重，有可能同意降价。

（4）哀兵姿态

在采购方居于劣势的情况下，采购人员可以"哀兵"姿态争取供应商的同情与支持。由于采购人员没有能力与供应商讨价还价，有时会以预算不足为借口，请求供应商同意在其有限的费用下，尽可能将物料降价卖出。此时，若供应商并非血本无归，只是削减原本过高的利润，则双方可能成交。

（5）压迫降价

在采购方占优势的情况下，采购人员以胁迫的方式要求供应商降低价格。这个技巧往往在供应商物料销路欠佳、所处竞争环境十分激烈的情况下比较有效。由于需求市场不景气，供应商急于脱手库存物料换取周转资金，此时采购人员可以趁机压价。若供应商缺乏配合意愿，更换供应来源也比较容易。

3. 让步的技巧

美国某谈判学家曾进行了一系列不同让步形式的实验，得出的结果：在谈判过程中，较能控制自己让步程度的谈判者总是处于较有利的地位，特别是当谈判快要陷入僵局时。成功的谈判者所做的让步，通常都会比对方做出的让步幅度小，但他们善于"放大"这种让步，善于夸张让步的艰难性。

一个采购人员在与供应商接洽业务、谈判价格时，还要善于以最小的让步来达成交易。让步可以附加某些增加收益的条件。使用投石问路的让步方法，对于试探供应商可能的价格承受能力和成交量是较为有效的。以假设的语气，商谈双方的价格，使双方都留有余地。

4. 议价的技巧

经济环境经常会发生变化，如国际局势动荡、原料匮乏等，往往造成供应商有机可乘，占有优势，形成卖方市场，进而提高售价。此时采购部门责任更为重大，若能发挥议价协商的技巧，则能针对供应商所提高的售价，予以协议商谈，达到降价的目的。在议价协商的过程中，采购人员可以采用直接议价和间接议价。

（1）直接议价技巧

面临通货膨胀、物价上涨的情况，可通过直接议价达到降低价格的目的。一般可采用下列四种技巧来进行协商。

① 面临售价的提高，采购人员要求仍以原价订购。采购人员可利用与供应商长期合作的关系，要求以原价格购买。

② 采购人员直接说明预设底价。在议价过程中，采购人员可直接表明预设的底价，如此可促使供应商提出较接近该底价的价格，从而达到降价要求。

③ 由于买卖双方议价的结果存在差异，若双方各不相让，则交易失败，双方都是输家。为了促成双方的交易，最好的方式就是采取"中庸"之道，即将双方议价的差额各承担一半，双方都是赢家。

④ 要求供应商说明提高售价的原因。一般情况下，采购人员应同意供应商获得合理的利润。但为了避免供应商攫取暴利，采购人员可以要求供应商提供所有成本资料。供应商常常把提高售价的原因归结于原料上涨、工资提高、利润太薄等。采购人员在议价协商时，可以利用成本分析的方法，对一些存疑的加价提出质询，掌握降价的机会。如果是进口货品，则请其总代理商提供一切单据，借以查核真实的成本，然后加计合理的利润作为采购的价格。这种讨价还价技巧通常用于采购量比较大、双方势均力敌、长期合作的情况。

（2）间接议价技巧

在议价的过程中，好的开始便是成功的一半。所以有时也可采用迂回战术，以间接方式进行议价。采购人员协商时可注意以下两点。

① 议价时不要急于进入主题。在开始商谈时，最好先谈一些不相关的话题，借此熟悉对方周围事物，并使双方放松心情，慢慢再引入主题。

② 尽量避免书信或电话议价，而要求面对面接触。面对面商谈，沟通效果较佳，往往可借肢体语言、表情来说服对方，进而要求对方妥协，予以降价。

在进行议价协商的过程中，除了针对价格可使用的议价技巧，采购人员亦可利用其他非价格的因素进行议价。

第一，在协商议价中要求供应商分担售后服务或其他费用。当供应商提高售价并坚决不愿变动时，可改变议价方针，针对其他非价格部分要求获得补偿，如要求供应商增加售后服务、提高送货频率等。

第二，在供应商价格居高不下时，采购人员若坚持继续协商，往往不能达到效果，此时可利用专注的倾听和温和的态度，博得对方的好感。在议价协商的过程中，咄咄逼人并非制胜的武器。即使取得了这次的合作，也难保下次合作的意愿。因此采购人员在协商的过程中，要仔细倾听对方说明，在争取权益时，晓之以理，动之以情，合情合理地进行谈判。

第三，采购人员在议价遇到困难时可以想方设法对货物溯源。有些总代理商自认为垄断货源，对采购人员的议价置之不理，一副"姜太公钓鱼，愿者上钩"的姿态。这时，可对所谓的总代理辨认虚实：有些供应商自称国外品牌的总代理，事实上并未与国外制造商签订任何合约或协议，只想借总代理的名义自抬身价，获取超额利润。而当采购人员直接向国外制造商询价时，有可能会获得回复。

▶▶▶ 二、遇到各种情况的应对策略

1. 初次交易谈判情况

初次交易时，彼此都比较陌生，因此在谈判中要注意以下两点。

（1）摸清对方底细

初次见面不可轻易言语或行动，要摸清对手的以下特征：①供应商谈判人员的性格；②供应商谈判人员的好恶、习惯和追求；③供应商谈判人员的权力和在谈判中的地位。

（2）留有余地

谈判时要留有回旋的余地。留有余地包括：①对待供应商不应过于殷勤，以防变"媚"；②说话不可过绝、过满，以防过火，在某些议题上覆水难收；③出手的条件不宜过快、过高，以防勾起对手更高的欲望，使谈判进入僵局；④处理谈判分歧，不可过激、过软，以防供应商产生误解等。

2. 多次交易关系情况

多次交易关系是指与谈判对手已有过交往，并有长期合作关系。这种情况既有有利之处，也有不利之处：有利体现在心中有底；不利体现在透明度高，弱点无处藏身。多次交易关系情况要注意以下几点。

（1）扬长避短

"知彼知己"不等于"百战百胜"，必须 "扬长避短"，以己之长方可克其之短。此外，在多次交易关系中谈判人员可能交恶甚深，采购方可以调兵遣将，另派合适人选；也可变消极为积极态度，立足"不打不相识"，让采购方与供应商谈判人员重逢时谨记"前车之鉴"，相互"扬长避短"，以取得良好谈判效果。

（2）利用长期合作关系

长期合作关系对于采购方或供应商均有一种无形的影响。长期合作的双方了解彼此企业的具体情况，有相互信任的基础，这极大地降低了双方的交易成本。在谈判中，这一点往往可以换取优惠条件。

3. 谈判对手为慢性格

谈判中的慢性格体现在表现稳健、按部就班。应对慢性格的谈判对手时，采购人员可采用以下策略：如果供应商谈判人员阐述缓慢、内容冗长，采购方应以听懂、理解其本意为准，耐心聆听，届时可礼貌地终止其说话。打断后，将其本质内容以温和友好的态度重复一遍，这样做对方一般不会有意见。还可以反客为主，积极拿方案、提建议，使谈判节奏紧凑。

4. 谈判对手为急性格

谈判中的急性格体现在说话简练、准确；处理问题果断，思维敏捷；在谈判交锋中，反应迅速，进攻能力强。应对急性格的谈判对手时，可采用以下策略：应充分借其 "快"为自己希望的结果服务。如果缺乏业务经验的急性格谈判手急躁之间出现忘分寸、忘策略的失误时，采购人员应尽量抓住，以争取利益。

5. 谈判对手为温善性格

温善性格的谈判对手在谈判桌上显得幼稚、进取乏力。他们往往经不住对手"斩钉截铁"的谎言与"愁眉苦脸"表演的攻击，容易轻信对手，守不住自己的阵地。应对温善性格的谈判对手时，可采用以下策略：首先要把自己装扮成同样温善的人，有效解除对方武装，使其放松警惕，充分利用对方的善良获取同情，使其让步。让步内容应由小到大，如果急于一步到位，有可能过早暴露采购方谈判用心，适得其反。

6. 谈判对手为泼辣性格

这类谈判手性格外露，工作大胆，敢于争辩，在谈判中有一定的战斗性、积极性，但控制不住也会有一定问题：语言尖刻，不给人面子，也不给自己留有余地，不预测谈判的实际效果，具有破坏的消极一面。应对泼辣性格的谈判对手时，可采用以下策略：冷静沉着，以静制动，以逸待劳。做到不惧不恼，专注其实质观点，尤其是于己方有利之点，一旦发现，要及时抓住；对于不同意的部分，可以理睬，也可以不理睬，等待对方主动要求采购方发表意见。在应邀发表意见时，应稳重、条理清晰、简明扼要地表明观点与依据，这种方式往往会在思想深度、学识表现与个人修养方面产生反差，同时在观点和立场的表述上更深入，产生更大的效力。

采购谈判既是一门科学，又是一门艺术。掌握谈判的基本知识和一些常用策略技巧，能使谈判者有效驾驭谈判的全过程，为己方赢得最大的利益。因此，掌握采购谈判技巧是采购人员的重要技能。

思政小课堂

采购人员应具备团队协作的合作意识

谈判的成功离不开团队的力量。谈判工作需要精通技术、商务、法律等方面技能的专业人员，外贸交易还需要语言方面的专家，因此有时需要其他部门员工的协助。

因此，要达到谈判工作的目标，需要共同协作、沟通交流、优势互补、强强联合、及时总结，激发团队合作的最大效益。采购人员更要提高思想认识，保持强烈的敬业精神和高度的责任感，践行"团队精神、共同协作"。

项目思考

一、单选题

1. 供应商负责按通常条件租船订舱并支付到达目的港的运费，在合同规定的装运港和装运期限内将货物装上船并负责办理货物运输保险，支付保险费。对应的国际贸易价格术语为（　　）。

    A．FOB　　　　　B．C&F　　　　　C．CIF　　　　　　D．FCA

2. 采购人员在谈判前，可以搜集供应商的情报有（　　）。

    A．资信情况　　　　　　　　　B．供应商的谈判作风和特点

    C．供应商的需要　　　　　　　D．以上皆可

3. 如果想在比较熟悉的环境下进行谈判，以逸待劳，可以选择（　　）谈判地点。

    A．己方所在地　　　　　　　　B．对方所在地

    C．双方之外的第三地　　　　　D．以上都不对

4. 谈判时要留有余地，具体是指（　　）。

    A．说话不可过绝、过满　　　　B．出手的条件不宜过快、过高

    C．处理谈判分歧，不可过激、过软　　　D．以上都是

二、多选题

1. 谈判前，采购方需要掌握的信息有（　　　　）。

   A. 物料的市场信息　　　　　　　　B. 科技信息

   C. 环境信息　　　　　　　　　　　D. 采购方内部需求信息

   E. 供应商的信息

2. 下列选项中，属于采购方的力量，使采购方在谈判中占据优势的有（　　　　）。

   A. 采购数量很大

   B. 所购买的是标准化或没有差异性的物料

   C. 采购方的供应商转换成本低

   D. 采购方有向上整合的潜力

   E. 采购方充分掌握了商情

3. 在对方所在地进行谈判的主要优点包括（　　　　）。

   A. 不必承担接待工作，可以全心全意地投入谈判中

   B. 可以顺便实地考察对方的生产经营状况，取得第一手的资料

   C. 在遇到敏感性问题时，可以推说资料不全而委婉地拒绝答复

   D. 以逸待劳，无须熟悉环境或适应环境这一过程

   E. 可以利用地利之便，通过热心接待对方，关心其谈判期间的生活等问题，
      显示己方的谈判诚意，创造融洽的谈判氛围，促使谈判成功

4. 初次交易谈判时，彼此都比较陌生，因此在谈判中要注意留有余地，这意味
着（　　　　）。

   A. 对待供应商不应过于殷勤，以防变"媚"

   B. 说话不可过绝、过满，以防过火，在某些议题上覆水难收

   C. 出手的条件不宜过快、过高，以防勾起对手更高的欲望，使谈判进入僵局

   D. 处理谈判分歧，不可过激、过软，以防供应商产生误解等

三、判断题

1. 在规定物料质量时，可以用规格、等级、标准、产地、型号和商标、物料说
明书和图样等方式来表达，也可以使用由一方向另一方提供物料实样的方式。（　　　　）

2. 在供应商所在地进行谈判的优点：在遇到敏感性问题时，采购人员可以推说
资料不全而委婉地拒绝答复。（　　　　）

3. 在确定具体的谈判人选时，要尽量选择"全能型的专家"。所谓"全能"，即
通晓技术、经济、法律和语言四个方面的知识。（　　　　）

四、问答题

1. 采购谈判前应做好哪些准备工作？

2. 谈判的程序是怎样的？

3. 报价、讨价还价有哪些技巧？

4. 针对不同脾气的谈判对手，应采取哪些不同策略？

项目五　采购谈判

举一反三

日本航空公司为何贱买麦道客机

日本航空公司决定向美国麦道公司引进 10 架新型麦道客机，指定常务董事任领队，财务经理为主谈，技术部经理为助谈，组成谈判小组去美国与美国麦道公司洽谈购买客机事宜。

日本航空公司的代表飞抵美国稍作休息，麦道公司立即来电，约定明日在公司会议室开谈。第二天，3 位日本航空公司的谈判代表仿佛还未消除旅途的疲劳，行动迟缓地走进会议室，只见美国麦道公司的一群谈判代表已经端坐一边。谈判开始，日本航空公司的谈判代表慢吞吞地啜着咖啡，还在缓解时差的不适。美国麦道公司的谈判代表开门见山地重申双方购销意向之后，迅速把谈判转入主题。

从早上 9 时到中午 11 时 30 分，3 架放映机相继打开，字幕、图表、数据、图案、辅助资料和航行画面应有尽有，美国麦道公司的谈判代表认为日本航空公司的谈判代表会不由自主地相信麦道客机的性能和定价都是无可挑剔的。孰料日本航空公司的谈判代表自始至终默默地坐着，一语不发。美国麦道公司的领队大惑不解地问："你们难道不明白？你们不明白什么？"日本航空公司的领队笑了笑，回答："这一切。"

美国麦道公司的主谈急切地追问："这一切是什么意思？请具体说明你们从什么时候开始不明白的？"

日本航空公司的助谈歉意地说："对不起，从拉上窗帘的那一刻开始。"日本航空公司的主谈随之咧咧嘴，用连连点头来赞许同伴的说法。

麦道公司的领队泄气地倚在门边，松了松领带道："那么，你们希望我们再做些什么呢？"日本航空公司的谈判代表领队歉意地笑笑说："你们可以重放一次吗？"别无选择，只得照办。但麦道公司谈判代表重复那两个小时的介绍时，已经失去了最初的热忱和信心。是日本航空公司的谈判代表开了美国麦道的谈判代表的玩笑吗？不是，他们只是不想在谈判开始阶段就表明自己的理解力，不想用买方一上来就合作使卖方产生误解，以为买方在迎合、讨好对方。谈判风格素来以具体、干脆、明确而著称的美国麦道公司的谈判代表，哪里会想到日本航空公司的谈判代表有这一层心思呢？更不知道自己在谈判伊始已输一盘了。

谈判进入交锋阶段，日本航空公司的谈判代表忽然显得听觉不敏，反应迟钝，显得很难甚至无法明了麦道公司的谈判代表在说些什么，这让麦道公司的谈判代表十分恼火，觉得自己在跟愚笨的人谈判，早已准备好的论点、论据和推理根本没用，精心选择的说服策略也无用武之地。连日来，麦道公司的谈判代表已被搅得烦躁不安，只想尽快结束这种与日本航空公司的谈判代表打交道的灾难，于是直截了当地把球踢向对方："我们的飞机性能是最佳的，报价也是合情合理的，你们有什么异议吗？"

此时日本航空公司谈判代表似乎由于紧张，忽然出现了语言障碍，他结结巴巴地说："第——第——第——""请慢慢说。"麦道公司的谈判代表虽然嘴上是这么劝着，心中却觉得又恨又痒。"第——第——第——""是第一点吗？"麦道公司的谈判代表忍不住问。日本航空公司的谈判代表点头称是。"好吧，第一点是什么？"麦道公司的谈判代表急切地问。"价——价——价——""是价格吗？"麦道公司的谈判代表又问。日本航空公司的谈判代表又点了点头。"好，这点可以商量。第二点是什么？"麦道公司的谈判代表焦急地问："性——性——性——""你是说性能吗？只要日航方面提出书面改进要求，我们一定满足。"麦道公司的谈判代表脱口而出。

至此，日本航空公司一方说了什么呢？什么也没有说。麦道一方做了什么呢？在帮助日方跟自己交锋。他们先是帮日本航空公司把想说而没有说出来的话解释清楚，接着未问出对方后面的话，就不假思索地匆忙做出许诺，结果把谈判的主动权拱手交给对方。

麦道轻率地许诺让步，日本航空公司就想进一步获得更大利益。这是一笔价值数亿美元的大宗贸易，还价应按国际惯例取适当幅度，日本航空公司的谈判代表却故意装作全然不知，一开口就要求削价20%。麦道公司的谈判代表听了不禁大吃一惊，再看看对方是认真的，不像是开玩笑，心想既然已经许诺让价，为表示诚意就爽快地让吧，于是便说："我们可以削价5%。"

双方差距甚大，都竭力为自己的报价陈说大堆理由。第一轮交锋在激烈的交谈中结束。经过短暂的沉默，日本航空公司的谈判代表第二次报价：削减18%，麦道公司还价是6%，于是又唇枪舌战，辩驳对方，尽管口干舌燥，可谁也没有说服谁。麦道公司的谈判代表此刻对成交已不抱太大希望，开始失去耐心，提出休会："我们双方在价格上距离很大，有必要为成交寻找新的方法，你们如果同意，两天后双方再谈一次。"

休会原是谈判陷入僵局时采取的一种正常策略，但麦道公司注入"最后通牒"的意味，即"价钱太低，宁可不卖"。日本航空公司的谈判代表这时不得不慎重地权衡得失：价钱还可以争取削低一点，但不能削得太多，否则将触怒美国麦道公司的谈判代表，那不仅丧失主动权，而且连到手的6%让价也捞不到。倘若空着两手回日本怎么向公司交代呢？他们决定适可而止。

重新开始谈判，日本航空公司的谈判代表一下子降了6%，要求削价12%；麦道公司增加1%，只同意削价7%，谈判又形成僵局。沉默，长时间的沉默。美国麦道公司的谈判代表终止交易，开始收拾文件。恰在这时，口吃了几天的那位日本航空公司的谈判代表突然消除了语言障碍，十分流利地说道："你们对新型麦道客机的介绍和推销使我们难以抵抗，如果同意降价8%，我们现在就起草购买11架飞机的合同。"（这增加的一架几乎是削价得来的。）说完他笑吟吟地起身，把手伸给麦道公司的主谈。"同意！"麦道公司的谈判代表们也笑了，起身和三位日本绅士握手："祝贺你们，用最低

采购管理与精益化（慕课版）

的价钱买到了世界上最先进的飞机。"的确，日本航空公司的谈判代表把麦道客机压到了前所未有的低价位。

根据案例回答以下问题。

1．试分析以上案例中谈判双方成功的经验和失败的教训分别是什么？

2．从以上案例总结谈判中买方采取的策略有哪些？制胜的关键因素是什么？

3．请对上述案例进行总结，写出你的感想。

 项目实施总结 ●●●●

采购谈判是一项重要的采购活动，有利于签订一份对买卖双方都有利的合同。对采购方来说，掌握采购谈判技术，加强谈判实力，有利于企业在谈判中取得优势，处于主动地位，维护自身利益，促进采购的成功。图 5-1 所示为采购谈判项目总结，开设本项目的目的是让读者熟悉采购业务谈判的基本程序，初步掌握采购谈判的策略，能熟练应用谈判的技巧。

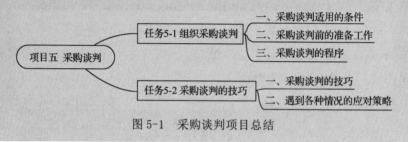

图 5-1　采购谈判项目总结

118

项目六
采购合同的编制与管理

项目描述与分析

在整个采购流程中，最重要的采购文件之一就是采购合同。如何制定条款细则，与供应商签订一份能够保护双方权益、有法律效力的合同呢？

本项目将介绍采购合同的内容，采购合同的形式，采购合同签订管理、采购合同履行管理、采购合同变更管理，以及精益采购合同的签订方式——框架协议。

注：本项目研究的是"供应商转移标的物的所有权于采购方，采购方支付价款的合同"。规范的说法为"买卖合同"，但站在采购方角度，本书统一称为"采购合同"。

项目知识点

掌握采购合同中各条款的相关知识。

掌握《中华人民共和国民法典》的相关知识。

项目技能点

能编制一份条款完整、公平合理的采购合同。

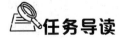

任务 6-1 采购合同的编制

任务导读

通用自行车厂已选择中天自行车配件厂为供应商。通用自行车厂的采购人员应该如何编制一份能保障公司权益的合同呢？合同要涉及哪些方面的内容呢？采购具体内容如表 6-1 所示。

表 6-1　通用自行车厂采购具体内容

货物	总价	交货	要求
• 钢管 10 000 米 • 轮圈 5 000 个 • 辐条 2 400 000 根	合同总价：545 000 元	供应商送货上门：至常州通用自行车厂原材料库房	• 保障采购方权益 • 规避可能出现的风险

本任务将介绍采购合同的内容和采购合同的形式。

任务实施

采购合同区别于其他合同，它是转移标的物所有权或经营权的合同。采购合同的基本内容是供应商向采购方转移合同标的物的所有权或经营权，采购方向供应商支付相应货款，因此它必然导致标的物所有权或经营权的转移。合同应包括的条款：当事人的名称或姓名和住所，标的物，数量，质量，价款或报酬，履行期限、地点和方式，违约责任，解决争议的方法等。其中必须仔细编制的实质性条款：标的物（名称、数量等），价款，付款方式，质量，履行期限、地点和方式（交付货物的时间、地点及运输方式），违约等。

一、采购合同的内容

采购方和供应商双方应按《中华人民共和国民法典》（以下简称《民法典》）的要求，逐条订立采购合同的各项必备条款，条款应具体，内容应详细完整。一份采购合同主要由首部、正文与尾部三部分组成。

1. 首部

采购合同的首部主要包括以下内容。

① 名称，如"生产用原材料采购合同""品质协议书""设备采购合同""知识产权协议"等。

② 编号，如"2000 年第 1 号"。

③ 签订日期。

④ 签订地点。

⑤ 买卖双方，甲方（即采购方）及乙方（即供应商）的名称。

⑥ 合同序言，如"依照《民法典》，根据通用自行车厂自行车零配件、项目（项目编号 SMTCLBZ 2008023）的招标文件和乙方投标文件及《中标通知书》，甲乙双方就本项目标的物采购事项签订本合同，以资信守。"

2. 正文

合同的正文主要包括以下内容。

（1）主要条款

① 标的物条款。

一般包括标的物的名称、规格型号、数量等。标的物表述的具体方法如表 6-2 所示。

表 6-2　标的物表述的具体方法

表述	具体方法
名称	指所要采购物料的全球或全国通用名称
规格型号	物料可以使用产品规格说明书表达，购买服务可用工作说明书表达。表达要清晰准确。例如产品规格说明书要准确反映物料品质的主要指标，如化学成分、含量、纯度、性能、容量、长短、粗细等
数量	指用一定的度量制度来确定买卖商品的重量、个数、长度、面积、容积等。该条款的主要内容有交货数量、单位、计量方式等，必要时还应该清楚地说明误差范围等

注意事项

标的物条款的注意事项

编制该条款时，商品名称不要采用自取简称或者口语化名称。

② 价款条款。

单价是指交易物料每一计量单位的货币数值。该条款的主要内容包括每一计量单位的价格金额、总价款、货币类型、国际贸易价格术语（如 FOB、CIF、CPT 等）、物料的定价方式（固定价格、变动价格）等。

注意事项

价格条款的注意事项

价格往往包含单价与总价。应标明单价，以规避供应商"部分履行"时的风险。

应分清出厂价/送达价、含税价/不含税价。如依据实际情况，该条款可明确说明：合同总价中，已经包含了购买物料和相关服务所需缴纳的所有费用。其中包括：物料的全部价款，税费，物料发运到指定地点所需的一切费用，包括包装、运输、装卸费用等，技术、指导、咨询、检测、保险、售后服务等有关费用。甲方将不再向乙方支付本合同规定之外的任何费用，以避免日后争议。

③ 付款方式条款。

付款方式指采用一定的手段，在指定的时间、地点、使用确定的方式方法支付货款。付款条款的主要内容有支付手段、付款方式、支付时间、支付地点。在国际贸易中，付款

方式的确定要特别注意。

注意事项

付款方式条款的注意事项

在谈判阶段，争取避免过早支付货款，可在物料到达、验收、生产耗用完毕等几个阶段分次支付。

注意区分"自然日""工作日"。

④ 质量条款。

质量条款包括质量标准条款、质量验收条款和质量异议期条款。

质量标准条款包括物料的内在质量与外观形态。内在质量指物料的机械性能、化学成分、物理性能、生物特征等自然属性；物料的外观形态指物料的款式、结构、色泽、造型等。该条款可以使用实物方式（样品）、描述性方式（标准、说明书）等进行定义物料品质并以此作为交货依据。质量的几种说明方法如表 6-3 所示。

表 6-3　质量的几种说明方法

质量说明方法	具体分类	具体说明
样品	卖方样品	供应商提供的样品
	买方样品	采购方提供的样品
	对等样品	由采购方提供，经供应商加工仿制之后，再经采购方确认的样品叫"对等样品"，又叫"回样"或"确认样品"
	参考样品	买卖双方为了发展贸易关系和增进彼此对对方物料的了解，往往采用互相寄送样品的做法，这种以介绍物料为目的而寄出的、标明"仅供参考"字样的样品称为"参考样品"
标准	国际标准、国家标准等	指将物料的规格和等级予以标准化。例如 ISO 9000 系列标准是国际标准化组织为适应国际贸易发展的需要而制定的品质管理和品质保证标准
说明书	图样、照片、设计图、图纸、分析表或性能数据等	用来说明物料的具体性能、结构等特点。常以附件形式附录于合同

质量验收条款中要拟定清楚验收标准依据、验收期限、地点方法、承担责任等。如需委托第三方检验机构检验的，需要明确指定检验机构或检验机构的级别、检验费用的承担方，以避免因对检验机构的选择有争议而影响对标的质量检验结果的最终确认。

质量异议期条款。有时采购方难以在刚收到物料时就发现标的的隐蔽性瑕疵，设置该条款的目的在于给采购方一个合理的时间周期。《民法典》对于标的物全面检验、外观瑕疵提出异议的期限有具体而明确的说明。

《民法典》关于质量保证期的规定

第六百二十一条 当事人约定检验期限的，买受人应当在检验期限内将标的物的数量或者质量不符合约定的情形通知出卖人。买受人怠于通知的，视为标的物的数量或者质量符合约定。

当事人没有约定检验期限的，买受人应当在发现或者应当发现标的物的数量或者质量不符合约定的合理期限内通知出卖人。买受人在合理期限内未通知或者自收到标的物之日起二年内未通知出卖人的，视为标的物的数量或者质量符合约定；但是，对标的物有质量保证期的，适用质量保证期，不适用该二年的规定。

出卖人知道或者应当知道提供的标的物不符合约定的，买受人不受前两款规定的通知时间的限制。

第六百二十二条 当事人约定的检验期限过短，根据标的物的性质和交易习惯，买受人在检验期限内难以完成全面检验的，该期限仅视为买受人对标的物的外观瑕疵提出异议的期限。

约定的检验期限或者质量保证期短于法律、行政法规规定期限的，应当以法律、行政法规规定的期限为准。

第六百二十三条 当事人对检验期限未作约定，买受人签收的送货单、确认单等载明标的物数量、型号、规格的，推定买受人已经对数量和外观瑕疵进行检验，但是有相关证据足以推翻的除外。

⑤ 交付条款。

到货期限。到货期限是指约定的到货最晚时间，要以不延误企业生产为标准。

到货地点。到货地点是物料到达的目的地。到货地点的确定并不一定总是以企业的生产所在地为标准，有时为了节约运输费用，在不影响企业生产的前提下，也可以选择交通便利的港口等。

注意事项

交付条款的注意事项

要说明"送货上门"上的是哪个门？仓库门还是工厂大门？由哪方卸货等，这些都需要说明清楚。

仍然要注意区分"自然日""工作日"。

⑥ 违约条款。

要注意两点：一是需要把不同的违约风险都揭示出来，主要包括：未按合同约定的时间、金额支付价款，逾期交付、提取标的物，未按约定的方式、地点、数量、质量等履行合同，未按合同尽到通知、保密、协助等附随义务；二是要约定好违约金的数额或计算方法。

项目六 采购合同的编制与管理

注意事项

违约条款的注意事项

违约金应约定数额或计算方式。具体的违约赔偿的认定、适用条件等可参考任务 6-2 中"合同纠纷的处理"。

💡 **小贴士**

《民法典》关于违约金计算的规定

第五百八十五条　当事人可以约定一方违约时应当根据违约情况向对方支付一定数额的违约金，也可以约定因违约产生的损失赔偿额的计算方法。

约定的违约金低于造成的损失的，人民法院或者仲裁机构可以根据当事人的请求予以增加；约定的违约金过分高于造成的损失的，人民法院或者仲裁机构可以根据当事人的请求予以适当减少。

当事人就迟延履行约定违约金的，违约方支付违约金后，还应当履行债务。

⑦ 包装条款。

包装是为了有效保护物料在运输存放过程中的质量和数量，并有利于分拣和环保而把物料装进适当容器的操作。该条款的主要内容有包装标志、包装方法、包装材料要求、包装容量、质量要求、环保要求等。

⑧ 保险条款。

保险是企业向保险公司投保，并交纳保险费；物料在运输过程中受到损失时，保险公司向企业提供经济上的补偿。该条款的主要内容包括确定保险类别及其保险金额，指明投保人并支付保险费。在国际贸易中，根据国际惯例，凡是按照 CIF 和 CIP 条件成交的出口物料，一般由供应商投保；按照 FOB 和 CPT 条件成交的进口物料，由采购方办理保险。

⑨ 不可抗力条款。

不可抗力是指在合同执行过程中发生的、不能预见的、人力难以控制的意外事故，如洪水、台风、地震等，致使合同执行被迫中断。遭遇不可抗力的一方可因此免除合同责任。不可抗力条款的主要内容包括不可抗力的含义、适用范围、法律后果、双方的权利和义务等。

（2）其他条款

采购方和供应商认为合同应该约定的其他事项。

3. 尾部

合同的尾部包括以下几个方面。

① 合同的份数。

② 使用语言及效力。

③ 附件。

④ 合同的生效日期。

⑤ 双方的签字盖章。

➤➤➤ 二、采购合同的形式

1. 口头合同形式

口头合同形式指合同双方当事人是通过语言进行意思表示，而不是用文字等书面表达合同内容而订立合同的形式。《民法典》在合同形式的规定方面，放宽了对当事人的要求，承认多种合同形式的合法性，将选择合同形式的权利交给当事人，对当事人自愿选择口头形式订立采购合同的行为予以保护，体现了合同形式自由的原则。

采用口头形式订立采购合同的优点：当事人建立合同关系简便、迅速，缔约成本低。但这类合同发生纠纷时，当事人举证困难，不易分清责任。因此，《民法典》规定：民事法律行为可以采用书面形式、口头形式或者其他形式；法律、行政法规规定或者当事人约定采用特定形式的，应当采用特定形式。法律、行政法规规定采用书面形式的合同，必须采用书面形式。这是法律从交易安全和易于举证的角度进行的考虑，对一些重要合同要求当事人必须签订书面合同。

2. 书面合同形式

简单地说，书面合同形式是以文字为表现形式的合同形式。

💡 小贴士

《民法典》关于书面形式的定义的规定

第四百六十九条　当事人订立合同，可以采用书面形式、口头形式或者其他形式。书面形式是合同书、信件、电报、电传、传真等可以有形地表现所载内容的形式。

以电子数据交换、电子邮件等方式能够有形地表现所载内容，并可以随时调取查用的数据电文，视为书面形式。

"有形地表现所载内容"是相对于口头形式而言的，口头合同只有当事人内心知道合同内容，如果本人不告知，外界无法知道合同内容；而书面合同则不同，人们只要看到书面载体，就会了解合同的内容。

书面合同的优点：有据可查、权利义务记载清楚，便于履行，发生纠纷时容易举证和分清责任。书面合同是企业采购实践中采用最广泛的一种合同形式。

3. 其他合同形式

其他合同形式是指除口头合同形式与书面合同形式以外的其他形式的合同，主要包括默示形式和推定形式。

任务 6-2 采购合同的管理

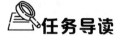

任务导读

在与合同管理相关的过程中，有可能产生以下风险。

1. 合同签订的风险

① 供应商不具备相应的资信或能力。

② 供应商仅为法人的职能部门、未办理营业执照的分支机构，无履约资格。

2. 合同履行的风险

① 供应商逾期不交货等违约情况。

② 合同纠纷的情况。

3. 合同变更的风险

合同变更未采用书面程序，造成采购方损失。

本任务将介绍在合同的签订、履行、变更过程中如何规避以上风险，做好采购合同的管理工作，以及精益采购合同的签订方式——框架协议。

任务实施

采购合同的订立，是采购方和供应商双方当事人在平等自愿的基础上，就合同的主要条款经过协商取得一致意见，最终建立起物料采购合同关系的法律行为。由于企业的采购金额大，采购人员需要小心处理。在合同签订前要进行详尽的准备工作，在采购合同签订后，还要进行合同履行的管理，避免出现纠纷。当纠纷出现时，要能采用合理的途径进行解决。如果遇到合同变更的情况，要采取恰当的程序和形式，以规避风险。

▶▶▶ 一、采购合同签订管理

采购合同依法订立后，双方必须严格执行。因此，采购人员在签订采购合同前，必须审查供应商当事人的合同资格、资信和履约能力。

1. 审查供应商当事人的合同资格

为了避免和减少采购合同执行过程中的纠纷，在正式签订合同之前，采购人员首先应审查供应商当事人作为合同主体的资格。所谓合同资格，是指订立合同的当事人及其经办人，必须具有法定的订立经济合同的权利。审查供应商当事人的合同资格，目的在于确定供应商是否具有合法的签约能力，这一点直接关系到所签订的合同是否具有法律效力。

（1）法人资格审查

认真审查供应商当事人是否属于经国家规定的审批程序成立的法人组织。法人是指拥有独立的必要财产、有一定的经营场所、依法成立并能独立承担民事责任的组织机构。判断一个组织是否具有法人资格的标志，主要看其是否持有市场监督管理部门颁发的营业执照。经工商登记的国营企业、集体企业、私营企业、各种经济联合体、实行独立核算的国家机关、事业单位和社会团体，都具有法人资格，都可以成为合法的签约对象。

在审查供应商当事人法人资格时应注意：没有取得法人资格的社会组织及已被取消法人资格的企业或组织，无权签订采购合同。特别警惕一些没有依法办理工商登记手续或未经批准的所谓"公司"，它们或私刻公章，冒充法人，或假借他人名义订立合同，旨在骗取采购方的贷款或定金；同时，要注意识别那些没有设备、技术、资金和组织机构的企业，它们虽签订供货合同并收取货款或定金，但根本不具备供货能力。因此，采购人员要加强供应商资格考察。

（2）法人能力审查

审查供应商的经营活动是否超出营业执照批准的范围。超越业务范围以外的经济合同，属无效合同。

法人能力审查还包括对签约的具体经办人的审查。采购合同必须由法人的法定代表人授权证明的承办人签订。法人的法定代表人就是法人的主要负责人，如厂长、经理等。他们对外代表法人签订合同。法人代表也可授权业务人员，如推销员、采购员作为承办人，以法人的名义订立采购合同。承办人必须有正式授权证明书，方可对外签订采购合同。法人的法定代表人在签订采购合同时，应出示身份证明、营业执照或副本；法人委托的经办人在签订采购合同时，应出示本人的身份证明、法人委托书、营业执照或副本。

2. 审查供应商当事人的资信和履约能力

资信，即资金和信用。审查供应商当事人的资信情况，了解供应商当事人对采购合同的履行能力，对于在采购合同中确定权利义务条款，具有非常重要的作用。

（1）资信审查

具有固定的生产经营场所、生产设备和与生产经营规模相适应的资金，特别是拥有一定比例的自有资金，是一个法人对外签订采购合同起码的物质基础。在准备签订采购合同时，采购人员除了要向供应商当事人提供自己的资信情况说明，还要认真审查供应商的资信情况，从而建立相互信任的关系。

（2）履约能力审查

履约能力是指当事人除资信以外的技术和生产能力、物料与能源供应、工艺流程、加工能力、产成品质量、信誉高低等方面的综合情况。总之，就是要了解对方是否有履行采购合同所必需的人力、物力、财力和信誉保证。

如果经审查发现供应商资金短缺、技术落后、加工能力不足，无履约供货能力，或信誉不佳，都不能与其签订采购合同。只有在对供应商的履约能力充分了解的基础上签订采购合同，才能有可靠的供货保障。

审查供应商的资信和履约能力的方法主要有以下几种：通过供应商的开户银行，了解其债权债务情况和资金情况；通过供应商的主管部门，了解其生产经营情况、资产情况、技术装备情况、产成品质量情况；通过供应商的其他客户，了解其产成品质量、供货情况、维修情况；通过供应商所在地的市场监督管理部门，了解其是否具有法人资格和注册资本、经营范围、核算形式；通过有关的消费者协会和法院、仲裁机构，了解供应商的产成品是否经常遭到消费者投诉，是否曾经牵涉诉讼。

对于大批量的性能复杂、质量要求高的物料或巨额的机器设备的采购，在上述审查的基础上，还可以由采购人员、技术人员、财务人员组成考察小组，到供应商的经营加工场所进行实地考察，以确保供应商的资信和履约能力。采购人员在日常工作中，应当注意搜集有关企业的履约情况和有关商情，作为以后签订合同的参考依据。

在订立合同时，根据是否合同主体适格、当事人的意思不存在瑕疵、内容合理合法，合同有可能是有效的合同、效力待定的采购合同、无效的合同、可撤销的合同。

🔧 小贴士

《民法典》关于民事法律行为的有效条件的规定

第一百四十三条　具备下列条件的民事法律行为有效：

（一）行为人具有相应的民事行为能力；

（二）意思表示真实；

（三）不违反法律、行政法规的强制性规定，不违背公序良俗。

📌 案例

案例一：一男童（9岁）在手机专卖店购买了一部 iPhone X。该采购合同是否有效？

案例二：一男童（9岁）在水果店购买了一个苹果。该采购合同是否有效？

案例三：张某（名片头衔为"ZT 公司销售经理"）因违纪被公司开除。一天，张某持样品及加盖公章的空白合同到老客户 A 公司推销，A 公司对样品与价格满意，与其签订采购合同。A 公司知道张某已被开除，但认为该合同值得合作，便按照常规流程询问 ZT 集团公司是否能履行合同等事宜。ZT 集团公司总经理认为有利可图，便同意交货。后来，ZT 公司未能履行合同，A 公司要求 ZT 公司承担违约责任。而 ZT 公司则以张某无代理权为由，拒绝承担违约责任。ZT 公司是否应当承担违约责任？

案例四：张某是甲商贸公司员工，曾长期代表甲商贸公司充当采购人员与乙家电生产厂进行购销家电活动。2016 年 3 月，张某因严重违反公司的规章制度被甲商贸公司开除。但是，甲商贸公司并未收回给张某开出的仍在有效期内的授权委托书。张某遂凭此授权委托书以甲商贸公司的名义，与甲商贸公司的长期合作伙伴乙家电生产厂签订了 10 万元的家电购买合同，并约定在交货后一个月内付款。乙家电生产厂在与张某签订合同时，并不知张某已被开除。乙家电生产厂向张某交货一个月后，张某仍未付款，也不知其下落。于是，乙家电生产厂要求甲商贸公司支付 10 万元货款，甲商贸公司以张某已被开除与其无关为由拒绝支付，双方发生争执。该采购合同是否生效？

案例五：A 企业与某车主签订了一份二手汽车转让协议。车主并未告知 A 企业此车之前是做出租车使用的。该采购合同是否有效？

案例六：某企业与出卖人在进行房屋交易时，签订了两份房屋买卖合同，一份用于房地产管理部门备案，约定的交易价格较低；另一份系双方实际履行的合同，约定的交易价格较高，以此达到少缴有关税款的目的。该采购合同是有效合同吗？

合同效力的四种情况如表 6-4 所示。

表 6-4　合同效力的四种情况

有效的采购合同	效力待定的采购合同
（1）行为人具有相应的民事行为能力； （2）意思表示真实； （3）不违反法律、行政法规的强制性规定，不违背公序良俗	（1）限制民事行为能力人订立的采购合同； （2）行为人没有代理权、超越代理权或者代理权终止后，仍然实施代理行为所订立的采购合同
无效的合同	**可撤销的合同**
（1）无民事行为能力人订立的采购合同； （2）违反法律、行政法规的强制性规定订立的采购合同（该强制性规定不导致该采购合同无效的除外）； （3）违背公序良俗订立的采购合同； （4）行为人与相对人恶意串通，损害他人合法权益订立的采购合同	（1）基于重大误解订立的采购合同； （2）一方以欺诈手段，使对方在违背真实意思的情况下订立的采购合同，受欺诈方有权请求人民法院或者仲裁机构予以撤销； （3）一方或者第三人以胁迫手段，使对方在违背真实意思的情况下订立的采购合同，受胁迫方有权请求人民法院或者仲裁机构予以撤销； （4）一方利用对方处于危困状态、缺乏判断能力等情形，致使订立的采购合同显失公平的，受损害方有权请求人民法院或者仲裁机构予以撤销。

案例一至案例四需要研究当事人是否符合法律要求的资格，是否有相应的民事行为能力。

案例一与案例二中，判断当事人的年龄、智力、精神状况，9 岁的男童有购买苹果的民事行为能力，但没有购买 iPhone X 的民事行为能力，因此案例二中的男童所订立的采购合同属于有效的采购合同。而案例一中的男童所签订的采购合同也不是无效的，限制民事行为能力人订立的合同是效力待定的采购合同，经法定代理人（本案例中为监护人）追认后，合同有效。

案例三中，代理权已终止的张某签订的采购合同也属效力待定的采购合同，该合同经

ZT集团公司总经理确认后，原来的效力待定的采购合同已转化为有效的采购合同，因此，ZT集团公司应当承担违约责任。

比较难理解的是案例四，这种情况属于表见代理。表见代理，是指虽然行为人事实上无代理权，但相对人有理由认为行为人有代理权而与其进行法律行为，其行为的法律后果由被代理人承担的代理。表见代理从广义上看是无权代理，但是为了保护善意第三人的信赖利益与交易的安全，法律强制被代理人承担其法律后果。

 小贴士

《民法典》关于表见代理的规定

第一百七十二条　行为人没有代理权、超越代理权或者代理权终止后，仍然实施代理行为，相对人有理由相信行为人有代理权的，代理行为有效。

因此，分析该案例，表见代理对很多企业，无论买方还是卖方都有重大的风险，应尽量避免以下几种情况。

① 企业要妥善保管企业的公章、合同专用章、盖章的授权委托书或业务介绍信、空白购销合同。

② 知晓他人以本企业名义从事经济活动，要及时做出否认表示。

③ 员工的购销代理权消灭后，应及时收回其授权委托书，并及时通知第三人。

案例五中A企业如果能举证车主并未告知此车之前是做出租车使用的，属于对车辆使用情况有重大误解，属于可撤销的合同。

如果出现此类情况，企业要注意行使撤销权的有效期限。

小贴士

《民法典》关于撤销权消灭的规定

第一百五十二条　有下列情形之一的，撤销权消灭：

（一）当事人自知道或者应当知道撤销事由之日起一年内、重大误解的当事人自知道或者应当知道撤销事由之日起九十日内没有行使撤销权；

（二）当事人受胁迫，自胁迫行为终止之日起一年内没有行使撤销权；

（三）当事人知道撤销事由后明确表示或者以自己的行为表明放弃撤销权。

当事人自民事法律行为发生之日起五年内没有行使撤销权的，撤销权消灭。

案例六的合同在形式上是合法的，但其"少缴税款"的缔约目的是非法的。房产交易中的这种"阴阳合同"现象，严重扰乱了正常的税收征管秩序，破坏了依法、公平纳税的税收政策，损害了广大纳税人和国家的利益，违反了法律、行政法规的强制性规定。该合同属于无效的合同。一经查实，税务部门会对上述房产交易中纳税人少缴的税款予以追缴，并按照税收征管的有关法律规定对行为人进行相应处理。

▶▶▶ 二、采购合同履行管理

当事人双方一旦签订合同，就要依法履行自己的义务，因此要做好采购合同履行管理。

1. 采购合同履行过程的管理

合同执行中遇到问题，要积极磋商，合同履行部门、财务部、法务部等部门要注意保留相关证据。

（1）要留有记录或者证据

支付款项的，应通过银行转账进行支付，在原始凭证上写明款项用途及对应的合同编号等；交付货物的，应索取正式的收货凭证等。

（2）及时发出催告和异议

供应商不及时交货的，采购方要及时发出催告和异议。催告一般用来催促对方按合同履行其义务。同时，催告也是进一步采取某些行动的必备前置程序，如有些情况下解除合同，必须经过催告。而异议一般是在接受对方交付的情况下，发现对方的交付不符合合同约定，如接受对方交付的货物后发现质量不符合合同约定，则应及时向对方提出书面异议。

注意事项

尽量采用书面形式催告和提出异议

在合同履行过程中，建议重要的事项、催告、异议等以书面形式留存，以便有据可查。

（3）及时收集和保存证据

在合同履行过程中，合同各方的往来函件、通知等文书都具有法律效力，如果发生纠纷，也是区分责任的重要证据，合同履行部门负责对合同履行每一环节形成的书面材料进行保存，如果相关材料发至其他部门，应及时转交合同履行部门存档。

在合同履行过程中，采购人员对于己方已经履行事实以及供应商违约的事实应当及时收集证据。对己方的履行情况应及时做好记录并经对方确认。履行采购合同，付款时应由供应商出具收款收据或收条、增值税发票，己方原则上只开具限制性抬头的转账支票，不允许以现金形式支付。

（4）建立信息汇报反馈制度，及时处理异常情况

合同履行中的一些问题，其实很多是法律层面的问题，技术性与专业性较强，合同履行部门应当慎重对待，并及时与法务部沟通和联系，由法务部参与处理上述问题。采购方应当建立信息汇报与反馈的制度和流程，以便及时发现问题，进行处理。

（5）在合同履行过程中，法务部负责监督、检查合同中相应条款的具体履行情况

法务部监督、检查合同的履行情况，一般采取普查和重点检查的方式。检查内容主要包括三方面：一是看合同各方是否按合同约定进度全面履行合同，督促各方严格履约；二是看履行过程中是否存在合同数量、交货期限、付款等方面变更情况，如有变更，应履行变更签约手续，以合同形式明确变更情况；三是看是否存在违约情况，这是监督检查的主要工作。各部门应当积极配合法务部的监督检查合同工作，并指定专人负责该项工作。

2. 合同纠纷的处理

在合同履行过程中，如果遇到合同纠纷问题，应及时积极处理。解决合同纠纷首先要客观评价纠纷的性质，分析纠纷的原因，考虑纠纷的后果和影响。如果是一般原因引起的纠纷，应选择有效途径积极解决。如果涉及合同欺诈，应立即收集资料，尽快进入法律程序，从而降低企业的损失。一旦出现合同纠纷，依据之前内容，一般的处理程序：当事人双方可以通过协商或调解解决。当事人不同意通过协商、调解解决或协商、调解不成的，可以申请仲裁。如无仲裁条款或者仲裁协议无效的，可以向人民法院起诉。

违约责任是违反合同的民事责任的简称，是指合同当事人一方不履行合同义务或履行合同义务不符合合同约定所应承担的民事责任。

为确保采购合同的履行，需要区分清楚"违约金""赔偿金""定金""订金"的区别。

违约金：合同当事人预先设定的或法律直接规定的，在一方不履行合同时给付另一方一定数额的金钱。

赔偿金：当事人一方不履行合同义务或者履行合同义务不符合约定，造成对方损失的，按照法律和合同的规定所应承担的损害赔偿责任对应的金额。

定金：合同当事人为了确保合同的履行，由一方当事人按合同标的额的一定比例向对方预先给付的金钱，它不是一种单纯的合同责任形式，而是兼具担保性质。

订金：法律条文中并无"订金"的表述，因此没有法律约束力，在编制合同时一定要注意。

《民法典》关于"损失赔偿额""定金"的规定

第五百八十三条　当事人一方不履行合同义务或者履行合同义务不符合约定的，在履行义务或者采取补救措施后，对方还有其他损失的，应当赔偿损失。

第五百八十四条　当事人一方不履行合同义务或者履行合同义务不符合约定，造成对方损失的，损失赔偿额应当相当于因违约所造成的损失，包括合同履行后可以获得的利益；但是，不得超过违约一方订立合同时预见到或者应当预见到的因违约可能造成的损失。

第五百八十六条　当事人可以约定一方向对方给付定金作为债权的担保。定金合同自实际交付定金时成立。

定金的数额由当事人约定；但是，不得超过主合同标的额的百分之二十，超过部分不产生定金的效力。实际交付的定金数额多于或者少于约定数额的，视为变更约定的定金数额。

第五百八十七条　债务人履行债务的，定金应当抵作价款或者收回。给付定金的一方不履行债务或者履行债务不符合约定，致使不能实现合同目的的，无权请求返还定金；收受定金的一方不履行债务或者履行债务不符合约定，致使不能实现合同目的的，应当双倍返还定金。

可以看出，定金责任是一种惩罚性规定，目的在于督促双方当事人积极履行合同的义务。

违约金、定金、赔偿金三者的适用关系包括以下几个方面。

第一，违约金与定金的适用关系，两者是选择关系，原则上不可并用。

由于我国的定金在性质上属违约定金，具有预付违约金的性质，因此它与违约金在目的、性质、功能等方面相同，两者是不可并罚的。

小贴士

《民法典》关于"违约金""定金"适用关系的规定

第五百八十八条　当事人既约定违约金，又约定定金的，一方违约时，对方可以选择适用违约金或者定金条款。

定金不足以弥补一方违约造成的损失的，对方可以请求赔偿超过定金数额的损失。

第二，违约金与赔偿金的适用关系，原则上不得并用，但联系密切。

一般来说，合同中约定的违约金应视为对损害赔偿金额的预先确定，因而违约金与约定损害赔偿是不可以并存的。违约金与法定损害赔偿是否并存，牵涉违约责任的适用是否以发生实际损害为要件以及国家对违约金的干预问题。原则上，违约金的运用并不以实际损害发生为前提，不管是否发生了损害，当事人都应支付违约金。《民法典》第五百八十五条规定：约定的违约金低于造成的损失的，人民法院或者仲裁机构可以根据当事人的请求予以增加。据此，虽然违约金的适用不以实际损害发生为要件，但最终违约金金额大小的确定与实际损失额密切相关，法院或仲裁机构对违约金金额的调整是以实际损失额为参照标准的。对违约金和法定损害赔偿的适用关系可以概括为：①原则上不并存；②就高不就低；③优先适用违约金责任条款。

第三，定金与赔偿金的适用关系，可以并用，但不得超过价款总额。

定金具有补偿性，定金罚则的适用不以有损害的发生为前提，而赔偿金是以有损害的发生为前提的，没有损失就没有赔偿；定金的作用是担保和一种违约责任，并且法律规定定金主要作为担保方式，而定金作为一种违约责任方式只是定金作为担保方式的一种法律后果的表现形式，因此定金的适用是独立于损害赔偿金的，也就是说，定金和赔偿金是可以并用的。司法实践中也倾向于这种观点，但对定金和赔偿金的合并适用有个限制，即定金与赔偿金的并用不能超过全部货款总值。

案例

思考以下案例，按合同规定，乙方应如何赔偿甲方损失。

原告与被告于 2014 年 2 月 10 日订立了一份购销轴承 2 000 套的合同，合同规定每套价值 400 元，总价款 80 万元，交货期为 2014 年 4 月 30 日。合同规定："如果逾期交货，乙方（被告）应向甲方（原告）支付违约金 5 万元。"

合同订立后，被告由于多方面原因未能按合同约定的期限交货，原告多次催促，被告一直拖延交货。原告为了履行与其他企业签订的购销合同，被迫从市场上以每套 420 元的价格购进 2 000 套相同规格的轴承。

之后，原被告就违约赔偿问题发生争议，原告遂向法院起诉，要求被告支付违约金 5 万元并赔偿损失 4 万元。

该案例的关键在于违约金与赔偿金能否同时适用？如何适用？

应优先适用约定违约金条款，只有在约定的违约金低于或过分高于实际损失的情形下，才予以增加或适当减少。

因此，本案中原告只能根据购销合同中的有关违约金条款的规定，要求被告支付违约金 5 万元，而不能再另行要求被告承担 4 万元的赔偿损失，除非原告的实际损失额高于约定的违约金才能要求司法机关予以增加差额部分。

案例

甲乙双方于 2014 年 2 月 10 日订立了一份购销轴承的合同，合同规定每套价值 400 元，总价款 80 万元，交货期为 2014 年 4 月 30 日。甲方向乙方支付定金 4 万元。合同规定："如果违约，违约方应向对方支付违约金 6 万元。"

合同订立后，被告（乙方）由于多方面原因未能按合同约定的期限交货，原告（甲方）多次催促，被告一直拖延交货。

为最大限度保障自己的权益，原告应如何诉讼？

A. 要求乙方双倍返还定金 8 万元

B. 要求乙方双倍返还定金 8 万元，同时支付违约金 6 万元

C. 要求乙方返还定金 4 万元，同时支付违约金 6 万元

D. 要求乙方支付违约金 6 万元

《民法典》第五百八十八条规定：当事人既约定违约金，又约定定金的，一方违约时，对方可以选择适用违约金或者定金条款。此案例原告（甲方）可以选择比较有利于自己的违约金，因此选项 B 和 C 是错误的，因为违约金和定金不能同时适用。

>>> 三、采购合同变更管理

签订合同之后，合同当事人因为客观条件的变化，可以向对方提出合同变更的请求。合同变更需要向对方发出书面请求，经对方核实同意之后进行变更。双方可以按照合同谈判的程序，磋商合同变更的内容。谈判达成一致后，合同变更内容可作为原合同的补充协议，否则需要通过协商、仲裁或者诉讼的方式解除合同。

↓ 案例

某学校需要采购 8 000 件 T 恤，于是找到服装厂合作，2018 年 2 月 20 日签订了合同。合同内容为：按照样品的质量和规格供货红、蓝、粉、黄四色 T 恤各 2 000 件，每件单价80 元，总货款 64 万元，交货期为 2018 年 8 月 30 日；学校签订合同后预付货款的 20%，即 12.8 万元；剩余货款待货物收到并验收合格 10 日内付清；违约金为货款的万分之五每天。2018 年 3 月 2 日，学校负责采购的张老师给服装厂负责销售的李部长打电话，要求将红色 T 恤减少 200 件，再增加 200 件蓝色 T 恤。当时李部长不在，接电话的人粗心大意忘记转告。等到 8 月底交货时，学校发现 T 恤颜色的变更并未实现，而李部长并不知情，接电话的人也矢口否认。因此，学校以服装厂违约为由拒付货款。服装厂多次讨要遭拒，只得诉讼，要求该学校承担违约责任，支付剩余货款及违约金。

经审理，法院认为该学校的合同变更没有和服装厂当事人协商，没有签署相关协议，因此无效。判决结果为：该学校需要支付服装厂剩余的 51.2 万元货款并支付利息，同时交纳合同约定的违约金。

从该案例中可以看到，合同变更如果仅采用口头形式，一旦有纠纷就缺乏有效证据，最终遭遇败诉。因此，合同当事人在变更合同时，不仅要及时通知对方，还需要与对方协商一致，并签订书面合同的变更协议。

>>> 四、精益采购合同的签订方式——框架协议采购

现代企业的运营管理过程中，采购是为保证企业正常生产、经营等需要而开展的从供应市场获取物料等资源等的一种行为，传统的采购方式一般为"一单一谈、一单一询、一单一签、一单一结"，随着企业制度的完善和企业规模的扩大，这种采购方式存在的缺点和弊端也逐步显露出来，直接带来采购成本日益增高、业务流程冗长等问题，严重影响了采购方的收益和效率。随着企业的不断发展，从自身利益方面来衡量，寻求更为简便、有利、有效的采购方式来保障供应，以解决采购中暴露出现的种种问题迫在眉睫。

框架协议采购就是一种全新的精益采购的操作理念和模式。框架协议采购是指在一定期限内，对生产技术标准统一、采购频次高、规模大、供求市场相对稳定的物料品种，签订具有法律效力的采购协议，确定价格、质量、服务等基本内容，便于之后在采购协议下进行订单操作的一种采购方式。框架协议采购期限内，每笔单个交易的订单生成都是框架

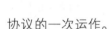
协议的一次运作。

有别于传统的合同签订方式，框架协议采购极大地减少了重复采购的管理成本，提高了供货效率，为多批次小批量的拉动式采购模式建立了前提。可以说，框架协议是精益采购合同的签订方式。

框架协议反映了精益管理的概念，具体包括以下方面。首先，采购方应与供应商建立长期战略合作伙伴关系的供应链管理理念。框架协议的目的是通过有序竞争，整合外部资源，建立相对稳定的供需关系，实现供应链上各企业之间的相互合作，提高竞争力。其次，它体现了集中采购的理念。它是从根本上集合批量的采购形式，是一定时期的集中采购，效率更高，效果更好。再次，框架协议采购使商务性采购变为技术性采购，是采购业务脱胎换骨的过程，可以使物料采购工作从过去简单的"询价比价"，变为研究市场、研究价格、研究需求、管理供应商，具有更强的技术性。最后，它体现了策略采购的理念。采购方通过加强过程控制，实行供应商动态考核，建立奖罚机制，可以与供应商建立起稳定的供求关系，从而充分掌握采购的主动权。

1. 推行框架协议采购的精益化目标

① 规范操作，提高效率。在框架协议采购模式下，业务流程被大大缩短，采购人员和管理人员可以把主要精力放在对需求规律、市场形势、采购策略和过程控制的研究上，切实做到保障供应，降低采购成本。

② 降低采购成本。当采购方与供应商签订框架协议采购后，双方能形成一种稳定的合作关系，因此能大大降低采购成本。

③ 有效控制，科学管理。采购方通过集中招标、联合谈判等方式可减少供应商数量，提高供应商集中度，有利于培育主力供应商群体，建立相对稳定的供需关系，更好地控制供应风险，对供应商进行科学管理，提高采购控管力度，实现采购科学管理，提高供应保障程度。

④ 拒腐防变，廉洁从业。由于框架协议采购模式有相对集中的采购物料渠道和供应商，价格及定价机制比较透明和完善，这样就限制了采购人员的权力，可有效杜绝采购行为中可能出现的腐败问题。

2. 具体做法

框架协议采购合同由框架小组采购项目负责人起草，所有框架协议采购合同都须按照集团一事一授权的审签程序，虽然审签程序比较麻烦，但只需授权一次，其合同的有效期限长达几年。框架协议采购合同签订生效后，凡是由使用部门申请的物料需求计划，只要是在框架协议采购合同范围内，均应依据框架协议形成采购计划直接转由采购部执行，无须上报审批。采购部门收到采购计划后根据框架协议采购签订的单价及其他条款，直接下达采购订单，不用再经历重复询价、比价、谈判、招标的程序，大幅度简化了物料采购的流程，有效缩短了物料采购的周期。

采购人员应具备知法懂法的素质

我国《民法典》合同编一共分为三个分编（通则、典型合同、准合同），共计526条，占民法典条文总数的40%以上，几乎占据《民法典》的半壁江山，在《民法典》中具有举足轻重的地位。合同编是市场经济的基本法，在现代市场经济法治保障中发挥最为基础性的作用，为企业的买卖交易保驾护航。

采购人员应知法懂法，要有证据意识及掌握最新法律法规的学习意识。首先，要保证我方企业遵纪守法；其次，在我方企业遭受不法侵害时，要善于拿起法律的武器，维护我方企业的合法权益。

 项目思考 •••

一、单选题

1. 行为人与相对人恶意串通，损害他人合法权益的采购合同是（   ）。

　　A．有效的采购合同　　　　　　　　B．效力待定的采购合同

　　C．无效的采购合同　　　　　　　　D．以上皆不是

2. 以电子数据交换、电子邮件等方式能够有形地表现所载内容，并可以随时调取查用的数据电文，可视为采购合同的（   ）。

　　A．口头合同形式　　　　　　　　　B．书面合同形式

　　C．默示形式　　　　　　　　　　　D．推定形式

3. 限制民事行为能力人订立的采购合同是（   ）。

　　A．有效的采购合同　　　　　　　　B．效力待定的采购合同

　　C．无效的采购合同　　　　　　　　D．可撤销的采购合同

4. 基于重大误解订立的采购合同是（   ）。

　　A．有效的采购合同　　　　　　　　B．效力待定的采购合同

　　C．无效的采购合同　　　　　　　　D．可撤销的采购合同

5. 合同当事人预先设定的或法律直接规定的，在一方不履行合同时给付另一方一定数额的金钱是（   ）。

　　A．违约金　　　B．赔偿金　　　C．定金　　　　D．订金

6. 当事人建立合同关系简便、迅速，缔约成本低。但若发生纠纷，当事人举证困难，不易分清责任。这类合同的形式是（   ）。

　　A．口头合同形式　　　　　　　　　B．书面合同形式

　　C．默示形式　　　　　　　　　　　D．推定形式

二、多选题

1. 可以说明物料质量的方法有（   ）。

A．国际标准　　　B．国家标准　　　C．说明书　　　D．样品

2．对供应商的履约能力审查包括（　　　）。

A．技术和生产能力　　　　　　B．物料与能源供应

C．工艺流程　　　　　　　　　D．产成品质量

E．企业信誉

3．推行框架协议采购的精益化目标包括（　　　）。

A．规范操作，提高效率　　　　B．降低采购成本

C．有效控制，科学管理　　　　D．拒腐防变，廉洁从业

三、判断题

1．企业要妥善保管企业的公章、合同专用章、盖章的授权委托书或业务介绍信、空白购销合同。（　　　）

2．口头合同不具备法律效力。（　　　）

3．在合同履行过程中，建议重要的事项、催告、异议等以书面形式呈现，以便有据可查。（　　　）

四、问答题

1．采购合同里应有哪些条款？

2．如何审查供应商当事人的资信和履约能力？

3．什么是框架协议采购？对企业有哪些益处？

 举一反三

张某的失误

沈阳某物资装备集团公司（以下简称"沈阳物资"）是一家提供加油设备的企业。2003年，沈阳物资为满足新设备的性能要求，必须对其中的主板特别定制。

沈阳物资采购经理张某选择了几家IT厂商，详细提出对主板防尘、防震系数及价格等的需求。

要满足张某的要求，意味着IT厂商首先要花很大的成本改变主板的生产工艺，最后，几家IT厂商纷纷放弃张某的订单。只有一家IT公司，答应了张某的"苛求"，不过，对方要求必须与沈阳物资签一份独家采购协议，即沈阳物资要答应他们是唯一的一家产品供应商，合同期内不得再选择别家的主板，同时，分批供应产品，三个月内供应第一批货，以后陆续供应。

张某想，只要产品实行了三包，能够跟上本厂的生产进度就可以了。于是，双方顺利签了两年的合约。三个月过去了，第一批货顺利送到，产品质量很好，以后几个月，产品均能如期供应，张某大大松了一口气。

不过，接下来，这家公司开始拖延产品的发货时间，从三天，到一周，到两周，打电话过去，对方总是说最近订单紧，稍延几天，张某甚至一趟又一趟开始求这家 IT 公司发货。

主板不能及时供应，致使沈阳物资丢掉了大批订单。张某被公司领导催得紧，只好又选择了一家新的供货商，时间周期至少三个月，而且要付给那家 IT 公司一大笔违约金。最后，张某决定起诉这家 IT 公司，法官说，对方是按合同办事的，没有什么错。张某是哑巴吃黄连，有苦无处说。

阅读材料，分析下列问题。

1．你认为张某的采购工作中，出现了哪些问题？

2．如果你是张某，在选择供应商、签订合同、合同履行的过程中会怎么做？

3．该案例对你有哪些启示？

项目实施总结

图 6-1 所示为采购合同的编制与管理项目总结。采购合同是转移标的物所有权或经营权的合同，在合同订立前采购方要进行详尽的准备工作；制定条款细则时要小心处理，制定出保护双方权益、有法律效力的合同；在合同签订后，还要进行采购合同的管理，避免出现纠纷；当纠纷出现时要能采用合理的途径进行解决。

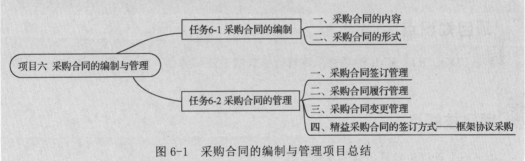

图 6-1　采购合同的编制与管理项目总结

项目七
精益采购管理之采购订单

项目描述与分析

实现按时按量精准交付是采购的重要目标之一。如果与供应商签订的是框架协议采购合同，采购人员在采购时往往还要准确地提出需要什么、需要多少和什么时候需要，表现为书面形式就是采购订单。供应商收到订单后，采购人员还需要对订单进行跟踪，确保供应商准时按量交付。随着采购精益管理在企业中的深化应用，一些应用精益化理念管理采购订单的方式随之产生。本项目将介绍精益化理念在采购订单中的应用及采购订单的跟催。

项目知识点

掌握 EOQ、JIT、VMI 等精益采购管理模式的做法和特点。

项目技能点

能进行采购订单数量条款的编制。
能进行交货时间等条款的编制。

任务 7-1　精益化理念在采购订单中的应用

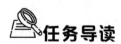

任务导读

通用自行车厂已与供应商中天自行车配件厂签订了一份框架协议采购合同。在通用自行车厂的生产中，需要原材料供应时，应向供应商发出采购订单订货。本任务将介绍一些精益化理念在采购订单中的具体应用。

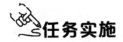**任务实施**

之前签订的仅是框架协议合同，采购数量及采购时间没有明确具体的规定。那么，这份订单应包含哪些内容？表 7-1 所示为通用自行车厂采购订单的示例。

表 7-1　通用自行车厂采购订单的示例

厂商名称	中天自行车配件厂			订单编号			Ycl12-09
厂商地址	常州市新北区黄河路 88 号			电话/传真			0519-37689642
序号	物料名称	规格	单位	单价	交货数量	交货日期	金额
1	钢管	ERTY-2	吨	4 250 元			
2	VBN 涂料	VBN-0	千克	40 元			
合计				仟　佰　拾　元　角　分			
交货方式	供应商送货			交货地点		通用自行车厂第一仓库	

由表 7-1 可以看到，这里需要确定交货数量及交货时间两项。

▶▶▶ 一、JIT 在采购订货中的应用

1. JIT 采购的原理

20 世纪，丰田公司的大野耐一创造了 JIT 生产方式，他是在美国参观超级市场时受其供货方式的启发而萌生的想法。美国超级市场除了商店货架上的货物，不另外设仓库、库存，商场每天晚上都根据今天的销售量来预计明天的销售量，从而向供应商发出订货单。第二天清晨，供应商按指定的数量送货到商场，有的供应商一天还分两次送货，基本上按照客户需要的品种、需要的数量，在需要的时候，送到需要的地点。所以，每天的送货量刚好满足了客户的需要，没有多余，也没有库存，更没有浪费。大野耐一就想到要把这种模式运用到生产中，因而创造了 JIT 生产。

实际上，超级市场模式本来就是一种采购供应的模式。有一个供应商、一个采购方，双方形成了一个供需"节"，如图 7-1 所示。

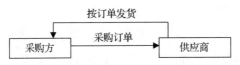

图 7-1　供应商和采购方形成的供需"节"

2. 具体做法

◇　任务提示

依据图 7-1 所示的供需"节"，通用自行车厂采用 JIT 采购模式，由供应商中天自行车配件厂每天供货。

2020 年 9 月 4 日，根据生产计划，通用自行车厂向中天自行车配件厂发出 2020 年 9 月 6 日 8:00 需轮圈 1 200 个的采购订单。2020 年 9 月 6 日 8:00，中天自行车配件厂准确按照订单要求将货物送至采购方通用自行车厂女士自行车生产线上。中天自行车配件厂的主要任务包括以下几方面。

① 采购订单中客户需要什么，就送什么。物料的品种和规格符合客户需要。

② 采购订单中客户需要多少，就送多少。不少送，也不多送。

③ 采购订单中客户什么时候需要，就什么时候将货送到。不晚送，也不早送，绝对准时。

④ 采购订单中客户需要什么质量的物料，就送什么质量的物料。质量符合客户需要，杜绝次品和废品，同时也杜绝质量冗余。

⑤ 采购订单中客户在什么地点需要，就送到什么地点。

中天自行车配件厂做到以上几条，既很好地满足了通用自行车厂的需求，又降低了通用自行车厂的库存量。自行车厂不需要设库存，只在生产线上有一点临时的存放。当一天生产完毕，生产线停止时，这些临时存放就消失，库存完全为零，真正实现了零库存。

3. 精益化的管理效果

（1）JIT 订单方式效率高，成本低

依据 JIT 采购的原理，一个企业中的所有活动只有当需要进行的时候才接受服务，才是最合算的。只有在采购方需要的时候，供应商把采购方需要的质量和数量的物料，提供到需要的地点，才是最节省、最有效率的。因此，JIT 采购是一种最节省、最有效率的采购订单模式。

（2）JIT 订单方式可以降低库存，暴露生产过程中隐藏的问题

为了保证采购方生产经营的正常进行和应对物料采购过程中的各种不确定性（如市场价格变化、物料短缺、运输条件约束等），传统的采购常常会产生大量的物料库存，而 JIT 则认为，过高的库存不仅增加了库存成本，而且将许多生产上的、管理上的矛盾掩盖起来，使问题得不到及时解决，日积月累，小问题就可能累积成大问题，会严重影响采购方的生产效率。因此，JIT 订单方式可以通过不断减少物料的库存来暴露生产过程中隐藏的问题，促使采购方解决深层次的管理问题以提高生产效率。

JIT 订单方式是一种理想的物料采购方式。它设置了一个最高标准、一种极限目标——物料的库存为零、缺陷为零。同时，为了尽可能实现目标，JIT 采购提供了一个不断改进的有效途径，即降低物料库存——暴露物料采购和管理问题——采取措施解决问题——降低物料库存。

（3）JIT 订单方式消除无用的工作环节，提高效率

在企业物料采购的过程中，存有大量的不增加物料价值的活动，如订货、修改订货、收货、装卸、开票、质量检验、点数、入库以及转运等，把大量时间、精力、资金花在这

些活动上，是一种浪费。JIT 订单方式由于大大地精简了采购作业流程，消除了这些浪费，可以极大地提高工作效率。

（4）JIT 订单方式提升企业间的合作水平

进一步减少并最终消除物料库存，不仅取决于采购方内部，也取决于供应商的管理水平。JIT 订单方式不仅对采购方内部的科学管理提出了严格的要求，也对供应商的供货、物流、质量控制等管理水平提出了更高的要求，还要求供应链上的企业有更高水平的合作。JIT 订单方式不仅是一种采购的方式，也是一种科学的现代化的供应链合作模式。JIT 订单方式的运作，可以在客户企业和供应商企业中铸造一种科学的合作模式，这将大大提高客户企业和供应商企业的协作水平。

（5）JIT 订单方式增强企业的柔性

JIT 订单方式要求：企业需要什么样的物料，供应商就供给什么样的物料，企业什么时间要，供应商就能什么时间到货，企业需要多少，供应商就能供给多少。此时，企业的物料库存才能降到最低水平。

4．JIT 订单方式的实施

实施 JIT 订单方式可按照以下七个步骤进行。

（1）企业内部进行适当的调整，创建 JIT 采购小组并进行有关培训

JIT 采购不只是采购部门的事情，企业的各部门都应为实施 JIT 采购创造有利条件，为实现 JIT 采购共同努力。企业必须成立一个跨部门的联合 JIT 采购小组，这是实施 JIT 采购的基础工作。JIT 采购小组由采购人员与计划制订者组成，其中计划制订者又由生产计划人员、工程技术人员、监管人员、质检人员、成本会计人员组成。JIT 采购小组由相关各部门人员组成，是一个过程型小组，这样能迅速解决 JIT 采购过程中出现的问题。

JIT 采购小组应是一个高效的工作小组，能对可能出现的问题进行快速有效的处理，懂得实施 JIT 采购方式对生产第一线所带来的各种变化。JIT 采购小组的任务主要有以下几方面：①鉴定、评估供应商的信誉、能力；②准备企业实施 JIT 采购所需要的各种资源；③对企业内部的相关作业流程做出调整，如运输、接收、质检等；④与选定的供应商进行谈判并签订 JIT 采购合同；⑤考察供应商的品质状况，向品质稳定的供应商颁发免检证书；⑥承担对供应商的培训教育工作；⑦对 JIT 采购小组成员进行培训。

（2）选择合适的供应商

调查研究发现：JIT 采购成功的关键在于供应商的水平、采购方与供应商的关系等，因此供应商是否合适就成为影响 JIT 采购的重要条件。只有选择合适的供应商，与其建立良好的供需合作关系，JIT 采购策略才能得到彻底落实，并取得预期效果。

JIT 采购小组首先应制定合作伙伴的评价标准，建立供应链管理环境下合作伙伴关系的综合评价指标体系。评价合作伙伴关系的一个主要工作是调查、收集有关供应商的生产运作、成本控制、技术开发等全方位的信息。为了有效地选择少数最佳供应商，可按物料

品种分类列出目前的供应商名单，包括在每个供应商处的采购总额，先把那些业务量很小的供应商剔除掉。在收集合作伙伴关系信息的基础上，可以利用一定的精益化工具和技术方法进行合作伙伴的评价。

选择 JIT 订单方式的供应商的标准要综合考虑供应商的所在地、交付能力、应变能力、规模、财务稳定性、技术能力、供货价格、经营理念及接受挑战的能力。由代表技术和管理两个方面的人员组成的评估小组按照采购方的评选标准对每个供应商进行评估，具体如下。

从技术角度考虑供应商以下几方面的状况：质量管理情况；生产过程管理情况；生产、检测设备的先进性；机器设备的维修计划是否完善；产能的大小，工程能力的强弱；工艺文件的提供情况；专业技术知识是否丰富；未来技术发展潜力的大小等。

从管理角度考虑供应商以下几方面的状况：管理人员的素质，人员的稳定性；库存控制是否健全；短期内可用设备能力的大小；长期设备能力的开发情况；从原材料入厂到产成品出货整个流程的物料管理情况；处理新订单的快慢；运输能力的大小等。

企业一旦初步选定合作伙伴，应该与选定的目标供应商取得联系，确认他们是否愿意与企业建立长期的合作关系，是否有获得更高业绩水平的愿望等。

（3）制订计划，确保采购策略有计划、有步骤地实施

通过建立 JIT 采购策略计划，把采购方 JIT 采购思想扩展到供应商。

① 努力确定双方都能贯彻始终的、持久的改进措施。双方要树立持续改进的思想，所提出的改进措施应由采供双方共同商定；采购方除了给供应商设定目标并进行绩效评估，还须事先实现信息共享、互相学习。

② 要树立百分百的优质意识。采购方若发现物料质量问题，应快速反馈给供应商并要求供应商立即改善，争取做到物料百分之百的优质水平。

③ 注重信息与沟通。在共享动态信息的前提下，面对市场需求变化，供应商能够快速做出反应，提高自己的应变能力；及时有效的沟通能迅速解决发现的问题，开放的沟通有助于建立良好的采供关系，有助于双方增强信任感。

④ 做到在必要的时候获得必要数量的货物。与供应商一起确定一种具有可预测性的供货方式。采购方想要形成一张完善的物料供货进度表，需要与供应商一起经过长期的努力，这需要不断改进，直到达到可行的最小批量的供货为止。

⑤ 寻求公道的价格。采购方要求供应商采取 JIT 方式供货，必然会增加供应商的经营管理成本。采购方以公道的价格进行采购才能保证供应商长期、优质地供货。JIT 订单方式节省了采购方的库存等经营成本，随着采购方效益的提高，在不影响其利润的前提下，采购方以较有吸引力的物料价格让利于供应商，分享 JIT 订单方式节省下来的成本，有助于双方建立起可持续发展的双赢合作伙伴关系。

⑥ 及早改进产成品设计。采购方应允许供应商对现有物料提出改良建议，允许供应商参与新产成品的设计、评审工作。采购方应积极接受供应商提出的改善建议并进行分析，

如果建议合理，可对采购方的产成品设计、工艺设计、生产线布置做出调整，以提高产成品品质及生产效率。

（4）根据采购方采购的物料对供应商进行分类管理

对于一个大型企业来说，每年为生产而采购的物料种类多达成千上万种，不可能也没必要同每一种物料的供应商建立长期的合作关系，实现 JIT 订单方式。依据物料精益化管理的细分模型，针对瓶颈物料、战略物料、一般物料、重要物料等不同类型，采购方可以考虑用不同的管理模式同这些物料的供应商发展合作关系。

（5）选择试点、取得经验

选择可以采用 JIT 订单方式的供应商的同时，采购方可以着手开展物料采购的改革试点工作。选作试点的供应商应符合的条件：是经评选出的少数最佳供应商之一，能支持生产线上的 JIT 改革试点，具有潜力为实施 JIT 采购创造改革经验，这些经验能为将来其他供应商实现 JIT 订单模式提供有价值的指导。

（6）培养和加强长期合作伙伴关系

对采购方来说，其通过和供应商建立合作关系，实施 JIT 采购，可以使管理水平得到提高，生产过程与物料质量得到有效控制，降低了企业经营成本。同时，供应商也在激烈的竞争中提高了自身的能力。这种相互信任的、长期的双赢关系对双方企业都很重要，因此要培养和加强这种长期合作伙伴关系。

良好的合作关系首先必须得到供应和采购双方最高管理层的支持与协商，双方需要了解相互的企业结构和文化，并适当地对企业组织结构进行改造和对企业文化进行再塑造，解决文化和态度之间的障碍，尽量消除业务流程和结构上存在的障碍。

在长期合作伙伴关系建立的实质阶段，双方需要进行期望和需求分析，相互之间需要紧密合作，加强信息共享相互进行技术和设计支持，可以从以下几个方面着手。

首先，供应和采购双方的高层领导建立经常性互访制度。供应商与采购方的高层领导应经常进行协调与沟通，建立有效的激励机制，共同分享战略协作带来的好处，努力营造一种良好的合作气氛。

其次，供应商和采购方应经常进行有关成本、作业计划、质量控制信息的交流与沟通，保持信息的一致性和准确性，通过提供信息反馈和教育培训，促进供应商质量改善和供货保证。

再次，建立联合任务小组，实施并行工程。供应商和采购方之间应建立一种基于团队的工作小组，采购方在产成品设计阶段让供应商参与进来，同时采购方也积极参与到供应商的生产流程和物料研发过程中。

最后，参与供应商的协调计划。一个供应商若同时参与多条供应链的业务活动，在资源有限的情况下，采购方应主动参与供应商的协调计划。

特别需要指出的是，要想维持长期的合作伙伴关系，建立相互间的信任是必不可少的。只有相互信任，双方才会共同寻找解决问题和分歧的途径，而不是重新寻找新的合作伙伴。

（7）绩效衡量

衡量即时供应实施绩效要定期检查进度，以绩效目标的具体化指标来控制实施过程。采购部门或 JIT 小组要定期对照计划检查各项进度的进展情况、各项工作指标、主要目标的完成情况，并用书面、图表等方式报告出来，对未如期完成的部分应重新提出进一步的跟进行动，进行进一步调整。双方要寻找合作的改进措施。

▶▶▶ 二、VMI 在采购订货中的应用

1. VMI 的原理

VMI 是指供应商和采购方等供应链上的合作伙伴以获得最低成本为目的，在一个共同的协议下，由供应商管理在采购方处的库存，或者代表采购方持有库存，在采购方需要时进行供货。VMI 是一种采购方不断监督协议执行情况，修正协议内容，使库存管理得到持续改进的合作性策略。

从本质上看，VMI 模式的管理理念源于产成品的全过程管理思想，即供应商只要有一个产成品没有被最终消费者购买并得到满意的消费，那么这个产成品就不能算作已销售，会构成供应商的一种潜在的库存冗余风险，供应商应负有监控该产成品的流通状况的责任，无论该产成品的产权归属是怎样的。VMI 帮助供应商等上游企业通过信息手段掌握其下游客户的生产和库存信息，并对下游客户的物料库存调节做出快速反应，从而达到降低供需双方的库存成本的目的。

VMI 是一种采购方与供应商之间的合作性策略，在一个相互同意的目标框架下，以对于双方都是最低的成本来增强物料的可获得性，由供应商管理库存。这样的目标框架可以被经常地监督和修正，以产生持续改进的环境。

2. 具体做法

◇　任务提示

供应商中天自行车配件厂采用 VMI 订单模式，为通用自行车厂管理库存，进行供货。通用自行车厂的库存情况完全向中天自行车配件厂开放。以 2020 年 9 月 4 日的轮圈为例，每天两个企业都要进行如下操作。

① 中天自行车配件厂通过访问通用自行车厂的仓储系统，了解通用自行车厂该日轮圈的库存余量。

② 根据轮圈日生产消耗的历史数据，中天自行车配件厂认为轮圈到达订货点。

③ 中天自行车配件厂根据历史数据判断通用自行车厂需求轮圈数量，生成一份轮圈的建议订单，通过网络传输给通用自行车厂。

④ 通用自行车厂审核订单，通过或修正该订单，将该订单传输给中天自行车配件厂。

⑤ 中天自行车配件厂根据订单备货，准备发货。

实施 VMI 后的效果，主要体现在以下三个方面。①信息共享，供应链环境下节点企业间的信息是开放的，供应商通过分享信息、及时沟通来进行合理的资源配置，如协调生产、安排补货等。信息共享能够使相关企业共享销售信息，进而减少信息扭曲的程度。②供应商拥有库存，即物料库存的所有权归属于供应商，使用后付款，对采购方而言有逼近零库存的效果。③需求准确预测，规避了"牛鞭效应"的风险，减少了供应商因信息不对称而盲目生产，产生冗余库存的情况。

小贴士

什么是"牛鞭效应"？

"牛鞭效应"是经济学上的一个术语，指供应链上的一种需求变异放大现象，是信息流从最终客户端向原始供应商端传递时，无法有效地实现信息共享，使信息扭曲而逐级放大，导致需求信息出现越来越大的波动。此信息扭曲的放大作用在图形上很像一个甩起的牛鞭，因此被形象地称为"牛鞭效应"，如图 7-2 所示。

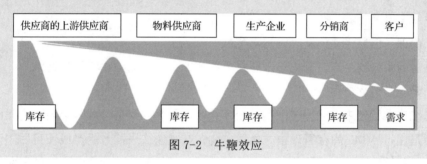

图 7-2　牛鞭效应

3. 精益化的管理效果

（1）降低了"牛鞭效应"带来的负面影响，降低了物料库存

VMI 模式可以整合供应链上下游的库存资源与信息资源，供应商直接获取库存物料的消耗数据与采购方的生产经营数据，再结合市场上产成品消耗的历史数据进行分析，以提高物料消耗量的预测精度。最大的管理效果在于控制"牛鞭效应"带来的大规模库存冗余风险，减少采购方和供应商的重复物料库存储备。

为什么会出现"牛鞭效应"？"牛鞭效应"是供应链上普遍存在的现象，因为当供应链上的各级供应商只根据其相邻的下游企业的需求信息进行供应决策时，需求信息的不真实性会沿着供应链逆流而上，产生逐级放大的现象，到达最源头的供应商（如总销售商，或者该产成品的生产商）时，其获得的需求信息和实际消费市场中的客户需求信息发生了很大的偏差，需求变异系数比分销商和零售商的需求变异系数大得多。由于这种需求放大变异效应的影响，上游供应商往往维持比其下游需求更高的库存水平，以应对销售商订货的不确定性，从而人为地增大了供应链中的上游供应商的生产、供应、库存管理和市场营销风险，甚至导致生产、供应、营销的混乱。

产生"牛鞭效应"的因素主要有六个，即需求预测修正、订货批量决策、价格波动、短缺博弈、库存责任失衡和应付环境变异。以需求预测修正为例，当供应链上的成员采用直接的下游订货数据作为市场需求信息和依据时，就会产生需求放大。例如，在市场销售活动中，假如零售商的历史最高月销量为 1 000 件，但下月正逢重大节日，为了保证销售不断货，零售商会在月最高销量基础上追加 $A\%$，于是他向其上级批发商下订单（$1+A\%$）×1 000 件。批发商汇总该区域的销量后预计（假设）为 12 000 件，他为了保证零售商的需要又追加 $B\%$，于是他向生产商下订单（$1+B\%$）×12 000 件。生产商为了保证批发商的需货量，虽然明知其中有夸大成分，但由于不知道具体情况，于是他不得不按($1+B\%$)×12 000 件投产，同时为了稳妥起见，在考虑毁损、漏订等情况后，他又加量生产，这样一层一层地增加预订量，导致了"牛鞭效应"。

（2）降低了供应链管理成本

VMI 可以减少企业间信息传递带来的额外数据加工工作量，减少信息失真造成的沟通误差。同时因为 VMI 仓库内的物料所有权属于供应商，供应商对库存物料有直接管理的权力，VMI 状态下的物料更换、退回不涉及与采购方的沟通和处理。对于供应商来说，办理相关手续变得简单。

（3）确保了信息传递的及时性与真实性

从供应商备料到生产，其信息来源是采购方的生产计划与物料消耗记录。

（4）延长了付款流程

在传统库存管理中，物料被采购方仓库接收就需要在财务付款账期内完成账目核对并付款。但是施行 VMI 库存管理模式之后，物料在被送往采购方生产线使用后才计入财务账目启动付款流程，可以延长物料采购结算周期，缓解采购方的资金流运转压力。同时，物料周转率与付款时间直接关联，周转率越高，付款越及时，可以有效激励供应商提高库存管控能力。

注意事项

传统采购模式与 VMI 模式在订单管理中的对比，如表 7-2 所示。

表 7-2　传统采购模式与 VMI 模式在订单管理中的对比

对比项目	传统采购模式	VMI 模式
信息流	订单信息单向传递，供应商只掌握采购订单、到货计划	库存与订单信息双向共享，供应商获取采购方的消耗计划，采购方同步掌握供应商库存数据
实物流	供应商送货至指定仓库时管理责任终止，采购方接收库存后对其负责	供应商负责将物料运送至采购方仓库，需要与接收仓库共同管理物料库存
实物管理	物料所有权在订单到货、采购方仓库接收时刻发生转移	由供应商负责所供物料库存，物料所有权在采购方使用的时刻发生转移
付款管理	在物料检验合格并被采购方仓库接收后，开始付款流程，按照协议付款	物料从仓库送往生产线用于生产后开始付款流程，按照协议付款。采购方按照物料生产耗用量付款

4．VMI 订单模式的实施

（1）建立健全企业间信任机制

完善的信用机制是成功实施 VMI 的基础条件。在供应链理论下，企业之间是合作与战略联盟关系，这种关系是以采购方与供应商之间的相互信任为前提的。采购方与供应商之间的信任主要有三种形式：①契约信任，即双方相信对方会遵守合同协议并执行；②能力信任，即双方相信对方有能力兑现承诺，这种信任可以减免物料的验收审核等工作；③信誉信任，即双方有良好的信誉，彼此信任，相信对方会遵守协议甚至愿意做超出协议而有益双方利益的事。完善的信用机制应包含这三种信任。

在 VMI 订单模式下，由于合作企业相互独立，无上级管理机构协调，企业间的合作需要双方在良好的信任基础上，通过信息沟通、各项协议来调整合作行为，实现供应链整体优化的目标。交易双方在平等、自愿、互利原则的前提下用合同明确双方的权利和义务，具体包括质量控制条款、信息共享及保密规定、激励条款、有损合作行为的判定标准及惩罚措施等，并且要保证协议的可成长性，能在实施过程中通过反馈不断修正和完善协议。

（2）加快企业间的标准化建设

加快采购方与供应商间的标准化建设，统一供应链企业间业务标准和信息管理等，有利于提高供应链整体效率。加强标准化建设可以从业务标准和信息管理两个方面着手。①加快物流设备标准规范建设。硬件设备标准化对提高物流作业效率意义重大，统一标准有助于加快采购方与供应商设备之间的衔接，从而缩短物流作业时间，提高效率并降低成本。物流设备标准规范建设应把企业需求放在第一位，标准建设要与企业需求相结合，同时要充分考虑国际通用标准，提升国内外物流标准的一致性，保证国内外物流运输的衔接顺畅，为国内企业加入国际供应链做好准备。②推进信息标准化进程。传统模式下采购方与供应商之间联动较少，企业的各类信息都带有自己的鲜明特色。在企业间进行信息共享时，往往会出现信息格式不兼容、处理方法不一致的问题，导致采购方与供应商间信息共享困难。因此，需要由供应链上采购方与供应商共同努力，对信息的标准进行规范统一，将信息格式和信息处理流程标准化。通过企业间信息接轨，可以有效提高物流效率，降低成本，同时有助于搭建供应链节点之间的信息网络。

（3）完善供应链利益分配机制

在实施 VMI 模式的过程中，供应链上的合作企业应根据权责对等的原则合理分配利益，维护采购方与供应商合作关系的长期稳定。完善供应链利益分配机制应遵循三大原则：①互利共赢原则——督促企业积极承担实施过程中出现的风险；②权责对等原则——激发采购方与供应商参与实施 VMI 模式的积极性；③民主决策原则——使利益分配方案得到所有参与 VMI 模式成员企业的认可。交易双方具体协商制定利益分配方案时，要根据投入成本、价值贡献度、所承担任务等因素确定所分配利润的比例。除此之外，还要根据 VMI 模式运行反馈情况，不断修正调整利益分配方案，使其更加科学合理。

事实证明，VMI 模式是一种先进的库存管理模式，从采购方与供应商双方共赢的角度思考库存管理问题，帮助采购方降本增效，提升企业盈利水平。随着企业不断实践和相关技术的发展，VMI 模式将会越来越成熟完善，为我国企业注入新活力。

▶▶▶ 三、JMI 在采购订货中的应用

1. JMI 的原理

联合库存管理（Jointly Managed Inventory，JMI）是一种在 VMI 的基础上发展起来的采购方与供应商权利责任平衡和风险共担的库存管理模式。JMI 有时也被翻译为"联合管理库存"，采购方与供应商首先要签署协议，然后双方都要设置专门的 JMI 库存区域，由此可以达成信息共享。供应商依据采购方提供的信息，将采购方所需的物料以一定的时间频率定期补给专门的 JMI 仓库。采购方再根据自己的生产量到 JMI 仓库接收原材料，补充生产耗用。供需双方的权利和义务在 JMI 方式下有明确的规定与细分，并且在 JMI 模式运作之前就用协议的方式将双方的权利和义务规定下来，双方需要严格遵守和执行。

JMI 与 JIT 采购对比：JIT 采购的极限期望目标是零库存，库存周转时间接近于零，不存在无效库存，不侵占资金，供应商要随时满足采购方的条件要求。设想一下：采购方的目标是零库存，如果供应商同时也期望达到零库存或低库存，依据采购方的订单来安排生产或订货，那么就必然要求采购方的生产计划持久保持稳定，或者有充裕的采购提前期，这样才能做到双方都达到零库存或低库存，否则只能是损人利己——某一方低库存，另一方备有高库存以备紧急需求带来的不时之需。从整条供应链来看，库存水平还是无法下降。然而对某些行业来说，市场需求多变，保持持久稳定的生产计划是很困难的，供需双方理想中的极限在现实合作交易中难以实现。JMI 从整条供应链出发，希望供需双方能在现实条件下尽可能达到平衡，共同制订库存计划，使供应链过程中的每个库存管理者都从相互之间的协调性考虑，采购方与供应商的库存管理者对需求的预期保持一致，消除需求变异放大现象，提高供应链同步化程度，达到共赢。

2. 具体实施方法

◇ 任务提示

供应商中天自行车配件厂和通用自行车厂采用 JMI 订单模式，共同管理库存，进行订单管理，以 2020 年 9 月 4 日的轮圈为例，两个企业进行了如下操作。

① 通用自行车厂定期（如每周）向中天自行车配件厂发布轮圈的需求预测数据，中天自行车配件厂据此及时调整轮圈的库存计划，如无法交货需及时反馈。

② 中天自行车配件厂每周制作送货单，将轮圈与自己制作的送货单据一起送到 JMI 仓库。JMI 仓库接收人员进行接收时，要认真查验轮圈的数量、生产批次，核对型号，扫描条码等。

③ 合格的轮圈入库，JMI 仓库接收人员签收中天自行车配件厂的送货单。

④ 2020 年 9 月 4 日，通用自行车厂根据生产计划、损耗等，在 JMI 信息系统中计算出轮圈需求量，向 JMI 仓库发出出库指令。JMI 仓库管理人员制作出库单，进行备货、出库。通用自行车厂生产部门接收轮圈。

⑤ 通用自行车厂需要按账期在 JMI 系统中定期查询货物出库情况，然后根据出库情况出具货物发票，按时提交给中天自行车配件厂财务部门。中天自行车配件厂财务部门要及时清点款项。

采用 JMI 方式，供应链采购方与供应商之间加强沟通与交流，建立战略性合作伙伴的关系，共同制订库存计划，供需双方都尽可能满足自身的需求，最大限度地减少库存成本，降低整条供应链的无效库存，增强供应链的敏捷性和协调性，大大改善供应链的客户服务水平和运作效率，使整个供应链系统达到最优。

3. 精益化的管理效果

（1）降低物流成本

JMI 实现了采购方与供应商在库存管理方面的一体化、同步化，不仅可以减少各方的库存，还可以加快库存周转，缩短订货和交货提前期，从而降低企业的采购成本。JMI 打破了传统的各自为政的库存管理局面，强调各方的同时参与，共同制订库存计划，共同承担风险，体现了供应链的一体化思想，有效地消除了库存过高的现象，降低了物流成本。

（2）保证信息准确

JMI 通过在采购方与供应商之间建立起的战略性合作伙伴关系，实现了企业间库存管理上的信息共享，这样能保证供应商可以通过采购方及时准确地获得市场需求信息。

（3）形成战略联盟

JMI 的实施是以采购方与供应商之间的充分信任和合作为基础展开的，它既加强了企业间的联系与合作，又保证了这种由库存管理而带来的企业间合作模式的独特性，由于这种合作模式以资源共享和风险分担为原则，对采购方与供应商的协作要求非常高，它不会轻易地被竞争者模仿，能为企业带来竞争优势。

4. JMI 订单模式的实施

JMI 订单模式要想顺利实施，就要满足以下几个条件。

（1）建立供应链协调管理机制

为了发挥联合库存管理的作用，采购方与供应商应建立供应链协调管理的机制，签订 JMI 协议，建立合作沟通的渠道，明确各自的目标和责任，为联合库存管理提供有效的机制。

（2）建立信息沟通渠道

为了提高整个供应链需求信息的一致性和稳定性，减少由于多重预测导致的需求信息扭曲，整个供应链应通过构建库存管理网络系统，使所有的供应链信息同步，提高采购方与供应商的协作效率，降低成本。JMI 信息系统模块中应包括这些功能：能帮助采购方与供应商通过信息实时共享，时刻都能掌握物料的具体流向与位置；在 JMI 系统平台上，采购方与供应商能对业务流程进行实时跟踪，做到准确、透明、完整，保证 JMI 的顺利进行。

（3）配置仓库设施，培训工作人员

硬件设施和工作人员是 JMI 的基础与保障。其包括：库存厂房场地的选址及后续厂房的建设，厂房内货箱、货架等库房设施的选择与摆放，采购方与供应商业务流程的熟悉与修正、工作人员的分配及技能培训、财务流程改进及各种异常情况处理等。

任务 7-2　采购订单的跟催

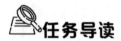
任务导读

采购订单的跟催是订单人员的重要职责。采购订单的跟踪、监控有三个目的：促进订单正常执行、满足企业的物料需求、保持合理的库存水平。本任务将介绍在订单下达过程中、执行过程中和执行后的跟催。

任务实施

采购订单的跟催是以采购订单为源头，对供应商确认订单、发货、到货、检验、入库等采购订单流转的各个环节进行准确的跟踪，实现全过程管理的工作。在整个过程中，采购方可以实现对采购存货的计划状态、订单在途状态、到货待检状态等的监控和管理。

▶▶▶ 一、订单下达过程中的跟催

采购合同审批生效后，根据生产需求，采购人员下达采购需求，填写订单物料的数量、价格、计划到货日期、运输方式等，要注明合同编号，便于财务部审查和归档。采购订单提交上级审批后，将通过传真等方式传递给供应商。

采购人员每次发出订单后，供应商是否接受订单、是否能及时完成都是需要及时了解的情况。在采购环境里，同一物料有几家供应商可供选择是十分正常的情况，独家供应的情况很少。如果在具体操作时遇到供应商因为各种原因拒绝订单的情况，或是供应商提出改变价格、质量、交货期等合同条款，采购人员应该充分与供应商进行沟通，如果供应商表示能按时签返订单，则说明供应商能够完成订单；如果供应商确实难以接受订单，则不可勉强，要尽快选择其他供应商。

二、订单执行过程中的跟催

订单执行过程中的跟催要把握以下事项。

1. 严密跟踪、监控

严密跟踪供应商准备物料的详细过程，保证订单正常进行。不同种类的物料，其准备过程也不同，总体上可以分为两类：一类是供应商需要按照样品或图纸定制物料，这种物料会存在加工周期比较长、出现问题概率大的情况；另一类是供应商有库存，不存在加工过程的物料，供货周期也相对较短，不容易出现问题。这两种情况下，前者跟踪的过程就比较复杂，后者相对简单。一旦发现问题要及时反馈，需要中途变更的要立即解决。

2. 紧密响应生产和需求的变化

如果市场发生变化，采购方有紧急需求情况，要求本批物料尽快到货，采购人员就应该马上与供应商进行协调，必要时还应该帮助供应商解决疑难问题，保证需求物料的准时供应。有时市场需求出现滞销，采购方经过研究决定延缓或取消本次订单的物料供应，采购人员也应该立即与供应商进行沟通，确认供应商可以承受的延缓时间，或者终止本次订单操作，同时给予供应商相应的赔款。要注意订单具有法律效力，采购人员不可一意孤行，订单的变更要征得供应商的同意。

3. 慎重控制库存

采购人员应密切关注库存水平，既不能让生产缺料，又要保持最低的库存水平，JIT、VMI、JMI 方式都可以帮助采购方在一定程度上达到该目标。当然，库存问题还与采购环境的柔性有关，这方面也需要供应商管理人员和采购人员的通力合作。

4. 控制好物料验收环节

物料到达规定的交货地点，采购人员必须按照原先所下的订单对到货的物料、数量、单价及总金额等进行确认，录入归档。

注意事项

订单跟踪、监控的注意点

首先，供应商的历史表现数据对订单下达及订单跟踪具有重要的参考价值，因此应当注意利用供应商的历史情况来决定对其跟踪的实施策略。其次，注意把订单、各类经验数据的分类保存工作做好。现在，一般采用计算机软件管理系统进行管理，将订单进展情况录入计算机中，借助计算机自动处理跟踪订单。

三、订单执行后的跟催

在按照合同规定的支付条款对供应商进行付款后仍需要进行订单跟踪。订单执行完毕的条件之一是供应商收到本次订单的货款，如果供应商未收到货款，订单跟踪人员有责任督促财务人员按照流程规定加快操作，否则会影响企业的信誉。

物料在运输或检验过程中，可能会出现一些问题，偶发性的小问题可由订单跟踪人员或现场检验人员与供应商进行联系解决。

 思政小课堂

采购人员应具备与时俱进的职业追求

精益管理的发展非常快，从管理理念、管理方式到管理工具都在不断革新。采购人员必须秉持与时俱进的学习态度，不断理解新理念、了解新方法、掌握新工具。

创新是一个民族进步的灵魂，是一个国家兴旺发达的不竭动力。采购人员要拓宽视野、与时俱进，积极钻研、刻苦学习，勇于尝试、敢于挑战，致力于通过不断革新、不断突破获得更好的管理效果，追求更加精益求精的管理目标，为企业带来生机和活力。

 项目思考 ●●●

一、单选题

1. VMI 就是供应商和采购方等供应链上的合作伙伴以获得最低成本为目的，在一个共同的协议下由（　　　）管理在采购方处的库存，或者代表采购方持有库存，在采购方需要时进行供货。

    A. 生产商　　　　B. 供应商　　　　C. 分销商　　　　D. 代理商

2. 实施 JMI 的管理效果有（　　　）。

    A. 降低物流成本　　　　　　　　B. 保证信息准确

    C. 形成战略联盟　　　　　　　　D. 以上皆是

3. 实施 VMI 后的效果，主要有（　　　）。

    A. 确保信息传递的及时性与真实性　　B. 降低供应链管理成本

    C. 降低采购方的物料库存　　　　　　D. 以上皆是

二、多选题

1. 订单执行过程跟催要把握（　　　）。

    A. 严密跟踪、监控　　　　　　　　B. 紧密响应生产和需求的变化

    C. 慎重控制库存　　　　　　　　　D. 控制好物料验收环节

2. 下列属于 JIT 订单方式的管理效果的有（　　　）。

    A. 订单效率高，成本低

    B. 可以降低库存，暴露生产过程中隐藏的问题

    C. JIT 订单方式使企业具有柔性

    D. 和供应商短期合作，多源供应

E．增大运输批量，达到规模效应

3．实施 VMI 订单模式的条件有（　　　）。

A．建立健全企业间信任机制　　　　B．加快企业间的标准化建设

C．完善供应链利益分配机制　　　　D．和供应商短期合作，多源供应

E．增大运输批量，达到规模效应

三、判断题

1．在采购批量上，JIT 采购与传统采购相比，区别在于：JIT 采购采用大批量、送货频率低的方式。（　　　）

2．JIT 采购不只是采购部门的事情，企业的各部门都应为实施 JIT 采购创造有利条件，为实现 JIT 采购共同努力。（　　　）

3．JIT 采购要求采购方同每一种物料的供应商建立长期的合作关系。（　　　）

4．VMI 是指以供应商和客户等供应链上的合作伙伴获得最低成本为目的，在一个共同的协议下由采购方管理库存的供应链协作模式。（　　　）

四、问答题

1．JIT 订单方式有哪些精益化的管理效果？

2．VMI 订单方式有哪些精益化的管理效果？

3．JMI 订单方式有哪些精益化的管理效果？

4．在订单下达时，应注意填写确认哪些信息？

5．在订单执行过程中，应如何进行订单跟催？

6．在订单执行后，应完成哪些工作？

举一反三

饺子馆的困境

2019 年，H 经理在某地开了家饺子馆，如今生意还算火爆。不少周围的小区住户常来光顾小店，有些老顾客能吃半斤饺子。H 经理说："别看现在生意还不错，开业这一段时间，让我头疼的就是每天怎么进货，很多利润被物流吃掉了。"

刚开始卖的时候，10 个烤饺子的定价为 5 元，直接成本为饺子馅、饺子皮、调料和燃料，每个饺子成本大约 0.2 元。虽然存在价差空间，可是 H 经理的小店总是赚不了钱，原因在于每天都有大量剩余原料，这些采购的原料不能隔天使用，算上人工、水电、房租等经营成本，每个饺子的成本都接近 0.4 元。

H 经理很是感慨，如果一天卖出 1 000 个饺子，同时多余 500 个饺子的原料，相当于亏损了 100 元左右，每个饺子的物流成本最高时有 0.1 元，加上当时粮食涨价，因此利润越来越薄。

关键在于控制数量，准确供货。其实做饺子的数量挺难掌握，做少了吧，有的时候顾客来买没有，也等不及现做，就会错过赚钱的机会；做多了吧，就要剩下。

从理论上说，一般有两种供应方式：一种是每天定量供应，一般早上 10 点开始，晚上 9 点结束，这样可能会损失客流量；另一种是根据以往的销售做大概预测。时间序列是个重要因素，对于面粉等保质期较长的产品，一般做周预测，周末进行订货、补货，每天的饺子馅采取每日预测方法，然后根据 BOM 进行采购，并用 JIT 一日采购两次，下午可以根据上午的消耗进行补货，晚上需要采购第二天的饺子馅。根据以往的经验预测，面粉每天的用量比较大，因为不管包什么馅的饺子都要用面粉，所以这部分的需求量相对比较固定。

后来 H 经理又开了两家连锁店，原料供货就更需统筹安排了。饺子馅的原料要根据前一天用量进行每日预测，然后根据原料清单进行采购。一日采购两次，下午会根据上午的消耗进行补货，晚上采购第二天的原料。

一个饺子馆的物流管理同样容不得差错。H 经理咨询了一些物流专家，专家告诉他说这是波动的需求和有限的生产能力之间的冲突。在大企业里，它们通常会提高生产柔性去适应瞬息万变的市场需求。

可是对于经营规模有限的小店来说，要做到这点太难了。于是有些专家建议 H 经理想办法调整顾客的需求以配合有限的生产能力，即平衡物流。例如用餐高峰期在每天 12:00—13:00 和 19:00—20:00 两个时段，H 经理就选择在 11:00—11:45 和 18:00—18:45 推出 9 折优惠计划，吸引了部分对价格比较敏感的顾客，有效分散了需求。

如果碰到需求波动比较大的情况，即某一种饺子的需求量非常大的时候，例如顾客要的白菜馅没有了，H 经理就要求店员推销牛肉馅或羊肉馅，同时改进店面环境，安上空调，提供杂志报纸，使顾客在店里的等待时间平均从 5 分钟延长到 10 分钟。一年的水饺生意做下来，每个饺子从最初大约分摊 0.1 元的物流成本降至 0.05 元，而今年成本就更低了。由于做饺子的时间长了，需求的种类和数量相对固定下来，每个饺子的物流成本得到了有效控制，大约在 0.02 元，主要包括采购人工、运输车辆的支出。

阅读案例，回答问题。

1．这家饺子馆采取了哪些措施来降低采购成本？

2．如果你开了一家花店，思考在鲜花的采购方面应该如何有效缩减成本？

3．该案例对中小企业的采购管理有何启示？

项目实施总结

在买卖双方签订长期框架合同后，向供应商确定精确的短期需求就需要提供合理的采购订单。本项目介绍了精益化理念在采购订单中的应用，以及如何做好订单跟催的工作。图 7-3 所示为精益采购管理之采购订单项目总结。

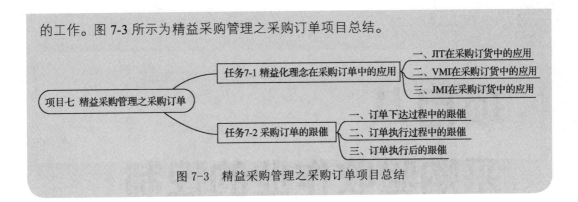

图 7-3　精益采购管理之采购订单项目总结

项目八
采购验收作业的控制

项目描述与分析

采购验收关系到采购业务的最终完成，是精益化采购管理中很重要的一步。采购物料是企业质量管理的源头，采购回来的物料的质量不合格，将直接导致企业无法生产、销售质量合格的产成品，因此，必须对采购回来的物料做严格的质量检验，质量检验是采购人员工作中的一项重要任务。本项目将介绍物料的检验方法、检验标准、检验程序、收货工作准则的编制方法等。

项目知识点

物料的检验方法、检验标准等相关知识。
掌握物料的检验程序。

项目技能点

能制定一份合理的收货工作准则。
制定相应的程序对采购对象做质量检验。

任务 8-1　采购收货的处理

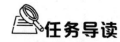

任务导读

通用自行车厂新近采购的一批钢管到货了。通用自行车厂应如何完成收货工作呢？本任务将介绍收货工作的一般程序和验收工作的要点。

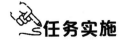任务实施

>>> 一、收货工作的一般程序

收货工作的一般程序有核对单据、数量检验、质量检验、结果处理四个步骤。

1. 核对单据

在这一步要做到三个确定:确定供应商、确定日期、确定物料。

（1）确定供应商

物料来自何处,有无错误或混乱。尤其是向两家以上供应商采购物料时,应分别计算。

（2）确定日期

确定送到日期与验收日期:前者用以确定供应商是否如期交货,以作为延迟罚款之依据。后者用以督促验收时效,避免借故推脱,并作为将来付款期限之依据。

（3）确定物料

确定物料的名称与规格,是否与合约或订单之要求相符,以免偷工减料、鱼目混珠。

2. 数量检验

清点数量时要检查实际交货数量是否与采购订单所记载相符。

小贴士

数量检验工作细节

特别要注意有包装的总数与明细数。例如,一打的包装内是否确实有 12 个;一吨的包装内是否确实有 1 000 千克,不要只顾计算"打"或"吨",而疏忽每打的个数或每吨的千克数。

若出现实际交货数量与采购订单数量不相符的情况,应及时处理。

（1）超交处理

交货数量超过订购量部分应予退回。但属买卖惯例,以重量或长度计算的材料,其超交量的 3%（含）以下,由物料管理部门于收料时,在备注栏注明超交数量,经请采购部门主管同意后,可以收料,并通知采购人员。

小贴士

《民法典》关于出卖人多交标的物处理的规定

第六百二十九条 出卖人多交标的物的,买受人可以接收或者拒绝接收多交的部分。买受人接收多交部分的,按照约定的价格支付价款;买受人拒绝接收多交部分的,应当及时通知出卖人。

（2）短交处理

交货数量未达订购数量时，采购人员应立即要求供应商签字确认，必要时要求赔偿。一般以补足为原则，由采购人员联络供应商处理。但经请采购部门主管同意者，可免补交，并报送财务部，以调整应付款项。这种情况常出现在采购方与供应商长期合作的情况下。

3. 质量检验

（1）选择检验类型

根据物料特性可以选择：抽样检验与全数检验、感官检验与理化检验、破坏性检验与非破坏性检验。

（2）结果确认

若物料的质量检验结果有问题，检验人员应要求供应商签字确认，作为必要时的索赔证据。当让步使用时，应经项目设计部认可，检验人员应向采购经理提交"不合格品报告单"。

 小贴士

如何让供应商认可采购方的检验结果？

检验人员可以在合同中规定检验时需有采购方与供应商双方人员参与。合同有规定，但供应商届时不参加现场开箱检验，检验人员有权在供应商缺席的情况下进行。如出现上述情况，检验人员出具的"设备材料开箱检验记录"同样将作为向供应商索赔、修理、更换或补供物料的有效证据。

（3）标识

对已验收合格的物料须加以标识，以便查明验收经过及时间，并易于与未验收的同类物料有所区别。

具体的检验方法在任务 8-2 中会进一步详细说明。

4. 结果处理

最后要将检验结果进行处理。生产部门以检验结果安排生产进度，采购部门据以结案，财务部门据以登账、付款或扣款、罚款。

（1）不合格品处理

检验人员应做出"报废""让步使用""返修"等处理结果。

（2）索赔

保留供应商会签的验收资料，作为日后索赔的法律依据。

（3）档案整理

将"材料检验报告表""设备材料开箱检验记录""不合格品报告单"等单据整理归档。

▶▶▶ 二、收货检验工作的要点

1. 组建专业的验收小组

关于采购检验工作的实施，采购方首先要组建专业的验收小组。一般验收小组的成员可以从企业采购部门挑选，该工作要求成员对采购工作较为熟悉。验收人员的选择标准主要有以下三个：①具有专业的检验知识和技能，熟悉采购检验工作的整体流程；②具有较强的责任心，能认真负责地完成验收工作；③检验人员不能是该物料采购工作的主要负责人，这一要求主要是为了防止徇私舞弊情况的发生。

2. 做好检验工作记录

为了方便复查检验工作，所有的检验工作都要在验收过程中做好工作记录和检验备忘录，详细记录验收工作的具体内容和注意事项，并由验收小组成员签字确认。

3. 约定验收时间和地点

如果是短期合作或是首次合作，且为重要物料，采购方和供应商可以在验收工作之前提前约定验收的时间和地点。若验收结果不符合采购合同的相关规定，要立刻上报企业管理层，同时要求供应商提出相应的解决方案。

任务 8-2　采购质量的管理

🔍 任务导读

检验工作虽然不能直接给企业带来经济效益，但是可以有效防止企业可能发生的损失。这就需要质量检验人员充分认识到自己工作的重要性，认真对待自己所做的检验工作。检验工作有其具体的要求，有必要的工具，也有一定的方法。本任务将介绍采购质量管理的具体方法。

✍ 任务实施

采购是企业产成品质量的基本保证。据统计，产成品中价值的 60% 是经过采购由供应商提供的，毫无疑问产成品"生命"的 60% 应在质量控制中得到确保，也就是说，企业产成品质量不仅要在企业内部控制好，供应商物料的质量也应该精益化地控制与管理。供应商上游质量控制得好，不仅可以为下游质量控制打好基础，同时可以降低质量成本，减少企业来货检验费（如通过降低检验频次甚至免检）等。经验表明，一个企业要是能将 1/4 到 1/3 的质量管理精力花在供应商的质量管理上，那么企业自身的质量水平至少可以提高 50% 以上。质量检验是质量监控的重要手段。

▶▶▶ 一、质量检验的方法与实施

1. 检验方法的类型

根据物料的具体特性，可选择相应的检验方式。

（1）全数检验和抽样检验

全数检验是对全部待检物料逐一进行检验。抽样检验是按照数理统计原理设计的抽样方案，从待检物料总体中取得一个随机样本，对样本中每个个体逐一进行检验，获得质量特性值的样本统计值，并和相应标准比较，从而对总体质量做出判断。

在实际工作中，受到人力、检验工具的限制，以及考虑到成本的问题，质量检验工作往往以抽样检验为主，而在抽样检验中又以随机抽样检验为主。只有待检物料的价值很高，或者有其他特殊需求的时候，才采用全数检验，如钻石、精密零部件、重要原材料等。

（2）理化检验与感官检验

理化检验是在一定的实验室环境条件下，利用各种仪器、器具和试剂做手段，运用物理、化学的方法来测定物料质量的方法。理化检验主要用于物料的成分、结构、物理性质、化学性质、安全性、卫生等方面的检验。

感官检验就是依靠人的感觉器官对质量特性或特征进行评价和判断。例如，物料的形状、颜色、气味、伤痕、污损、锈蚀和老化程度等，往往要靠人的感觉器官来进行检查和评价。

理化检验与感官检验相比，其结果可以用数据定量表示，检验结果准确客观，不受检验人员主观意志的影响，比感官检验更加客观和精确，但要求有一定的设备和检验条件，同时对检验人员的知识和操作技术也有一定的要求。

感官检验的结果往往依赖于检验人员的经验，并有较大的波动性。虽然如此，但由于目前理化检验技术发展的局限性及质量检验问题的多样性，感官检验在某些场合仍然是质量检验方式的一种选择或补充。

（3）破坏性检验与非破坏性检验

破坏性检验是指只有将受检验样品破坏后才能进行检验，或者在检验过程中受检验样品被破坏或消耗的检验。经过破坏性检验后，受检物的完整性遭到破坏，不再具有原来的使用功能。例如寿命试验、强度试验等往往是破坏性检验。

注意事项◀

（1）破坏性检验不能和全数检验同时进行。

（2）破坏性检验只能采用抽样检验方式。

非破坏性检验又称"无损检验"，是指检验时物料不受到破坏，或虽然有损耗但对物料质量不发生实质性影响的检验。例如机械零件的尺寸等大多数检验，都属于非破坏性检验。

现在由于无损检查的发展，非破坏性检验的范围在扩大。

小贴士

检验结果的显示

检验结果的显示分为计数和计量两种。对于单件物料，如一个自行车轮胎、一根辐条等，计数值类型的数据不能连续取值，其特性值可采用二项分布、泊松分布等离散型随机规律来描述。对于散装的物料，如焦炭、沙石、矿石、石灰粉等，其检验数据是计量值类型的数据，可以连续取值，如长度、容量、重量、浓度、温度、强度等。计量值类型的特性值的统计规律可以用正态分布等连续性随机分布规律来描述。

2. 检验的实施

通常检验活动可以分为三种类型，即进货检验、工序检验和完工检验。

（1）进货检验

进货检验是对物料的质量进行验证。进货检验有首件（批）样品检验和成批进货检验两种形式。这是采购方采购物料之后的第一次检验，如果在这一过程中出现质量不合要求的物料，应根据具体情况及时与供应商联系，采取相应的措施，尽量降低双方的损失。

（2）工序检验

工序检验有时称为"过程检验"或"阶段检验"。工序检验的目的是在加工过程中防止进货检验中漏检的物料流入生产工序，造成因不合格物料而产生不合格的产成品。

这是企业采购物料之后的第二次检验，如果发现不合格的物料，要及时与供应商取得联系，要求供应商协助解决问题，如再次订货、敦促供应商稳定物料质量等。

（3）完工检验

完工检验又称为"最终检验"，是全面考核半成品或产成品质量是否满足设计规范标准的重要手段。完工检验可以是全数检验，也可以是抽样检验，应视产成品特点及工序检验情况而定。

这是企业采购物料之后的第三次检验。如果在这一步再出现质量方面的问题，那么很可能不是供应商物料质量的问题，而是采购方在产成品设计或生产时出现了问题。如果是采购方没有考虑到物料特性，设计的瑕疵导致了产成品的质量问题，采购方最好请供应商介入产成品的设计，选择合适的物料，避免设计出现问题。

注意事项

检验活动中风险的转移

从进货检验，到工序检验，再到完工检验，供应商的责任逐渐降低，而采购商承担的风险越来越大。所以，采购方要想把好采购物料的质量关，就一定要做好进货检验，把质量存在问题的物料杜绝在物料入库之前。

3. 验收单的制作

由于每个企业所采购的物料不尽相同、验收方法也不相同。由此每个企业所用的验收单也不完全一样，实际的验收单还需要根据企业验收物料的需要来具体设计。表 8-1 所示为某企业的验收单。

表 8-1　某企业的验收单

编号＿＿＿＿＿＿＿＿　　　　　　　　　　　　　　　　　　　　　　　日期＿＿＿＿＿＿＿＿

物料编号	名称	订购数量	规格符合 是	规格符合 否	单位	实收	单价	总价
是否分批交货 □是　□否	会计科目		供应厂商				合计	
检验	抽样　　%不良 全数　　%不良		验收结果		检查主管		检查员	
总经理	成本会计		仓管部			采购部		
	主管	核算	主管		收料		主管	制单

▶▶▶ 二、质量验收准则的制定

由于不同企业所采购的物料性质不同，质量验收方法有很大差异。每个企业应根据所用的验收方法制定质量验收准则。下面是通用自行车厂制定的质量验收管理办法（含验收标准）。

通用自行车厂的质量验收管理办法

第一条　管理办法的实施范围

本企业对物料的验收均依本办法作业。

第二条　待收料

物料管理收料人员于接到采购部门转来已核准的"采购单"时，按供应商、物料类别及交货日期分别依序排列存档，并于交货前安排存放的库位以利收料作业。

第三条　收料

1. 物料进厂后，物料管理收料人员即会同检验单位依"装箱单"或"采购单"开柜（箱）核对材料名称、规格并清点数量，并将到货日期及实收数量填于"采购单"。

2. 开柜（箱）后，如发觉所载的材料与"装箱单"或"采购单"所记载的内容不同时，通知办理人员及采购部门处理。

3. 其发觉所装载的物料有倾覆、破损、变质、受潮等异常时，经初步计算损失将超过 5 000 元者（含），物料管理收料人员即时通知采购人员联络公证处前来公证或通知供应商前来处理，并尽可能维持异常状态以利公证作业，如未超过5 000元者，则依实际的数量办理收料，并于"采购单"上注明损失数量及情况。

4．对于由公证或供应商确认，物料管理收料人员开立"索赔处理单"呈主管核实后，送会计部门及采购部门督促办理。

第四条 材料待验

进厂待验的材料，必须于物料的外包装上贴材料标签并详细注明料号、品名规格、数量及入厂日期，且与已检验者分开储存，并规划"待验区"以为区分。收料后，物料管理收料人员应将每日所收料品汇总填入"进货日报表"以为入账清单的依据。

附一：钢管的验收标准

本标准规定了钢管（包括无缝钢管和焊接钢管）的验收、包装、标志和质量说明书。当物料标准有特殊规定时，应按物料标准的规定执行。

1．验收规则

1.1 钢管的质量检查和验收，应由供方技术质量监督部门进行。

1.2 供方必须保证交货钢管符合相应物料标准的规定。需方有权按相应物料标准进行检查和验收。

1.3 钢管应成批提交验收，组批规则应符合相应物料标准的规定。

1.4 钢管的检验项目、取样数量、取样部位和试验方法，按相应物料标准的规定。经需方同意，热轧无缝钢管可按轧制根数组批取样。

1.4.1 钢管几何尺寸及外形检查。

A．钢管壁厚检查：千分尺、超声测厚仪，两端不少于8点并记录。

B．钢管外径、椭圆度检查：卡规、游标卡尺、环规，测出最大点、最小点。

C．钢管长度检查：钢卷尺、人工、自动测长。

D．钢管弯曲度检查：直尺、水平尺（1m）、塞尺、细线测每米弯曲度、全长弯曲度。

E．钢管端面坡口角度和钝边检查：角尺、卡板。

1.4.2 钢管表面质量检查。

A．人工肉眼检查：照明条件、标准、经验、标识、钢管转动。

B．无损探伤检查：超声波探伤UT、涡流探伤ET、磁粉MT和漏磁探伤、电磁超声波探伤、渗透探伤。

1.5 钢管试验结果，某一项不符合物料标准的规定时，应将不合格者挑出，并从同一批钢管中，任取双倍数量的试样，进行不合格项目的复验。

复验结果（包括该项目试验所要求的任一指标）不合格，则该批钢管不得交货。

下列检验项目，初验不合格时，不允许进行复验。

A．低倍组织中有白点；

B．显微组织。

1.6 复验结果不合格（包括初验结果显微组织不合格，不允许复验的项目）的钢管，供方可逐根提交验收；或重新进行热处理（重新热处理次数不得超过两次），以新的一批提出验收。

1.7 如物料标准未做特殊规定，钢管的化学成分按熔炼成分进行验收。

2. 包装

2.1 捆扎包装

2.1.1 钢管一般采用捆扎成捆包装交货。每捆应是同一批号（产品标准允许并批者除外）的钢管。

每捆钢管不应超过 5 000kg。

外径大于 159mm 的钢管或截面周长大于 500mm 的异型钢管，可散装交货。

经供需双方协议，每捆钢管的重量可超过 5 000kg，也可小包装交货。

2.1.2 成捆钢管应用钢带或钢丝捆扎牢固。

2.1.3 成捆钢管一端应放置整齐。

2.1.4 短尺长度钢管应单独捆扎包装交货。

2.1.5 定尺长度（或倍尺长度）交货的钢管，其搭交的非定尺（或非倍尺）长度钢管，应单独捆扎包装。

2.1.6 根据需方要求，钢管表面可涂保护层（2.1.9、2.1.10、2.2.1 和 2.2.2 规定的除外）。保护涂层应是防腐蚀材料。要考虑到涂敷时易涂并且容易去除。

2.1.7 每根车螺纹钢管的一端，应拧有管接头。钢管及其管接头的螺纹和加工表面，必须涂以防锈油或其他防锈剂。在管端和内接头上，应拧上护丝环。车螺纹的低压流体输送用焊接钢管，不拧护丝环。但公称通径不小于 65mm 的低压流体输送用焊接钢管（包括镀锌焊接钢管），可拧护丝环。

2.1.8 根据需方要求，钢管两端可加盖塑料保护套。

2.1.9 壁厚大于 1.5mm 的冷拔或冷轧不锈钢管，应用不少于 2 层的麻袋布或塑料布紧密包裹，钢带或钢丝捆扎（经需方同意也可裸体捆扎）。每捆最大重量为 2 000kg。

2.1.10 抛光钢管、有表面粗糙度要求的钢管，内外表面应涂防锈油或其他防锈剂。然后用防潮纸再用麻袋布或塑料布，依次包裹，钢带或钢丝捆扎。每捆最大重量为 2 000kg。

2.2 容器包装

2.2.1 壁厚不大于 1.5mm 的冷拔或冷轧无缝钢管、壁厚不大于 1mm 的电焊钢管、经表面抛光的热轧不锈钢管、表面粗糙度 Ra 不大于 3.2μm 的精密钢管，应用坚固的容器（例如铁箱和木箱）包装。

2.2.2 钢管装入容器时，容器内壁应垫上油毡纸或塑料布或其他防潮材料。容器应严密不易渗水。容器外部应用钢带或双线钢丝或其他方法捆扎拧紧。

2.2.3 管接头单独发货应装入容器。每个容器的最大重量为 200kg。

2.3 钢管有特殊包装要求，应由供需双方协议。

3. 标志

3.1 外径不小于 36mm 的钢管及截面周长不小于 150mm 的异型钢管，应在每根钢管一端的端部有喷印、盖印、滚印、钢印或粘贴印记。印记应清晰明显，不易脱落。印记应包括钢的牌号、物料规格、生产标准号和供方印记或注册商标。

合金钢钢管应在钢的牌号后印有炉号、批号。

地质、石油用钢管的管接头，应有牌号或钢级的标志。

左螺纹的车螺纹钢管，应在标准号后印有"左"字。

低压流体输送用焊接钢管和镀锌焊接钢管、电线套管、一般用途的电焊钢管、异型断面焊接钢管、复杂断面的异型无缝钢管，可不在每根钢管上打印记。

3.2 外径小于36mm的钢管和截面周长小于150mm的异型钢管，可不打印记。

3.3 成捆包装的每捆钢管上，应挂有不少于2个标牌（每根钢管上有印记的可挂1个标牌）。标牌上应注明：供方印记或注册商标、钢的牌号（物料标准未规定按炉号交货者除外）、批号、合同号、物料规定、物料标准号、重量或根数、制造日期和供方技术监督部门的印记。

3.4 容器包装的钢管及管接头，在容器内应附1个标牌。在容器外端面上，也应挂上1个标牌。标牌上的内容应符合3.3的规定。

3.5 对钢管标志如有增减要求的，在物料标准中加以规定，或经供需双方协议。

4. 质量证明书

4.1 交货的每批钢管必须附有符合订货合同和物料标准规定的质量证明书。

4.2 质量证明书应由供方技术部门盖章。如需方有驻厂验收员，也应盖章或签字。

4.3 质量证明书应有以下内容。

A. 供方名称或印记。

B. 需方名称。

C. 发货日期。

D. 合同号。

E. 物料标准号。

F. 钢的牌号。

G. 炉罐号、批号、交货状态、重量（或根数）和件数。

H. 品种名称、规格及质量等级。

I. 物料标准中所规定的各项检验结果（包括参考性指标）。

J. 技术监督部门印记。

（其他材料的验收标准略）

思政小课堂

采购人员应具备质量至上的管理意识

当前，国家提出高质量发展战略，意味着各行各业都要把生产高精尖产品和提供精细化服务作为重要的价值追求。要实现这样的目标，必须秉持追求完美的工作态度，弘扬精益求精的工匠精神，生产出质量过硬的产品，提供口碑出色的服务，不断提高产品和服务的国际竞争力。

采购质量是企业产成品质量的源头，很多产品质量问题都由原材料质量引起。采购人员必须干一行专一行，重细节、追求完美，肯下苦功夫，通过高标准的工作模式和科学的工作方法，致力于为生产质量过硬、口碑出色的产品服务。

▼ 项目思考 ●●●

一、单选题

1．采购收货中的"确定送到日期"工作是为了（　　　）。

    A．用以督促验收时效

    B．避免借故推脱

    C．确定供应商是否如期交货，以作为延迟罚款之依据

    D．以上都不是

2．采购收货中的"确定物料"主要是确定物料的名称与（　　　）。

    A．规格　　　　　　B．数量　　　　　　C．质量　　　　　　D．以上都不是

3．对于（　　　），检验人员应做出"报废""让步使用""返修"等处理结果。

    A．索赔　　　　　　B．不合格品处理　　C．档案整理　　　　D．以上都不是

4．只有待检物料的价值很高，或者有其他特殊需求的时候，才采用（　　　），如钻石、精密零部件、重要原材料等。

    A．抽样检验　　　　B．理化检验　　　　C．全数检验　　　　D．感官检验

5．（　　　）是在一定的实验室环境条件下，利用各种仪器、器具和试剂做手段，运用物理、化学的方法来测定物料质量的方法。

    A．感官检验　　　　B．抽样检验　　　　C．破坏性检验　　　D．理化检验

6．（　　　）后，受检物的完整性遭到破坏，不再具有原来的使用功能。例如寿命试验、强度试验等往往是此类检验。

    A．理化检验　　　　B．感官检验　　　　C．破坏性检验　　　D．非破坏性检验

7．（　　　）有时称为"过程检验"或"阶段检验"。其目的是在加工过程中防止进货检验中漏检的物料流入生产工序，造成因不合格物料而产生不合格的产成品。

    A．进货检验　　　　B．感官检验　　　　C．完工检验　　　　D．工序检验

8．（　　　）是采购方采购物料之后的第一次检验，如果在这一过程中出现质量不合要求的物料，应根据具体情况及时与供应商联系，采取相应的措施，尽量降低损失。

    A．工序检验　　　　B．完工检验　　　　C．进货检验　　　　D．以上都不是

二、多选题

1．采购收货核对单据时要做到三个确定，即（　　　）。

    A．确定供应商　　B．确定订单　　　　C．确定日期　　　　D．确定物料

2．质量检验根据物料特性可以选择（　　　）。

    A．标识检验　　　　　　　　　　　　B．抽样检验与全数检验

C．感官检验与理化检验　　　　　　　D．破坏性检验与非破坏性检验

3．通常检验活动可以分为三种类型，即（　　　）。

　　A．感官检验　　　B．工序检验　　　C．完工检验　　　D．进货检验

4．关于采购收货的处理，下列说法正确的有（　　　）。

　　A．确认供应商时，尤其是向两家以上供应商采购的物料，应分别计算

　　B．若出现实际交货数量与采购订单数量不相符的情况时，可延后处理

　　C．数量检验工作细节特别要注意有包装的总数与明细数。例如一打的包装内是否确实有 12 个

　　D．超交如需补足时，物料管理部门应通知采购人员联络供应商处理

三、判断题

1．质量检验时，全数检验与破坏性检验可以同时进行。（　　　）

2．寿命试验、强度试验等往往是破坏性检验。（　　　）

3．在实际工作中，受到人力、检验工具的限制，以及考虑到成本的问题，质量检验工作往往以抽样检验为主，而在抽样检验中又以随机抽样检验为主。（　　　）

4．理化检验与感官检验相比，其结果可以用数据定量表示，检验结果准确客观，不受检验人员主观意志的影响，较感官检验客观和精确。（　　　）

四、问答题

1．在做检验工作时，需要做哪些工作？

2．在数量检验时，会出现哪些结果？应如何处理？

3．质量验收准则的制定中，应如何综合使用理化检验与感官检验？

 举一反三

质检能否凭经验？

在某药厂仓库，审核员要求查阅 7—10 月的进货检验记录。审核员在审核时发现，7、8 两个月的药材含水量记录多是 6.2%、7.5%、6.3%等不同的具体数字，检验员说这些都是实测的结果；而 9 月以后的记录均为 8%。

审核员问："为什么这些结果数字都一样？"

检验员说："用仪器检验太麻烦，对于粉状的原料还较容易，把含水量测定仪的探针插入麻袋就行了，但是对于大块的原料，我们还得烘干、用天平称量，很费事。我们检验员凭经验用手一捏就知道含水量是否合格，所以就都填写 8%了。而且含水量对产成品质量影响不太大。"

审核员看到《进货检验规程》中规定对于进货原材料应使用仪器进行含水量的检验。

阅读案例，回答问题。

1．你认为，该药厂原材料的质检能否仅凭检验员的经验？

2．就本案例，谈谈你对感官检验和理化检验的选择和使用的看法。

项目实施总结

质量检验是采购工作中的一项重要任务，本项目介绍了采购验收作业的方法和要点。图 8-1 所示为采购验收作业的控制项目总结。

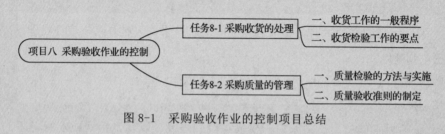

图 8-1　采购验收作业的控制项目总结

项目九
精益采购管理之供应商的日常管理

项目描述与分析

通过前面的学习，采购方选择了供应商，供应商也为采购方进行了物料供应的工作。那么，在供需双方一段时间的合作之后，是不是采购方就可以完全放手，不再对供应商进行管理了呢？

答案当然是否定的，为了促使供应商长期保持质优价廉的供应，采购方不但要对供应商进行管理，还需要持之以恒地进行精益化的管理工作，具体抓好以下几个基本环节：①供应商调查；②资源市场调查；③供应商开发；④供应商考核；⑤供应商关系管理。前三个环节项目四已有介绍，本项目将主要研究后两个环节。

供应商管理是采购管理领域中的重要工作，也是传统企业管理中的薄弱环节，不少企业重视选择供应商的过程，但签订合同后仅仅对供应商实施粗放的管理，造成了很多非常被动的局面。本项目对企业的供应商绩效评估和供应商关系管理等系列知识进行了详细的介绍，总结了对供应商进行精益化管理的工作要点。

项目知识点

掌握供应商绩效评估的方法。
了解供应商的精益化分类。

项目技能点

建立合理的供应商绩效评估指标体系。
能够进行有效的供应商关系管理。

任务 9-1 供应商绩效评估

 **任务导读**

通过之前的工作，供应商中天自行车配件厂为通用自行车厂供货已有一段时间。假设现在出现了如下情况。

1. 与通用自行车厂签订合同后，中天自行车配件厂就没有了危机感，有一劳永逸的思想，供货质量、供货水平有一定程度的下降。

2. 供货运作期间，通用自行车厂对中天自行车配件厂表现没有评价，其做好做坏一个样，致使其积极性大为下降。

3. 通用自行车厂需要的某种重要的原材料是专利物料，只能由中天自行车配件厂独家供应，其在供应的过程中很不配合，任意抬价，供货不及时。

对于这些情况，通用自行车厂应如何处理？供应商绩效评估是解决以上问题的精益化方法之一。本任务将介绍供应商绩效考核指标体系的建立和使用。

任务实施

表 9-1 所示为供应商供货的问题分析。

表 9-1　供应商供货的问题分析

表现	原因	可采取的措施
供货水平下降	采购方缺乏对供应商日常供货表现的评价	需要进行供应商考核工作
思想懈怠，积极性降低	供应商缺乏危机感	需要进行供应商考核工作
专利物料，供应商很不配合	供货被供应商垄断	需要更好的供应商关系管理手段

企业要维持正常生产，就必须有一批可靠的供应商为企业提供各种各样的物料。如果只重视供应商的选择，而不重视对供应商日常表现进行评估的话，供应商签订合同后很容易出现思想懈怠的情况，签订合同前后的表现如同"过山车"：如样品质量高但批量供货时经常出现质量异常；不能实现承诺的交货期；紧急订单响应等方面不能积极配合等。在传统的供应商的日常管理中，采购往往在供应商出现较大异常情况后才会采取紧急措施，加强对供应商的管理，但是这种"头痛医头、脚疼医脚"的管理办法，不可能从源头上解决供应商鱼龙混杂的现状，整个供应体系的风险依然很高。因此，对供应商一定要进行精益化管理。加强与关键供应商的合作，建立起亲密的合作伙伴关系，使企业与供应商信息共享、资源共享，有利于供应链的资源合理配置，从而系统地提升供

应链的运作能力。

所谓精益化的供应商管理，就是采购方对供应商的了解、选择、开发、使用和控制等综合性的科学管理工作的总称。其中，了解是基础，选择、开发、控制是手段，使用是目的。

通过前面的学习，采购方选择、开发了合适的供应商。当采购方与供应商合作一段时期（如一个季度或者一年）之后，还需要对供应商进行考核，以及相应的关系管理工作。做好供应商管理工作的目的，就是要建立起一支稳定可靠的供应商队伍，采取优胜劣汰的机制，定期评估、筛选，适当淘汰，为采购方生产提供最质优价廉的物料。

有的传统企业也会进行供应商的考核工作，但是一般都只是对供应商来料质量进行定期检查，而没有一整套的规范和程式。随着采购管理在企业中的地位越来越重要，一套规范、合理、科学的供应商绩效考核指标体系就很有必要，它作为精益化考核供应商的依据，可以客观公正地评价供应商。

▶▶▶ 一、建立供应商绩效考核指标体系的前期工作

1. 对供应商进行绩效考核的目的

供应商绩效考核的主要目的是确保供应商供应物料的质量，同时在供应商之间进行比较，以便继续同优秀的供应商进行合作，同时淘汰绩效差的供应商。记录和了解供应商存在的不足之处，将其反馈给供应商，可以促进供应商改善业绩，因此供应商的绩效考核也是供应商改进不足、提高自身能力的契机。

2. 供应商绩效考核的基本原则

① 供应商绩效考核必须持续进行，要定期地检查目标达成的程度。当供应商知道会定期地被评估时，自然就会致力于改善自身的绩效，从而提高供应质量。

② 要从供应商的整体运作方面来进行评估以确立整体的目标。

③ 供应商的绩效总会受到各种外来因素的影响，因此对供应商的绩效进行评估时，要考虑到外在因素带来的影响，不能仅仅衡量绩效。

3. 供应商绩效考核的范围

不同的采购方针对供应商表现的评价要求不同，相应的评价指标也就不一样。最简单的做法是仅衡量供应商的交货质量。成熟一些的除考核质量外，也跟踪供应商的交货表现；较先进的系统则进一步扩展到供应商的支持与服务、供应商参与企业产成品开发等的表现，也就是由考评订单、交单实现过程延伸到产成品开发过程。

4. 供应商绩效考核的准备工作

要实施供应商考评，采购方就必须制定一个供应商绩效考核指标体系和工作程序，以便有关部门或人员依文件实施。实施过程中要对供应商的表现（如质量、交货、服务等）

进行监测记录，为考评提供量化依据。考评前还要选定被考评的供应商，将考评做法、标准及要求同相应的供应商进行充分沟通，并在采购方内对参与考评的部门或人员做好沟通协调。供应商评估常由采购人员牵头组织，品质、生产等相关人员共同参与。

企业进行精益化的供应商绩效考核时要考虑以下几个方面。

① 考评所有的供应商，并且明文规定好考评什么、何时考评、怎样考评、由谁考评。

② 事先确定好考评指标，并通过信息系统自动计算考评结果。

③ 考评指标明确、合理，与采购方的企业大目标保持一致。

④ 考评指标具体，考评准则体现跨功能精神。

⑤ 考评结果要及时反馈给供应商，并通报到采购方企业内部相关人员。

⑥ 组织供应商会议跟踪相应的改善行动。

⑦ 要求供应商设定明确的改进目标。

▶▶▶ 二、供应商绩效考核指标体系

采购方在制定供应商绩效考核指标体系时，应该突出重点，对价格、质量等关键指标进行重点分析，同时设置的指标也要全面，因为售后服务、技术支持等因素也会在相当程度上影响采购方的成本和效率。采购方可以重点考虑的因素有以下几点。

1. 物料质量

物料质量是最重要的因素，在开始运作的一段时间内，主要加强对物料质量的检查。检查可分为两种：一种是全检，另一种是抽检。全检工作量太大，一般采用抽检的方法。质量的好坏可以用质量合格率来描述。如果在一次交货中一共抽检了 n 件，其中有 m 件是合格的，则质量合格率为 p，其公式如下：

$$p = \frac{m}{n} \times 100\%$$

显然，质量合格率 p 越高越好。如果在 N 次的交货中，每次的物料合格率 p 都不一样，则可以用平均合格率 $\bar{p}$ 来描述。

$$\bar{p} = \frac{\sum_{i=1}^{N} p_i}{N}$$

有些情况下，采购方会对不合格物料采取退货的措施。这时质量合格率也可以用退货率来描述。所谓退货率，是指退货量占采购进货量的比率。如果采购进货 n 次（或件、个），其中退货 r 次（或件、个），则退货率可以用公式表示如下：

$$退货率 = \frac{r}{n} \times 100\%$$

显然，退货率越高，表明物料质量越差。

小贴士

质量的其他考核方式

还有的采购方将供应商体系，质量信息，供应商是否使用、如何使用统计过程控制（Statistical Process Control，SPC）与质量控制等也纳入考核体系，比如供应商是否通过了 ISO 9000 认证或供应商的质量体系审核是否达到一定的水平。还有些采购方要求供应商在提供物料的同时，要提供相应的质量文件，如过程质量检验报告、出货质量检验报告、产成品成分性能测试报告等。

2. 交货期

交货期也是一个很重要的考核指标参数。考察交货期主要是考察供应商的准时交货率。准时交货率可以用准时交货的次数与总交货次数之比来衡量。

$$准时交货率 = \frac{准时交货的次数}{总交货次数} \times 100\%$$

除准时交货率外，交货周期、订单变化接受率等指标也要考虑。其中，交货周期是指自订单开出日到收货日的时间长度，常以天为单位；订单变化接受率是衡量供应商对订单变化灵活性反应的一个指标，是指在双方确认的交货周期中，当采购方发生了订单的临时变化时，供应商可接受的订单增加或减少的比率。

$$订单变化接受率 = \frac{订单增加（或减少）的交货数量}{订单原订的交货数量} \times 100\%$$

小贴士

订单增加接受率与订单减少接受率的区别

供应商能够接受的订单增加接受率与订单减少接受率往往不同，前者取决于供应商生产能力的弹性、生产计划安排与反应快慢及库存大小与状态；后者主要取决于供应商的反应、库存能力的大小及因减单带来的可能损失的承受力。

3. 交货量

考察交货量主要是考核按时交货量，按时交货量可以用按时交货率来评价。按时交货率是指给定交货期内的实际交货量与期内应当完成交货量的比率。

$$按时交货率 = \frac{期内实际完成交货量}{期内应完成交货量} \times 100\%$$

也可以用未按时交货率来描述。

$$未按时交货率 = \frac{期内实际未完成交货量}{期内应完成交货量} \times 100\%$$

$$= 1 - 按时交货率$$

如果在 N 次的交货中，每期的交货率不同，则可以求出各个交货期的平均按时交货率。

$$平均按时交货率 = \frac{\sum 按时交货率}{N}$$

考核总的供货满足率可以用总供货满足率或总缺货率来描述。

$$总供货满足率 = \frac{期内实际完成供货量}{期内应当完成供货总量} \times 100\%$$

$$总缺货率 = \frac{期内实际未完成供货量}{期内应当完成供货总量} \times 100\%$$
$$= 1 - 总供货满足率$$

4．工作质量

考核工作质量，可以用交货差错率和交货破损率来描述。

$$交货差错率 = \frac{期内交货差错量}{期内交货总量} \times 100\%$$

$$交货破损率 = \frac{期内交货破损量}{期内交货总量} \times 100\%$$

5．价格

（1）价格水平

往往同本企业所掌握的市场行情比较，如可以和市场同档次物料的平均价和最低价进行比较，分别用市场平均价格比率和市场最低价格比率来表示。

$$市场平均价格比率 = \frac{供应商的供货价格 - 市场平均价}{市场平均价} \times 100\%$$

$$市场最低价格比率 = \frac{供应商的供货价格 - 市场最低价}{市场最低价} \times 100\%$$

（2）报价情况

报价是否及时；报价单是否客观、具体、透明（分解成原材料费用、加工费用、包装费用、运输费用、税金、利润等，以及相对应的交货与付款条件）。

（3）降低成本的态度及行动

是否真诚地配合采购方开展降低成本活动，制订改进计划，实施改进行动，是否定期与采购方检讨价格。

（4）分享降价成果

是否能将降低的部分成本让利给采购方。

（5）财务情况

是否积极配合响应采购方提出的付款条件要求与办法，开出发票是否准确、及时，是否符合有关财税要求。

6．进货费用水平

考核供应商的进货费用水平，可以用进货费用节约率来考核。

$$进货费用节约率 = \frac{本期进货费用 - 上期进货费用}{上期进货费用} \times 100\%$$

7. 配合度

主要考核供应商的协调精神。在和供应商相处过程中，采购方常常因为市场的变化或具体情况的变化，需要对采购任务进行调整变更。这种变更可能会导致供应商工作方式的变更、甚至需要供应商牺牲一点利益，此时应考察供应商的配合程度。考核供应商在支持、配合与服务方面的表现通常是定性的考核，相关的指标有反应与沟通、合作态度、与采购方的共同改进、售后服务、参与开发、其他支持等，具体如下所述。

（1）反应表现

对订单、交货、质量投诉等反应是否及时、迅速，答复是否完整，对退货、投诉等是否及时处理。

（2）沟通手段

是否有合适的人员与采购方沟通，沟通手段是否符合采购方的要求（电话、传真、电子邮件及文件书写所用软件与采购方的匹配程度等）。

（3）合作态度

是否将采购方看成重要客户，供应商高层领导或关键人物是否重视采购方的要求，供应商内部沟通协作（如市场、生产、计划、工程、质量等部门）是否能整体配合并满足采购方的要求。

（4）共同改进

是否积极参与或主动参与采购方相关的质量、供应、成本等改进项目或活动，或推行新的管理做法等，是否积极组织、参与采购方共同召开的供应商改进会议，配合采购方开展质量体系审核等。

（5）售后服务

是否主动征询采购方的意见，主动访问采购方，主动解决或预防问题。

（6）参与开发

是否积极参与采购方的产成品开发项目。

（7）其他支持

是否积极接纳采购方提出的有关参观、访问事宜，是否积极提供采购方要求的新物料报价与送样，是否妥善保存与采购方相关的文件等不予泄露，是否保证不与影响到采购方切身利益的相关的其他企业进行合作等。

考核供应商的配合度，主要靠采购方相关部门工作人员的主观评分来考核。可确定与供应商直接接触的工作人员，让他们根据接触时的体验对供应商进行评分。这也有利于提高供应商对采购方工作的配合度。

对于质量、交货期、交货量、工作质量、价格、进货费用水平等指标，在供应商供应的过程中，采购人员就需要对供应商的表现等进行监测记录，为考核提供量化依据。

在单项考核评估的基础上可以进行综合评估。综合评估就是把以上各个指标进行加权平均计算而得出的一个综合成绩。可以用下式计算：

$$s = \frac{\sum w_i p_i}{\sum w_i} \times 100\%$$

式中：s 为综合指标；p_i 为第 i 个指标；w_i 为第 i 个指标的权数，由采购方根据各个指标的相对重要性而主观设定。采购人员把各个选定的单项考核指标值与相应的权数值相乘再相加除以总权数，就可以算出综合成绩值 s。p_i 指标值并不都是越高越好的，如退货率、未按时交货率、交货差错率等。

▶▶▶ 三、供应商考核指标体系的使用

为保证供应商考核工作的公平、公正、透明，采购方在考核工作前，就应与被考核的供应商进行充分沟通，将考核方法、考核标准和要求告知供应商，并在采购方企业内部对相关部门人员进行协调。

在与供应商签订正式合同后，采购方需要对供应商整个运作活动进行全面考核。定期考核供应商，可以凸显供应商在一段时期供应表现的优点和不足。

阶段性考核结果产生后，采购方要善用该结果。通过一些激励手段（具体的"供应商的激励与控制"见任务 9-2），鼓励表现优秀的供应商，警示表现不佳的供应商，甚至淘汰表现糟糕的供应商，吸收更为优秀的供应商进入，以促进供应商之间的竞争，获得更好的采购绩效。因此供应商考核指标体系是控制供应过程、促进供应商改进的有效手段，也是降低经营风险、保证持续供应的重要保障。

任务 9-2　供应商关系管理

🔍 任务导读

通用自行车厂在与供应商的合作过程中，采购人员应用供应商管理的精益化的方法和手段，既充分发挥供应商的积极性和主动性，又防止供应商的不轨行为，规避采购方可能出现的风险。本任务将介绍供应商关系管理的一些具体的精益化方法和理念。

✍ 任务实施

供应商是追求利益最大化的独立主体。按传统的观念，供应商和采购方是利益互相冲突的矛盾对立体。如果供应商和采购方进行零和博弈，只顾己方得利，供应商很容易抱有"一锤子买卖"的思想，在供货、质量、售后服务等方面偷工减料，这对采购方非常危险。对采购方来说，物料供应没有可靠的保证、物料质量没有保障、采购总成本过高，这些都会直接影响采购方的生产和成本效益。

为了创造出一种良好的采供双方关系，克服传统的采供双方关系观念，采购方非常

有必要重视供应商的精益化管理工作，多方面持续努力，了解、选择、开发供应商，合理使用和控制供应商，建立起一支可靠的供应商队伍，为企业生产提供稳定可靠的物料供应保障。

一、供应商的精益化细分

供应商精益化细分是指在供应市场上，采购方依据采购物料的金额、采购物料的重要性及供应商对采购方的重视程度和信赖性等因素，将供应商划分成若干个群体。供应商的精益化细分是供应商关系管理的先行环节，只有在供应商精益化细分的基础上，采购方才有可能根据细分供应商的不同情况实行不同的供应商关系策略。

1. 依据管理方法的细分

依据对供应商的管理方法，可以细分为以下几种：公开竞价型、动态网络型、供应链管理型。

（1）公开竞价型

公开竞价型是指采购方将所采购的物料公开地向若干个供应商提出采购计划，各个供应商根据自身的情况进行竞价，采购方依据供应商竞价的情况，选择其中价格低、质量好的供应商作为该项采购计划的供应商，这类供应商就称为"公开竞价型供应商"。在供大于求的市场中，采购方处于有利地位，采用公开竞价选择供应商，对物料质量和价格有较大的选择余地，是企业降低成本的途径之一。

（2）动态网络型

动态网络型是指采购方通过与供应商长期的选择与交易中，将在价格、质量、售后服务、综合实力等方面比较优秀的供应商组成备选网络，采购方的某些物料的采购只限于在该网络中进行。该网络的实质就是采购方的资源市场，采购方可以针对不同的物料组建不同的动态网络。动态网络型的特点是采购方与供应商之间的交易是一种长期性的合作关系，但在这个网络中应采取优胜劣汰的机制，以便长期共存、定期评估、筛选，适当淘汰，同时吸收更为优秀的供应商进入。

（3）供应链管理型

供应链管理型是以供应链管理为指导思想的供应商管理，采购方与供应商之间的关系更为密切，采购方与供应商之间通过信息共享，适时传递自己的需求信息，而供应商根据实时的信息，将采购方所需的物料按时、按质、按量地送交采购方。

2. 依据采购物料的细分

依据采购物料的重要性和金额，可以细分为重点供应商和普通供应商。

根据帕累托法则可以将供应商细分为重点供应商和普通供应商。其基本思想是采购方针对不同的采购物料应采取不同的策略，对于不同物料的供应商也应相应地采取不同的策略，同时采购工作精力的分配也应各有侧重。

根据 80/20 规则，采购方可以将采购物料分为重点采购物料（占采购价值 80%的 20% 的采购物料）和普通采购物料（占采购价值 20%的 80%的采购物料），相应地，可以将供应商依据 80/20 规则进行分类，划分为重点供应商和普通供应商，即占 80%采购金额的 20% 的供应商为重点供应商，而其余只占 20%采购金额的 80%的供应商为普通供应商。对于重点供应商应投入 80%的时间和精力进行管理与改进。这些供应商提供的物料为采购方的战略物料或需集中采购的物料，如汽车厂需要采购的发动机和变速器，及一些价值高但种类少的物料。而对于普通供应商则只需要投入 20%的时间和精力跟踪其交货。因为这类供应商所提供的物料的运作对企业的成本、质量和生产的影响较小，如办公用品、维修备件、标准件等物料。

注意事项

按 80/20 规则细分供应商时应注意的问题

① 80/20 规则细分的供应商并不是一成不变的，是要随着外部和内部条件和环境变化而变化的，如企业的生产结构和产品线调整了，就需要对供应商进行重新细分。

② 对重点供应商和普通供应商应采取不同的管理策略。

3. 依据合作关系的细分

依据采购方与供应商的合作关系，可以细分为以下几种：短期目标型、长期目标型、渗透型、联盟型、纵向集成型。

（1）短期目标型

短期目标型是指采购方与供应商之间的关系是交易关系，即一般的买卖关系。双方的交易仅停留在短期的交易合同上，各自所关注的是如何谈判、如何提高自己的谈判技巧保障己方不吃亏，而不是如何改善自己的工作，使双方都获利。供应商根据交易的要求提供标准化的物料或服务，以保证每一笔交易的信誉。当交易完成后，双方关系也就终止了，双方只有供销人员有联系，而其他部门的人员一般不参加双方之间的业务活动，也很少共同参与改进的业务活动。

（2）长期目标型

长期目标型是指采购方与供应商保持长期的关系，双方有可能为了共同的利益去改进各自的工作，并在此基础上建立起超越买卖关系的合作。长期目标型的特征是建立一种合作伙伴关系，双方的工作重点是从长远利益出发，相互配合，不断改进质量与服务质量，共同降低成本，提高共同的竞争力。合作的范围应遍及采购方和供应商内部的多个部门，在组织上采取相应的措施，保证双方互派人员加入到对方的有关业务活动中。这样做的优点是可以更好地了解对方的情况，供应商可以了解自己的物料是如何起作用的，容易发现改进的方向；而采购方可以知道供应商的制造工艺过程，也可以提出改进的要求。

（3）渗透型

渗透型供应商是在长期目标型基础上发展起来的，其指导思想是把对方企业看成自己企业的一部分，对对方的关心程度进一步提高。为了能够参与对方活动，有时会在产权关系上采取适当措施，如互相投资、参股等，以保证双方利益的共享与一致性。双方的合作深度与广度进一步扩大。例如，采购方对供应商提出新的技术要求，而供应商目前还没有能力进行技术革新，在这种情况下，采购方可以对供应商提供技术、资金等方面的支持；同时，供应商的技术创新也会促进采购方的产成品改进，所以对供应商进行技术支持与鼓励有利于双方企业的长期利益。

（4）联盟型

联盟型供应商是从供应链角度提出的，其特点是在更长的纵向链条上管理供应链上成员——包括采购方的客户、采购方、供应商、供应商的供应商等——之间的关系。此时采购方视供应商为同处一个联盟中的成员，与其合作的范围要扩大到整条供应链。由于供应链上成员众多，维持该联盟成员关系的难度提高了，要求也更高，往往需要一个处于供应链上核心地位的企业出面协调各成员之间的关系，因而它也被称之为"供应链核心企业"。

（5）纵向集成型

纵向集成型供应商是最复杂的关系类型，即把供应链上的成员整合起来，像一个企业一样，但各成员是完全独立的企业，决策权属于自己。在这种关系中，要求每个企业在充分了解供应链的目标、要求，以及在充分掌握信息的条件下，能自觉做出有利于供应链整体利益的决策。在这种情况下，要求采购方与供应商完全地共享信息、共担风险、共享利益，以求共同利益最大化。

4. 依据供应商分类模块法细分

根据供应商分类模块法，供应商分为商业型、重点商业型、优先型、伙伴型供应商四种形式。

供应商分类的模块法是依据供应商对本单位的重要性和本单位对供应商的重要性进行矩阵分析，并据此对供应商进行分类的一种方法。可以用下面的矩阵图表示，如图9-1所示。

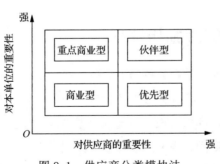

图9-1 供应商分类模块法

在供应商分类的模块中，如果供应商认为采购业务对于他们来说非常重要，供应商自身又有很强的供货能力等，同时该采购业务对采购方也很重要，那么这些采购业务对应的供应商就是"伙伴型"，双方可以长期合作、互利共赢；如果供应商认为采购业务对供应商来说非常重要，但该项业务对采购方却并不是十分重要，这样的供应商无疑有利于采购方，是采购方的"优先型"，采购方可以依靠自身的强势地位要求供应商做出让步和配合；如果供应商认为采购方的采购业务对他们来说无关紧要，但该采购业务对采购方却是十分重要的，这样的供应商就是需要注意改进提高的"重点商业型"，采购方要注意维持与供应商的关系，并关注可替代的物料和可替代的供应商；而那些对于供应商和采购方来说均不是很重要的采购业务，采购方可以很方便地更换供应商，那么这些采购业务对应的供应商就是普通的"商业型"。

表 9-2 所示为几种典型供应商关系的特征及差异化的合作关系发展要求。

表 9-2　几种典型供应商关系的特征及差异化的合作关系发展要求

发展要求	关系类型			
	商业型供应商	优先型供应商	重点商业型供应商	伙伴型供应商
关系特征	运作联系	运作联系	战术考虑	战略考虑
时间跨度	1 年以下	1 年左右	1～3 年	1～5 年
质量	按客户要求并选择	■ 客户要求 ■ 客户与供应商共同控制质量	■ 供应商保证 ■ 客户审核	■ 供应商保证 ■ 供应商早期介入设计及产成品质量标准 ■ 客户审核
供应	订单订货	年度协议＋交货订单	客户定期向供应商提供物料需求计划	电子数据交换系统
合约	按订单变化	年度协议	■ 年度协议（1 年） ■ 质量协议	■ 设计合同 ■ 质量协议等
成本价格	市场价格	价格＋折扣	价格	■ 公开价格与成本构成 ■ 不断改进，降低成本

▶▶▶ 二、供应商的激励与控制

在与供应商合作的初期，采购方的采购部门，通过供应商绩效评估体系的制定，建立起供应商运作的考核机制，供需双方在业务衔接、作业规范等方面建立起一个合作框架。在这个框架的基础上，供应商按时按质按量地完成供应工作。

在供应商运作的整个期间，采购方要做到充分激发供应商的积极性，一个供应商绩效评估体系是不够的，还需要进行科学的激励和控制，才能保证供应商的物料供应工作顺利健康地进行。

采购方对供应商激励和控制的目的，一是要努力充分发挥供应商的积极性和主动性，激励供应商主动做好物料供应工作，保证采购方的生产工作正常进行；二是要防止供应商的不轨行为，预防一切采购方的损失，控制采购方的风险。

采购方对供应商的激励与控制应当注意以下一些关键点。

1. 逐渐建立起一种稳定可靠的关系

采购方应当和供应商签订一个合理期限的合作合同。合同期限不宜太短，太短了让供应商不太放心，不能全心全意地搞好采购方的物料供应工作；但是合同期限也不能太长，一方面，以控制市场变化导致产量变化，甚至产成品变化、组织机构变化等造成的风险；另一方面，也是为了防止供应商产生一劳永逸的思想而放松对业务的竞争进取精神。

2. 与供应商建立相互信任的关系

当供应商经考核转为正式供应商之后，采购方可采取的一个重要措施，就是将检验收货逐渐转为免检收货。免检是对供应商的最高荣誉，也可以显示出采购方对供应商的高度信任。

注意事项

免检的具体措施

免检当然不能不负责任地随意给出，采购方应当稳妥进行。既要积极地推进免检考核的进程，又要确保物料质量。一般免检考核时间要经历几个月或更长时间。在免检考核期间内，采购方起初要进行严格的全检或抽检。如果全检或抽检的结果非常好，则可以降低抽检的频次。与此同时，采购方要组织供应商稳定生产工艺和管理条件，保持住合格率。如果合格率能够稳定下来，这时就可以实行免检了。

免检期间，也不是绝对地免检，采购方还要不时地随机抽检。如果能够得到满意的抽检结果，则继续免检。一旦发现了问题，就要增加抽检频次，进一步加大抽检的强度，甚至取消免检。通过这种方式，也可以更好地激励和控制供应商。

3. 有意识地引入竞争机制

为了促使供应商加强竞争进取，就要使供应商有危机感。有意识地在供应商之间引入竞争机制，促使供应商之间在物料质量、服务质量和价格水平方面不断优化而努力。在运行过程中，依据供应商的阶段性绩效评价结果评比供应商。如主供应商的分数比副供应商的分数低10%以上，就可以把主供应商降级成副供应商，同时把副供应商升级成主供应商，甚至可以多选几个供应商，每年进行末位淘汰。

小贴士

加剧供应商竞争的方法

采购方为了加剧供应商之间的竞争，可以选择两个或三个供应商，作为"AB 角"或"ABC 角"。评分最高的 A 角作为主供应商，分配较大的订单供应量；B 角作为副供应商，分配较小的供应量；C 角可担任候补供应商（或与 B 角同时担任副供应商）。在运行一段时间以后，对几位供应商进行供应商绩效考核，如果 A 角的表现有所退步而 B 角的表现有所进步的话，则可以把 B 角提升为 A 角，而把原来的 A 角降为 B 角。这样就激发了 A 角和 B 角（有时还有 C 角）之间的竞争，促使他们竞相改进质量、价格和服务，使得采购方获得更大的好处。

4. 建立相应的监督控制措施

在建立起信任关系的基础上，双方要建立起比较得力的、相应的监督控制措施。根据情况的不同，双方可以分别采用以下一些措施。

① 对一些非常重要的供应商，或是当供应商发生比较严重的问题时，采购方可以向供应商企业派常驻代表。常驻代表的作用就是沟通信息、技术指导、监督检查等。对于不太重要的供应商，或者问题不那么严重的，则视情况分别采用定期或不定期到供应商处进行监督检查，或者设监督点对关键工序或特殊工序进行监督检查；或者要求供应商报告生产条件情况、提供检验记录等办法实行监督控制。

② 采购方可以组织管理技术人员对供应商进行辅导，提出物料技术规范要求，使其提高物料质量水平或服务水平。

▶▶▶ 三、防止被供应商控制

采购方也有可能出现被供应商控制的不利局面，尤其是在供应商独家供应的情况下。

1. 独家供应的成因、优势与风险

（1）独家供应的成因

独家供应的主要优点是采购效率高；缺点是全部依赖于某一家供应商，容易产生风险。独家供应策略常发生在以下几种情况。

① 高科技或小批量物料，由于物料的技术含量高，或是小批量，往往不具备要求两家以上的供应商同时供应的条件。

② 某些采购方的物料工艺技术独特，或出于保密的原因，不愿意让更多的供应商知道。

③ 工艺性外协（如电镀、表面处理等）出于物流、产业链配套等条件所限，有可能固定在一家供应商。

④ 产成品的开发周期很短，必须有一家伙伴型供应商的全力、密切配合。

⑤ 供应商受到专利保护，企业只能选择一家供应商。

（2）独家供应的优势

独家供应的优势主要体现在以下两个方面。

① 节省时间和精力，有助于采购方与供应商之间加强交流，发展伙伴关系。

② 更容易实施双方在产成品开发、质量控制、计划交货、降低成本等方面的改进，并取得积极成效。

（3）独家供应的风险

独家供应会造成采购方和供应商的相互依赖，进而可能导致以下风险。

① 供应商有了采购方作为稳固的客户，会失去其竞争的动力及革新的内驱力。

② 供应商可能会疏远市场，以致不能完全掌握市场的真正需求。

③ 采购方不容易更换供应商。

2. 防止被供应商控制的方法

采购方依赖于同一家供应商，这种供应商常常能左右采购价格，对采购方施加极大的影响。这时采购方已落入供应商垄断供货的控制之中，处在进退维谷的两难境地，另寻门路的成本过高。

采购方应尽可能实施一些行之有效的反垄断措施，具体如下。

（1）全球采购

全球采购往往可以打破供应商的垄断行为。当采购方放大采购范围，把目光投向国际，就会得到许多供应商的竞价，这样采购方就有把握摆脱独家供应，找到更优的供应商。当然，全球采购也需要电子商务等现代采购方式的帮助。

（2）寻找替代品

若是供应商依据专利等方式垄断了市场，破解之道在于开发新来源，包括新的供货商或替代品。当然这并非一蹴而就，必须假以时日。因此，在短期内必须"忍"，即保持低姿态，不主动找供货商洽谈价格，避免卖方借机涨价。为了变独家供应为多家供应，短期的忍耐是值得的。西门子公司的一项重要的采购政策就是：除非技术上不可能，每个物料应由两个或更多供应商供货，规避供应风险，保持供应商之间的良性竞争。

（3）更好地掌握供应商的信息

采购方要清楚地了解供应商对自己的依赖程度。例如，采购方所需要的物料只有一家供应商可以提供，但采购方通过情报搜集，发现自己同时也是供应商仅有的客户。供应商对采购方的依赖程度也很高，采购方可以依靠此商业信息，寻求供应商的相应让步。

思政小课堂

采购人员应具备与供应商合作双赢的意识

当今世界，各国人民对美好生活的向往更加强烈，和平、发展、合作、共赢的时代潮流不可阻挡。在经济全球化深入发展的今天，弱肉强食、赢者通吃是一条越走越窄的死胡同；坚持各国共商共建共享、双赢多赢共赢，摒弃零和博弈的思维，建设和谐合作的国际大家庭，是越走越宽的人间正道。

企业间的关系也是如此。随着市场经济的不断深化与发展，基于长远和整体的利益诉求，企业与供应商的角色也不再是单纯的买卖双方之间的关系，也不仅是你赚我赔的博弈，企业间只有通过互利合作才能共同做大和分享"蛋糕"。

采购人员应该重视在供应链上与供应商的互信与合作。以"双赢"的理念为指导思想，企业与供应商结成长期的、稳定的、互惠互利的合作伙伴关系，共同追求降低供应链的总成本，提高最终客户的产品价值。

 项目思考 ●●●

一、单选题

1. 供应商分类的模块中，如果供应商认为采购业务对于他们来说非常重要，供应商自身又有很强的供货能力等，同时该采购业务对采购方也很重要，那么这些采购业务对应的供应商就是（　　）供应商。

  A. 优先型 B. 重点商业型 C. 商业型 D. 伙伴型

2. 依据采购方与供应商的合作关系，双方为一般的买卖关系，该供应商是（　　）供应商。

  A. 渗透型 B. 联盟型 C. 纵向集成型 D. 短期目标型

3. 以下关于独家供应的说法，错误的是（　　）。

  A. 采购效率较高

  B. 如果所需物料受到专利保护，采购方只能选择该供应商独家供应

  C. 全部依赖于某一家供应商，容易产生风险

  D. 全部依赖于某一家供应商，不容易产生风险

二、多选题

1. 长期目标型的企业与供应商之间的关系特征是（　　）。

  A. 双方的关系仅仅是买卖关系

  B. 双方的关系是建立在共同利益基础上的超越买卖关系的长期合作

  C. 从长远利益出发，相互配合，不断改进产成品质量与服务水平，共同降低成本，提高共同的竞争力

  D. 合作的范围遍及采购方和供应商双方企业内的多个部门

  E. 对于双方而言，只有业务人员和采购人员有关系，其他部门人员一般不参与双方之间的业务活动

2. 对供应商进行绩效考核指标体系建立时，可涉及合同执行中在（　　）等有关指标的考核情况。

  A. 交货期 B. 工作质量 C. 物料质量

  D. 配合度 E. 进货费用水平

3. 对供应商进行绩效考核的目的包括（　　）。

  A. 确保供应商的供应质量

  B. 在供应商之间进行比较，优胜劣汰

  C. 仅仅是为了让供应商降价

D．缩短与供应商的合作期限

E．了解供应商存在的不足之处，将不足之处反馈给供应商，可以促进供应商改善其业绩

4．精益化的企业进行供应商绩效考核时要考虑（　　　）。

　　A．制定文件，规定好考评什么、何时考评、怎样考评、由谁考评

　　B．确定好考评指标

　　C．考评结果要及时反馈给供应商，并通报到采购方企业内部相关人员

　　D．组织供应商会议跟踪相应的改善行动

　　E．要求供应商设定明确的改进目标

5．关于对于供应商的免检措施，以下说法正确的是（　　　）。

　　A．当供应商经考核转为正式供应商之后，采购方既要积极地推进免检考核的进程，又要确保物料质量

　　B．在免检考核期间内，采购方起初要进行严格的全检或抽检

　　C．免检期间，也不是绝对地免检，还要不时地随机抽检一下

　　D．免检期间，可以绝对地免检，不用再随机抽检了

　　E．采取合理的免检措施可以更好地激励和控制供应商

三、判断题

1．对于那些对于供应商和采购方来说均不是很重要的采购业务，采购方可以很方便地更换供应商，那么这些采购业务对应的供应商就是普通的"优先型"。（　　　）

2．如果供应商认为采购业务对于他们来说非常重要，供应商自身又有很强的供货能力等，同时该采购业务对采购方也很重要，那么这些采购业务对应的供应商就是"伙伴型"。（　　　）

3．选择供应商非常重要，对供应商的日常表现进行评估并不重要。（　　　）

4．联盟型供应商关系是从供应链角度提出的，其特点是在更长的纵向链条上管理供应链上成员之间的关系。由于供应链上成员众多，维持该联盟成员关系的难度提高了，要求也更高。（　　　）

5．独家供应不存在风险。（　　　）

四、问答题

1．为什么要进行供应商绩效评估？

2．供应商绩效考核指标体系可以包括哪些指标？

3．依据采购方与供应商的合作关系，供应商可以细分为哪几类？

4．对供应商进行激励与控制，采购方应当注意哪些关键点？

5．为防止供应商控制，采购方可以采取哪些方法？

举一反三 • • • •

通用汽车公司采购主管被辞退

通用汽车公司采购主管 Jose Ignacio Lopez 先生被公司辞退了，事情的起因是这样的。

通用汽车公司前采购主管 Jose Ignacio Lopez 先生在供应商中引入了竞争机制，积极主动地促使供应商在价格方面相互竞争以获取短期价格优势。因此，他当时深受公司高层的赏识。

然而由于市场环境的变化，加之供应商生产能力有限，出于价格考虑许多供应商都对其他客户进行优先供应，而取消了对通用汽车公司的优先供应权。有的客户甚至取消了对通用汽车公司的供货，通用汽车公司的生产一度陷入混乱。

为此，通用汽车公司辞退了 Jose Ignacio Lopez 先生。

沃尔玛的供应商关系改善

2018 年 2 月，沃尔玛全面改善与供应商的关系，通过网络和数据交换系统，与供应商共享信息，从而建立合作关系。降低库存，最终实现 95% 的按时交付率。沃尔玛还有一个非常好的系统，可以使得供应商们直接进入到沃尔玛的系统，称为"零售链接"。任何一个供应商都可以进入这个系统当中来了解他们的产品卖得怎么样。他们可以知道这种商品卖了多少，昨天、今天、上一周、上个月和上一年卖得怎样，而且可以在 24 小时之内就看到更新数据。

另外，沃尔玛不仅仅是等待上游厂商供货、组织配送，而且也直接参与到上游厂商的生产计划中去，与上游厂商共同商讨和制订产品计划、供货周期，甚至帮助上游厂商进行新产品研发和质量控制方面的工作。这就意味着沃尔玛总是能够最早得到市场上最希望看到的商品，当别的零售商正在等待供货商的产品目录或者商谈合同时，沃尔玛的货架上已经开始热销这款产品了。

阅读案例，分析下列问题。

1．分析通用汽车公司与沃尔玛对供应商关系管理的不同之处。

2．你认为就与供应商的关系而言，哪个是传统的竞争关系？哪个是伙伴双赢关系？建立伙伴双赢关系需要什么条件？

3．结合课堂所学内容，对此案例你有哪些体会？

▼ 项目实施总结 • • • •

供应商管理是采购领域的重要工作，也是我国很多企业采购管理的薄弱环节。本项目对企业的供应商评估和供应商关系管理进行了介绍，图 9-2 所示为精益采购管理之供应商的日常管理项目总结，重点内容包括供应商绩效评估的方法，企业与供应商之间关系的不同类型，有效的供应商关系管理方法等。

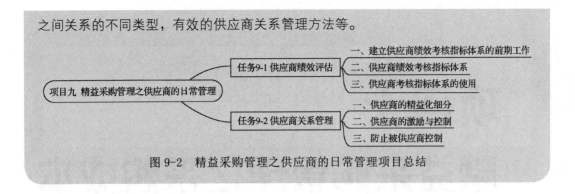

图 9-2　精益采购管理之供应商的日常管理项目总结

项目十
精益采购管理之采购成本

 项目描述与分析

采购成本控制是企业精益采购管理工作的重点之一，价格永远是采购人员关注的焦点之一。公平的价格对采供双方都十分必要，如果采购方要求的价格过低，供应商无法承受；而采购价格过高，就会让采购方蒙受损失。这些要求采购人员对现行采购价格有一个清楚的认识和定位。

本项目将介绍供应商报价分析和采购的综合成本分析。

 项目知识点

掌握供应商定价的考虑因素和定价方法。

掌握降低采购成本的方法。

 项目技能点

能对采购成本进行精益分析。

能进行采购总成本控制。

 **任务 10-1　供应商报价分析**

任务导读

通用自行车厂正在试制一种新型号的高档自行车。在此之前，采购员张某向供应商中天自行车配件厂采购过两次该型号自行车的物料。历史采购记录显示：第一次采购时以每套 1 500 元的价格采购了 5 套零配件，第二次采购时以每套 1 350 的价格采购了 5 套零配件。这次需要采购 10 套零配件，张某要求供应商对本次采购进行报价，供应商报价每套为 1 097 元。站在供应商的角度，该报价是如何制订的？本任务将分析供应商报价的成本结构、影响因素和定价方法，以及供应商常用的几种价格折扣。

 任务实施

采购人员要了解供应商的报价是否合理，掌握其成本结构很重要。要"透视"供应商成本结构的分析方法并据此来判断供应价格的合理性，就必须对供应商的产成品成本结构有所了解。下文里供应商的"产成品"指采购方需采购的"物料"。

▶▶▶ 一、成本分析

1. 成本结构分析

企业的成本结构包括直接材料、直接人工、制造费用、财务费用、销售费用、管理费用。

直接材料是构成产成品实体的材料，也就是在产成品上能直接看得到的材料。

直接人工就是直接劳动力（即生产一线工人），其劳动直接凝结在产成品上。

制造费用是生产过程中除了直接材料和直接人工以外的所有其他费用，如机器折旧、厂房租金、水电气、间接材料（用于维护、维修和运营的材料，如刀具、劳保用品、办公用品等，简称 MRO）、间接人工（在生产一线工作，但不是生产一线人员的员工工资，如叉车司机、仓库保管员、统计核算员等）的费用。

财务费用包括利息、汇兑损益等。

销售费用包括市场营销费用、广告费用、销售部门人员工资、差旅费及销售部门的固定资产折旧费用等。

管理费用是管理部门发生的费用，也可以理解为前五项以外发生的所有费用。

💡 **小贴士**

利润的计算

制造成本=直接材料+直接人工+制造费用

毛利=销售收入−制造成本

利润=销售收入−直接材料−直接人工−制造费用−财务费用−销售费用−管理费用

◇ 任务提示

中天自行车配件厂提供的单位产成品价格构成如表 10-1 所示。

表 10-1　中天自行车配件厂提供的单位产成品价格构成

价格构成项目	金额
直接人工（18 小时）	261 元
制造费用（占直接人工的 100%）	261 元
直接材料	385 元
财务费用、销售费用、管理费用（占售出的商品成本的 10%）	90 元
利润	100 元
价格	1 097 元

2. 盈亏平衡分析

工业企业在开发新产成品或投资建厂时都会进行盈亏平衡分析。盈亏平衡分析又叫"量本利分析"或"保本分析"，它是通过分析生产成本、销售利润和生产量之间的关系来了解盈亏变化，并据此确定产成品的开发及生产经营方案。生产成本（包括工厂成本和销售费用）可分为固定成本和可变成本。可变成本是随着产成品产量的增减而相应提高或降低的费用，包括计件的人工费用、原材料、能耗等；而固定成本则在一定时期内保持稳定，不随产成品产量的增减而变化，包括管理费用、设备折旧等。根据量本利之间的关系，有以下公式。

$$S=Q \times P$$

其中，S 是指销售收入；Q 是指产成品产量；P 是指单位产成品价格。

$$C=F+Q \times C_v$$

其中，C 是指生产总成本；F 是指固定费用；C_v 是指单位产成品可变费用。

当盈亏达到平衡时，即销售收入 S 等于生产总成本 C，有以下关系。此时的产成品产量 Q 为保本产量 Q_0，销售收入 S 为保本收入 S_0。

$$S_0=Q_0 P=F+Q_0 C_v$$

因而保本产量 Q_0 和保本收入 S_0 的表达式为：

$$Q_0=F/（P-C_v）$$

$$S_0=F/（1-C_v/P）$$

其中，$P-C_v$ 是指单位产成品价格扣除可变费用后的剩余，称为"边际贡献"或"毛利"，而 $1-C_v/P$ 表示单位产成品价格可帮助企业吸收固定费用，实现企业利润的系数，称为"边际贡献率"或"毛利率"。

毫无疑问，供应商在制订产成品的价格时会考虑其边际贡献或毛利应该大于零，也就是说，单位产成品价格至少应该大于单位产成品可变成本。采购人员要了解供应商的成本结构，就要了解其固定费用及可变费用的内容。

对不同比例固定成本供应商的成本管理目标

一般来说，在产成品的成本构成中，固定成本比例越高，价格的弹性就越大，随市场季节变化及原材料的供应而变化的波动也就越强烈，对于这些产成品，采购方在采购时可采用加大订购数量及在消费淡季订购等方法来降低采购成本；而对于可变成本比例较高的产成品，采购方则要下力气改善供应商，促进其管理水平的提高并降低管理费用。

▶▶ 二、供应商供应价格的影响因素分析

了解供应商供应价格的影响因素有助于确定最优的采购价格。

供应价格是指供应商对自己的产成品提出的销售价格。供应价格的影响因素主要有成本结构和市场结构两个方面。成本结构是影响供应价格的内在因素，受生产要素的成本，如原材料、劳动力价格、技术要求、质量要求、生产技术水平等影响；而市场结构则是影响供应价格的外在因素，包括经济、社会、政治及技术发展水平等，具体有宏观经济条件、供应市场的竞争情况、技术发展水平及法规制约等。市场结构对供应价格的影响直接表现为供求关系。市场结构同时会强烈影响成本结构；反过来，供应商的成本结构往往不会对市场结构产生影响。

供应商供应价格的影响因素简要分析如下。

1. 供应商成本的高低

这是影响供应价格的最根本、最直接的因素。供应商进行生产，其目的是获得一定利润。因此，供应价格一般在供应商成本之上，两者之差即为供应商获得的利润，供应商的成本是供应价格的底线。一些采购人员认为，采购价格的高低全凭双方谈判的结果，可以随心所欲地确定，其实这种想法是错误的。尽管经过谈判后，供应商大幅降价的情况时常出现，但这只是因为供应商报价虚高的缘故，而不是谈判决定价格。

2. 规格与品质

采购方对物料的规格要求越复杂，采购价格就越高。采购价格的高低与采购物料的品质有很大的关系。如果采购物料的品质一般或质量低下，供应商会主动降低供应价格，以求赶快脱手。采购人员应首先确保采购物料能满足本企业的需要，质量能满足产成品的设计要求，千万不能只追求价格最低，而忽略了质量。

3. 采购数量多少

如果采购数量大，采购方就会享受供应商的数量折扣，从而降低采购价格，因此大批量、集中采购是降低采购价格的有效途径。

4. 交货条件

交货条件也是影响采购价格非常重要的因素，交货条件主要包括运输方式、交货期的缓急等。如果物料由采购方来承运，则供应商就会降低价格；反之就会提高价格。有时为了提前获得所需物料，采购方会适当提高价格。

5. 付款条件

在付款条件上，供应商一般都规定有现金折扣、期限折扣，以刺激采购方能提前用现金付款。

6. 采购物料的供需关系

当采购方需采购的物料比较紧俏时，则供应商处于主动地位，供应商可能趁机抬高供应价格；当采购方需采购的商品供过于求时，则采购方处于主动地位，可以获得最优的采购价格。

7. 生产季节与采购时机

当采购方处于生产的旺季时，对物料需求紧急，很有可能不得不承受供应商给出的较高的供应价格。避免这种情况的最好办法是采购方提前做好生产计划，并根据生产计划制订相应的采购计划，为生产旺季的到来提前做好准备。

8. 供应市场中竞争对手的数量

供应商会参考竞争对手的价位来确定自己的供应价格，除非它处于垄断地位。

9. 采购方与供应商的关系

与供应商关系好的采购方通常能拿到较合适的采购价格。

⋙ 三、供应商的定价方法

供应商定价方法包括以下几种：成本导向定价法是以产成品成本为基础确定供应价格；市场导向定价法重视采购方对供应价格的承受能力和购买欲望，以此为基础定价；而竞争导向定价法则是以竞争对手的价格为定价基础，即以市场价格作为自己的产成品价格，有时采用随行就市的方法。供应商的定价方法具体细分为成本加成定价法、目标利润定价法、采购方理解价值定价法、竞争定价法及投标定价法。

1. 成本加成定价法

这是供应商最常用的定价法，它是以成本为依据在产成品的单位成本的基础上加上一定比例的利润的定价方法。该方法的特点是成本与价格直接挂钩，但它忽视了市场竞争的影响，也不考虑采购方的需要。由于其简单、直接，又能保证供应商获取一定比例的利润，因而许多供应商都倾向于使用这种定价方法。实际上，由于市场竞争日趋激烈，这种方法只有在卖方市场或供不应求的情况下才真正行得通。

2. 目标利润定价法

这是一种以利润为依据制订价格的定价方法。其基本思路：供应商依据固定成本、可变成本及预计的价格，通过盈亏平衡分析算出保本产量或销售量，根据目标利润算出保本销售量以外的销售量，然后分析在此预计的价格下销售量能否达到预期目标；否则，调整价格重新计算，直到在制订的价格下可实现的销售量能满足利润目标为止。

3. 采购方理解价值定价法

这是一种以市场的承受力及采购方对物料价值的理解程度作为制订价格的基本依据的定价方法。它常用于个体消费的名牌产品，有时也适用于工业设备的备件等。

4. 竞争定价法

这种方法最常用于寡头垄断市场，或具有明显规模经济性的行业，如钢铁、铝、水泥、石油化工及汽车、家用电器行业等。其中，少数占有很大市场份额的企业是市场价格的主导者，而其余的小企业一般只能跟随市场价格。寡头垄断企业之间存在很强的相互依存性及激烈的竞争，某企业的产成品价格的制订必须考虑到竞争对手的反应。

5. 投标定价法

这种公开招标竞争定价的方法常用于拍卖行、政府采购，也用于工业企业，如建筑包工、大型设备制造，以及非生产用原材料（如办公用品、家具、服务等）的大宗采购，一般是由采购方公开招标，参与投标的供应商事先根据招标公告的内容密封报价、参与竞争。密封报价是由各供应商根据竞争对手可能提出的价格及自身所期望的利润而定。

▶▶▶ 四、价格折扣

折扣是供应商销售中常用的一种促销方式。了解折扣有助于采购方在谈判过程中降低采购价格，价格折扣主要有以下几种类型。

1. 付款折扣

现金付款的采购价格通常要比月结付款低，供应商以此刺激采购方提前付款。这种供应商为鼓励采购方尽早付款而给予的折扣称为"付款折扣"。

2. 数量折扣

由于固定成本的存在，如小批量订单所需的订单处理、生产准备等成本，批量小的订单，其单位产成品平均成本较高。此外，有些行业生产本身具有最小批量要求，如印刷、电子元件的生产等。以印刷为例，每当印刷品的数量增加一倍，其单位产成品的印刷成本可降低 50%。因此，供应商普遍欢迎大订单，往往给予大批量订单更多的折扣。这种供应商为鼓励采购方大量购买而给予的折扣称为"数量折扣"。

3. 季节折扣

许多消费品包括工业消费品都具有季节性，相应的原材料和零部件的供应价格也随着季节的变化而上下波动。供应商为了稳定一年四季的生产和销售，做到淡季不淡，充分发挥生产能力且减轻库存压力，往往在淡季降价。这种供应商为鼓励采购方在淡季时进行采购而给予的折扣称为"季节折扣"。

4. 推广折扣

供应商为了推广新产成品、消除市场进入障碍，往往在一定的时期内对新产成品进行降价促销。这种供应商为扩大市场份额鼓励采购方采购新产成品而给予的折扣称为"推广折扣"。

采购方可以依据自身情况，有策略地利用供应商的折扣，以降低采购成本。

任务 10-2   采购的综合成本分析

任务导读

任务 10-1 中，通用自行车厂获得了中天自行车配件厂的报价，每套 1 097 元。该价格是否合理？如何降价？除去付给供应商的货款，采购方实际付出的成本还有哪些？本任务将站在采购方的角度，分析采购方的综合成本构成，采购方降低价格的方法、策略和误区等。

任务实施

为了进一步降低成本，取得竞争优势，大多数企业都花大力气控制其经营成本。而企业的经营成本大多数都与采购活动有关，采购是花费成本最大的领域，一般占到企业总成本的 60%以上。因此，采购成本的控制是企业的重要工作。

▶▶▶ 一、降低采购成本的方法

降低采购成本是采购部门的一项基本职责。降低采购成本应主要着眼于供应商和供应市场，而不是依靠压缩采购人员的待遇。降低采购成本的方法包括以下几种。

1. 优化整体供应商结构及供应配套体系

这包括通过供应市场调研，以寻找更好的新供应商；通过市场竞争招标采购；与其他单位合作，实行集中采购；减少现有原材料及零部件的规格品种，进行大量采购；与供应商建立伙伴型合作关系，以取得优惠价格等。

2. 改进现有供应商

这包括改进供应商的交货方式；实施 JIT 订单采购方式；改进供应商的质量；降低供应商的不合格质量成本；组织供应商参与采购方的产成品开发及工艺开发；与供应商

实行专项共同改进项目，以节省费用（如采用周转包装材料降低包装费用，采用专用运输工器具缩短装卸运输时间和成本，采用电子邮件传递文件信息减少行政费用并提高工作效率等）。

3. 分析供应商的成本结构和利用折扣优势

采购方可以通过运用采购技巧和战术来降低采购成本。利用成本结构分析对供应商的成本进行分解，有利于采购人员针对不同的成本分门别类进行降价。

4. 学习曲线策略

（1）学习曲线的含义

学习曲线是分析采购成本、实施采购降价的一个重要工具和手段。

 小贴士

什么是学习曲线？

学习曲线最早由美国航空工业提出，其基本概念是随着产成品的累计产量增加，单位产成品的成本会以一定的比例下降。需要说明的是，这种单位产成品成本的降低与规模效益并无任何关系，它是一种学习效益。这种学习效益是指某产成品在投产的初期由于经验不足，产成品的质量保证、生产维护等需要较多的精力投入，从而导致较高的成本；随着累计产量的增加，管理渐趋成熟，所需要的人力、财力、物力逐渐减少，工人越来越熟练，产成品质量越来越稳定，前期生产期间的各种改进措施逐步见效，因而成本不断降低。

学习曲线主要表现在以下几个方面。

① 随着某产成品逐步进入成长、成熟期，其生产经验不断丰富，所需要的监管、培训及生产维护费用不断减少。

② 随着累计产量增加，工人愈趋熟练，生产效率不断提高。

③ 生产过程中的报废率、返工率及产成品的缺陷不断降低。

④ 生产批次不断优化，设备的设定、模具的更换时间不断缩短。

⑤ 随着累计产量的增加，物料的采购成本不断降低。

⑥ 经过前期生产学习，设备的效率及利用率等方面得到不断改进。

⑦ 通过前期生产学习，物流不断畅通，原材料及半成品等库存控制日趋合理。

⑧ 通过改进过程控制，突发事件及故障不断减少。

⑨ 随着生产的进行，前期的工程、工艺技术调整与变更越来越少。

（2）学习曲线的基本模型

学习曲线反映累计产量的变化对单位平均成本的影响，累计产量的变化率与单位平均成本的变化率之间保持一定的比例关系，如图10-1所示。

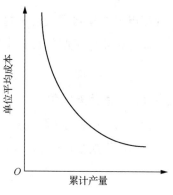

图 10-1　学习曲线基本模型

一个曲率为 80% 的曲线意味着如果生产的产成品的累计产量翻倍时，生产一个单位的产成品所需要的时间只需要原始时间的 80%，如表 10-2 所示。

表 10-2　某产成品学习曲线效益（80% 学习曲线）

累计产量/个	生产单件产成品所需要的时间/时
1 000	20
2 000	16
4 000	12.8
8 000	10.24
16 000	8.2

小贴士

充分利用供应商能力降低价格

　　美国密歇根州立大学一项全球范围内的采购与供应链研究结果表明：在所有降低采购成本的方式中，供应商参与产成品开发最具潜力，成本降低可达 42%；利用供应商的技术与工艺，则可降低成本 40%；利用供应商开展 JIT 生产，可降低成本 20%；供应商改进质量，可降低成本 14%；而通过改进采购过程及价格谈判等，仅可降低成本 11%。欧洲某专业机构的另一项调查也得出类似结果：在采购过程中，通过价格谈判降低成本的幅度在 3%～5%；通过采购市场调研比较优化供应商，平均可降低成本 3%～10%；通过发展伙伴型供应商并对供应商进行综合改进，可降低成本 10%～25%；而供应商早期参与产成品开发，成本降低则可达到 10%～50%。由此可见，降低整体采购成本的最高境界是"上游"采购，即在产成品的开发过程中充分有效地利用供应商的能力。

▶▶▶ 二、降低价格方法的具体应用

　　采购方可综合使用以上降低价格的方法，以通用自行车厂的降价任务为例。

◇ 任务提示

中天自行车配件厂提供的单位产成品价格构成如表 10-3 所示。

表 10-3　中天自行车配件厂提供的单位产成品价格构成

价格构成项目	金额
直接人工（18 小时）	261 元
制造费用（占直接人工的 100%）	261 元
直接材料	385 元
财务费用、销售费用、管理费用（占售出的商品成本的 10%）	90 元
利润	100 元
价格	1 097 元

供应商在对零配件的成本估算中采用了 90% 的学习曲线。采用 90% 的学习曲线，是因为研究表明这个改进比率在整个生产过程中是可以实现的。生产第一批五套零配件所需要的实际时间是 20 小时的技术和规划时间，以及 96 小时的生产时间。

直接人工工资率：技术和规划人员的平均工资是每小时 20 元，熟练的车间职员的平均工资是每小时 11 元，不熟练的车间职员的平均工资是每小时 8.45 元，并且估计年工资增长为 10%。

该自行车的物料清单如表 10-4 所示。

表 10-4　物料清单

数量	种类	单位价格
84 根	辐条	12 元
1 个	车把	15 元
2 个	轮胎	60 元
2 个	轮圈	70 元
1 米	碳纤维复合材料管	150 元
1 套	包装	40 元
	其他材料	3 元
	10% 废料补贴	35 元
	总计	385 元

注：该物料清单显示的是组成该产成品自行车的所有外购物料。

间接费率、间接管理费用和管理成本由供应商的会计部门核算，每半年修改一次。

通用自行车厂的采购人员指出，技术和研发成果仅可以用于第一次采购。车间职员年工资增长率 6% 是比较合理的。

采购人员对供应商的报价进行质疑，其分析过程如下。

1. 直接人工分析

（1）人工工资率

因为订单没有要求技术和研发，所以只使用车间人工和 6%的人工工资增长率来重新计算工资率。

供应商提出的人工工资率=[（20 元/小时+11 元/小时+8.54 元/小时）/3]×1.1

≈14.50 元/小时

采购方提出的人工工资率=[（11 元/小时+8.54 元/小时）/2]×1.06

≈10.36 元/小时

（2）直接人工工时

供应商为对 11～20 个单元的人工估计为每单元 18 小时的人工工时。采用学习曲线的方法，假设供应商的学习曲线是 90%合理，以生产第一个产成品的时间为参考依据，生产第一批五个产成品的总时间是从第一个到第五个的改进因素的总和（90%学习曲线的改进因子总和是 4.339 2）。因此，由于生产使用了 96 个小时的人工工时，除以 4.339 2 后得出第一个产成品的人工工时是 22.1 小时。如果继续使用 90%的学习曲线，第 11 个到第 20 个产成品的改进因子的总和是 6.613 4。生产第 11 个到第 20 个产成品的总人工工时计算如下。

采购方提出的总人工工时=6.613 4×22.1 小时≈146.2 小时

即平均每单位产成品 14.6 人工工时。

（3）总人工成本

估计的单位产成品的人工就是每单位平均人工工时 14.6 小时，乘以采购方给出的人工工资率 10.36 元/小时，得出估计的单位人工成本约为 151.26 元。

2. 原材料成本分析

由于碳纤维复合材料管废品率为零，因此采购方不认可供应商的废料补贴计算。重新计算如下：不包括碳纤维复合材料管及废料补贴在内的原材料的成本总值是 200 元。由于 10%的废料的原因使总价值变为 220 元/单位。采购 1 米碳纤维复合材料管的成本是 150 元，然而供应商可以利用碳纤维复合材料管的数量折扣，采购 10 米总成本为 1 320 元。因此，碳纤维复合材料管的成本是每米 132 元。经计算得出总的原材料成本为 220 元+132 元=352 元。

3. 新价格估计

新成本估算如表 10-5 所示。

表 10-5　重新估算后的单位产成品价格构成表

价格构成项目	金额（元）
直接人工	151.26
制造费用	151.26
直接材料	352.00

价格构成项目	金额（元）
财务费用、销售费用、管理费用（占售出的商品成本的 10%）	65.45
利润	100.00
总计	819.97

　　这仍然是比较粗略的计算方法，因为它还没有涉及供应商的利润。供应商的利润加成幅度已达到 11.3%。若供应商仍使用 10% 的成本比例估算利润，总成本还可以进一步下降。

　　此任务主要应用了分析供应商的成本结构和学习曲线策略。在实际操作中，采购方还可以通过与供应商合作、改进供应商的交货、利用折扣等方式来降低采购价格。

▶▶▶ 三、采购的综合成本分析

　　在采购过程中，物料的采购价格固然是很重要的财务指标，但作为采购人员，不要只看到采购价格本身，还要结合采购价格与交货、运输、包装、服务、付款等相关因素进行考虑，衡量采购的实际总成本。对于生产用物料，除价格外，还应明确或考虑的因素包括价格的稳定性或走向、不同订购数量带来的折扣变化、付款方式与结算方式、交运成本、交货地点、保险、包装与运输、供应商库存水平、质量水平与技术要求、即时供应条件、独家供货条件、风险承担、推广与产成品宣传协助、供应商考察与认可费用、供应商样品测试费用、循环使用包装材料、售后服务等。对于非生产用物料（如设备、服务等）的采购，除以上因素外，影响采购成本的因素还有维修与保修、备件与附件、安装、调试、图纸、文件与说明书、安全证明、使用许可证书、培训、专用及备用工具等。综上，物料的采购不能只考虑采购成本价格本身，还要分析整体采购成本。

　　整体采购成本又称为"战略采购成本"，是除采购成本外考虑物料在本企业产成品的全部寿命周期过程中所发生的成本，它包括采购在市场调研、自制或采购决策、产成品预开发与开发中供应商的参与、供应商交货、库存、生产、出货测试、售后服务等整体供应链中各环节所产生的费用对成本的影响。概括来说，在本企业产成品的市场研究、开发、生产与售后服务各阶段，因供应商的参与或提供的产成品（或服务）所导致的成本就是整体采购成本，它包括供应商的参与或提供的产成品（或服务）没有达到最高水平而造成的二次成本或损失。作为采购人员，其最终目的不仅是要以最低的成本采购到质量最好的物料，而且要在本企业产成品的全部寿命周期过程中，即产成品的市场研究、开发、生产与售后服务的各环节，都要将最好的供应商最有效地利用起来，以降低整体采购成本。

　　按功能来划分，整体采购成本发生在以下的过程中：开发过程、采购过程、企划过程、质量检验过程、售后服务过程。

项目十　精益采购管理之采购成本

（1）在开发过程中因供应商介入或选择可能发生的成本

① 物料对产成品的规格与技术水平的影响。

② 供应商技术水平及参与本企业产成品开发的程度。

③ 对供应商技术水平的审核。

④ 物料的合格及认可过程。

⑤ 物料的开发周期对本企业产成品开发周期的影响。

⑥ 物料及其工装（如模具）等不合格对本企业产成品开发的影响等。

（2）采购过程中可能发生的成本

① 物料采购费用或单价。

② 市场调研与供应商考察、审核费用。

③ 下单、跟货等行政费用。

④ 文件处理及行政错误费用。

⑤ 付款条件所导致的汇率、利息等费用。

⑥ 物料运输、保险等费用。

（3）企划（包括生产）过程中可能因采购而发生的成本

① 收货、发货（至生产使用点）费用。

② 安全库存仓储费、库存利息。

③ 不合格物料滞仓费、退货、包装运输费。

④ 交货不及时对本企业生产的影响及对仓管等工作的影响。

⑤ 生产过程中的物料库存。

⑥ 企划与生产过程中涉及物料的行政费用等。

（4）质量检验过程中可能发生的采购成本

① 供应商质量体系审核及质量水平确认（含收货标准）。

② 检验成本。

③ 因物料不合格而导致的对本企业的生产、交货的影响。

④ 不合格物料本身的返工或退货成本。

⑤ 生产过程中不合格物料导致的本企业产成品不合格。

⑥ 处理不合格物料的行政费用等。

（5）售后服务过程中因物料发生的成本

① 物料产生的维修成本。

② 物料作为维修配件供应给服务维修点不及时而造成的影响。

③ 因物料质量等问题影响本企业的产成品销售。

④ 因物料质量等问题导致本企业的产成品理赔等。

在实际采购过程中，整体采购成本分析通常要依据采购物料的分类模块按 80/20 规则选择主要的物料进行，而不必用到全部物料。整体采购成本分析需要由有经验的采购、企划、开发、生产等人员一起组成跨功能小组共同进行，一般是在现有的供应商中选择最重要的物料进行综合采购成本分析，找出实际整体采购成本与采购价格之间的差距，分析各项成本发生的原因，在此基础上提出改进措施。通过对现有主要供应商的整体采购成本分析的规律性总结，在新产成品的开发过程中再综合运用于采购过程，以达到有预防性地降低整体采购成本的目的。

▶▶▶ 四、降价的策略

1. 变动费用计价策略

如果供应商不会因增加订购量而购买新机器设备，或建立新厂房，则其固定成本在这些采购交易之前发生。因此，采购时可以只考虑变动费用及供应商的合理利润。

2. 集中采购策略

集中集团内部所有部门、分厂、子公司对同种物料的购买，争取获得供应商更大的价格折扣。

3. 淡季采购策略

有些物料的价格有明显的季节波动，采购人员可以抓好采购的季节与时机，降低采购成本。

4. 整体采购成本策略

整体采购成本是除采购成本之外要考虑到物料在采购方企业产成品的全部寿命周期过程中所发生的成本。采购方要以降低整体采购成本为目标。

5. 学习曲线成本控制策略

随着产成品的累计产量增加，供应商单位产成品的成本会以一定的比例下降。采购方可以利用供应商的学习效益说服供应商降价。

6. 价值分析策略

价值指物料满足用户要求的功能与费用（采购成本）之间的比值，即"性价比"。采购时要以合理的花费实现必要的功能，避免冗余和浪费。

表 10-6 列举了这六种降价策略的不同适用情况。

项目十　精益采购管理之采购成本

表 10-6　六种降价策略的不同适用情况

降价策略	适用情况
变动费用计价策略	供应商有剩余产能
集中采购策略	供应商有较明显的规模效应
淡季采购策略	采购方库存能力强，物料有明显季节价格波动
整体采购成本策略	所采购物料的配套配件易损件、售后服务等后期维护成本高

降价策略	适用情况
学习曲线成本控制策略	供应商处于新产成品的开发初期，有明显的学习效益
价值分析策略	所采购物料可选择多种层次的功能、质量、使用寿命等

▶▶▶ 五、降价的误区

在采购过程中，采购人员需要了解降价的四个误区。

1. 任意砍价

面对供应商给出的供应价格，许多企业的谈判人员认为砍价才是最应该做的工作。当然，不能否定"砍价"在采购谈判过程中的重要性，采购本身就是一场买卖，有买卖就会有价格谈判，这些都是必不可少的。

拦腰砍价或固定以某个折扣进行砍价已经成为许多采购人员的砍价习惯。以砍7折为例，虽然在某些情况下，打7折可能正好是供应商的底价，但是如果供应商的底价是5折或6折，那么企业采购人员给出的7折显然就不算合理。如果供应商的底价是8折，而采购人员始终坚持7折，也会导致交易失败。

试想如果采购人员习惯于用某一个固定的折扣进行砍价，而供应商恰巧拿准了这一点，那么供应商就极有可能在报价时故意抬高价格，而抬高的这部分价格就是采购方砍掉的那一部分，最终的结果显而易见，吃亏的还是采购方。

2. 价格越低越好

采购方希望以最低的价格购买到最好的物料，但在市场经济中，这样的想法是不切实际的。一般而言，价格和质量肯定是成正比的。所以，不要奢望用最低的价格购买到质优的物料。

如果供应商给出的供应价格较为合理，采购人员依然偏执地压价，那结果要么是生意谈不成，要么是供应商被迫接受采购方给出的采购价格。这个时候，不要以为供应商接受了采购方给出的采购价格，采购方就占了大便宜，实际上真正吃亏的有可能是采购方。商人一般是不会做没有利润的买卖的，既然供应商接受了，那么他有可能会从物料的质量上弥补自己的损失。这时，采购方购买到的只不过是一批仅仅符合所给出采购价格的低质物料。供应商也有可能从该项目后期运营成本，如捆绑销售、其他配套设备和易损件出售、有偿售后服务等方面获取超额的经济利益。在这种情况下，采购方所受损失可能更大。

3. 高估了成本分析的效果

成本分析被许多企业看作价格控制中必不可少的工作，但是成本分析并不适合所有的企业，尤其是综合实力相对较弱的小微企业。

一般来说，成本分析多用于采购金额较大的谈判中。成本分析是一项工作量十分庞大的工作，对采购人员的工作能力和专业知识要求非常高。在这一过程中，采购人员需要搜集大量的数据，并且要对这些数据进行全面、详细的分析，这时采购方会耗费大量的人力、物力和资金。另外，如此大费周章地分析成本，最终得到的结果并非完全准确，误差出现的可能性也是极高的。

4. 不给供应商留情面

价格谈判是一个双方对峙的过程，采购方和供应商为了让对方尽可能多地满足自己的要求，往往争得面红耳赤。因此，许多采购人员在采购谈判的过程中往往不会给对方留情面。价格谈判的僵局影响了供应商的谈判情绪，致使采购人员失去对方的尊重和信任。面对有可能成为企业发展长期合作伙伴的供应商，过分针锋相对，最终只会影响到双方的关系和谈判结果。

以上降价的误区经常出现在降价的过程中，采购人员在谈判之前应该对这些误区进行全面的分析，力争做到心中有数。

思政小课堂

采购人员应树立控制管理成本的节约意识

近年来，经济社会环境正在发生深刻而复杂的变化，这要求企业从管理层到基层的每一个员工都要牢牢树立"过紧日子"的思想，积极开展降本节支，将有限的资金用在研发、生产等刀刃环节上。

当然，控制采购管理成本并不是指在采购时任意砍价、降低物料方面的支出，因为这有可能导致供应商提供的物料和服务质量的下降。采购工作会发生大量的差旅、接待、办公等费用，采购人员要树立节约意识，立足本职工作，以敬畏之心对待工作，尽心竭力减少管理成本的浪费。

项目思考

一、单选题

1. （　　）是影响采购价格的最根本、最直接的因素。

A. 规格与品质　　　　　　　　B. 供应商成本的高低

C. 采购数量多少　　　　　　　D. 交货条件

2. 供应商最常用的定价方法是（　　）。

A. 目标利润定价法　　　　　　B. 采购方理解价值定价法

C. 成本加成定价法　　　　　　D. 竞争定价法

3. （　　）是一种以市场的承受力及采购方对物料价值的理解程度作为制订价格的基本依据的定价方法。它常用于个体消费的名牌产品，也有时适用于工业设备的备件等。

A．采购方理解价值定价法 B．目标利润定价法

C．竞争定价法 D．投标定价法

4．（ ）最常用于寡头垄断市场，或具有明显规模经济性的行业，如钢铁、铝、水泥、石油化工及汽车、家用电器等。

A．成本加成定价法 B．目标利润定价法

C．采购方理解价值定价法 D．竞争定价法

5．（ ）最常用于拍卖行、政府采购，也用于工业企业，如建筑包工、大型设备制造，以及非生产用原材料（如办公用品、家具、服务等）的大宗采购。

A．投标定价法 B．竞争定价法

C．采购方理解价值定价法 D．目标利润定价法

6．供应商以（ ）刺激采购方尽早付款。

A．数量折扣 B．地理折扣 C．付款折扣 D．季节折扣

7．供应商为了推广新产成品、降低市场进入障碍，往往在一定的时期内对新产成品降价促销，此为（ ）。

A．推广折扣 B．数量折扣 C．付款折扣 D．季节折扣

8．降低采购成本的方法不包括（ ）。

A．优化整体供应商结构及供应配套体系

B．压缩采购人员的待遇

C．谈判法

D．以上都不是

9．（ ）适用情况为：所采购物料的配套配件、易损件、售后服务等后期维护成本高。

A．整体采购成本策略 B．集中采购策略

C．价值分析策略 D．变动费用计价策略

10．（ ）适用情况为：供应商处于新产成品开发初期，有明显的学习效益。

A．变动费用计价策略 B．学习曲线成本控制策略

C．集中采购策略 D．价值分析策略

二、多选题

1．下列关于供应商供应价格的说法正确的是（ ）。

A．采购价格的高低全凭双方谈判的结果，可以随心所欲地确定

B．采购方对物料的规格要求越复杂，采购价格就越高

C．一般来说，大批量、集中采购可以降低采购价格

D．如果货物由采购方来承运，则供应商就会提高供应价格

2．下列关于供应商的定价方法的说法正确的是（ ）。

A．成本加成定价法只有在卖方市场或供不应求的情况下才真正行得通

B. 竞争导向定价法重视采购方对价格的承受能力和购买欲望，以此为基础定价

C. 寡头垄断企业之间存在很强的相互依存性及激烈的竞争，某企业的产成品价格的制定必须考虑到竞争对手的反应

D. 密封报价是由各供应商根据竞争对手可能提出的价格及自身所期望的利润而定

3. 下列关于降价的策略的说法正确的是（　　　）。

A. 如果供应商不会因增加订购量而购买新机器设备，或建立新厂房，则其固定成本早已在这些采购交易之前发生。因此，采购时可以只考虑变动费用及供应商的合理利润

B. 有些物料的价格有明显的季节波动，采购人员可以抓好采购的季节与时机，降低采购成本

C. 随着产成品的累计产量增加，供应商单位产成品的成本会以一定的比例下降。采购方可以利用供应商的学习效益说服供应商降价

D. 采购时要以合理的花费实现必要的功能，避免冗余和浪费

4. 下列说法不正确的是（　　　）。

A. 采购方希望以最低的价格购买到最好的物料，但在市场经济中，价格和质量成正比，因此这样的想法往往难以实现

B. 不能否定"砍价"在采购谈判过程中的重要性，采购本身就是一场买卖，有买卖就会有价格谈判，这些都是必不可少的

C. 成本分析适合综合实力相对较弱的小微企业

D. 企业在采购谈判的过程中，面对有可能成为企业发展长期合作伙伴的供应商，可以针锋相对，不留情面

三、判断题

1. 从企业的综合采购成本形成来看，降低售价的成本控制是采购方追求的最终经营目标。（　　　）

2. 如果供应商不会因增加订购量而购买新机器设备或建立新厂房，其固定成本在采购交易之前发生，此时采购方可以采用变动费用计价策略与供应商谈判。（　　　）

3. 整体采购成本又称为"战略采购成本"，是除采购成本外要考虑到物料在采购方企业产成品的全部寿命周期过程中所发生的成本。采购方要以降低整体采购成本为目标。（　　　）

4. 规模效益是指某产成品在投产的初期由于经验不足，产成品的质量保证、生产维护等需要较多的精力投入以致带来较高的成本，随着累计产量的增加，管理渐趋成熟，所需要的人力、财力、物力逐渐减少，工人越来越熟练，质量越来越稳定，前期生产期间的各种改进措施逐步见效，因而成本不断降低。（　　　）

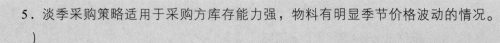

5．淡季采购策略适用于采购方库存能力强，物料有明显季节价格波动的情况。（　　）

6．为了节省成本，采购的物料质量水平越低越好。（　　）

7．集中采购策略适用于供应商有较明显的规模效应时。（　　）

四、问答题

1．生产企业的成本结构包括哪些内容？

2．影响供应商报价的因素有哪些？

3．供应商的定价方法有哪些？

4．降低价格的方法有哪些？

5．采购时，除价格外还应考虑哪些成本？

6．采购时应注意避免哪些降价的误区？

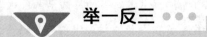 举一反三

一位采购经理的降价之道

前不久，A公司将一位采购员提升为采购经理。没过多久，就听到这位经理到处宣扬，他选择了新的供应商，价格降低了多少幅度，每年能节省采购成本多少幅度。

1．首先来看看这位经理的降价方法

他专挑那些用量最大的零件，重新进行询价，选择新的供应商，这样做虽然能得到好的价格，但是他忘了，该公司还使用原供应商的很多其他零件，用量很低但价格还维持在之前的低水平，毫无疑问供应商在这些零件上是亏本的，之前是靠那些大用量的零件来弥补的。

原有供应商失去了那些盈利的大批量零件，整体盈利大幅下降，A公司成为他们不盈利或少盈利的客户，供应商自然将其经营重心转移到其他更盈利的客户上，导致供应商对A公司的按时交货率、质量和服务水平大幅降低。例如在新经理上任之前，所有供应商的季度按时交货率都在96%以上；而新经理上任后没几个月，有好几家供应商的按时交货率均已跌破90%。

2．其次就是供应商对A公司失去了信任

前任经理为提高供应商服务的积极性，采取的合作周期政策是：新零件在开发阶段经过一轮竞价后，进入量产阶段不再进行第二轮竞价。这样，供应商就不用担心辛辛苦苦帮助A公司开发的成果转入竞争对手手中，因此在开发阶段都非常乐意投入工程技术支持，对新产品的按时交货率也大幅度提高。有的供应商还替A公司专门设立技术人员，随时提供技术支持。

新经理上任后，要求加大竞争，进行第二轮竞价。在赤裸裸的竞价下，几个主要

供应商既没经济能力，也没有动力负担工程技术力量，因为开发出的新零件很可能在下一轮询价中被竞争对手抢走。这直接影响了公司开发新产品。究其原因，长期合作变为短期合作，直接破坏了买卖双方的信任基础。

3．一个更经典的例子

有一家供应商的部件没法转移给其他供应商来做，因为这组零件对最终产品的性能影响很大，更换供应商的风险大，需要重新进行供应商资格认证，而产品设计部门不愿花费时间和承担风险。那该怎么办？这位新经理采用了强势态度对待现有供应商：不管怎么样，降价 15%，至于怎么降，那是供应商自己的事。

供应商没法在人工成本上节省，那就只能在材料上下功夫。但是，主要原材料镍的价格在一年内翻了两倍，该供应商已经多次提出涨价要求。材料利用率也没潜力可挖，因为供应商已经是多个零件一起加工，边角料的浪费也已经降到了最低。于是，找便宜材料替代成为供应商生存的唯一出路。

问题就出在这里。原来用的镍合金产自德国，虽然价钱高，但质量好。法国产的同类镍合金价格低，但技术性能与德国产的不一样。供应商为达到 15% 的降价目标，就采购了法国产的镍合金生产零件。

零件装配到 A 企业最终产品上，运给客户后，客户反映性能不达标，影响了客户的生产，耽误了工时。这巨大的损失，即便是将这家供应商卖了也是不够赔的。产品部门兴师问罪，A 企业的几百个产品已经发往全球各地，若更换零件，仅零件的成本就是几十万元，还有巨大的物流成本，同时客户的信任危机和未来生意损失等都是无法估量的。而有趣的是，这位新经理却认为通过降低采购价格帮助公司省了那么多钱，他应该得到晋升才对。至于如此大的质量事故，他觉得这是质量部门的事，跟自己无关。

阅读案例，分析下列问题。

1．新的采购经理有无失职之处？

2．有人说"这问题表面上是质量事故，其实是采购问题"。你如何理解这句话？

项目实施总结

为了进一步降低成本，取得竞争优势，大多数企业都花大力气控制其经营成本。对大部分生产企业而言，经营成本的大多数都与采购活动有关，采购是花费成本的最大领域。因此，采购成本的控制是企业的重要工作。图 10-2 所示为精益采购管理之采购成本项目总结。

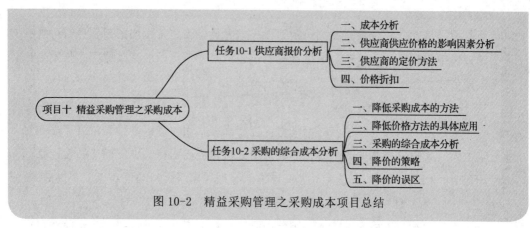

图 10-2　精益采购管理之采购成本项目总结